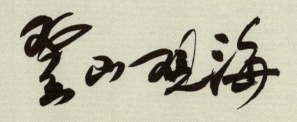

146位管理学研究者的求索心路

周南 主编

北京大学出版社

图书在版编目(CIP)数据

登山观海:146位管理学研究者的求索心路/周南主编.—北京:北京大学出版社,2016.11
ISBN 978-7-301-27702-7

Ⅰ.①登⋯　Ⅱ.①周⋯　Ⅲ.①管理学—文集　Ⅳ.①C93-53

中国版本图书馆 CIP 数据核字(2016)第 258459 号

US Library of Congress Call Number：HD30.4.D46

书　　　名	登山观海:146位管理学研究者的求索心路 DENGSHAN GUANHAI
著作责任者	周　南　主编
策 划 编 辑	贾米娜
责 任 编 辑	贾米娜
标 准 书 号	ISBN 978-7-301-27702-7
出 版 发 行	北京大学出版社
地　　　址	北京市海淀区成府路 205 号　100871
网　　　址	http://www.pup.cn
电 子 信 箱	em@pup.cn　　QQ:552063295
新 浪 微 博	@北京大学出版社　@北京大学出版社经管图书
电　　　话	邮购部 62752015　发行部 62750672　编辑部 62752926
印 刷 者	北京大学印刷厂
经 销 者	新华书店 787 毫米×1092 毫米　16 开本　20.25 印张　372 千字　彩插 22 页 2016 年 11 月第 1 版　2017 年 7 月第 2 次印刷
定　　　价	66.00 元

未经许可，不得以任何方式复制或抄袭本书之部分或全部内容。
版权所有，侵权必究
举报电话：010-62752024　电子信箱：fd@pup.pku.edu.cn
图书如有印装质量问题，请与出版部联系，电话：010-62756370

　　1982年摄于波卡特洛。那年6月，我到美国爱达荷州立大学读MBA（工商管理硕士）。抵达当天，外国学生友谊办公室的志愿者芭芭拉·史密斯（Barbara Smith）（中）和丈夫杰克·史密斯（Jack Smith）（左一）邀请我先到他们家落脚。随后，他们为我联系了接待家庭——鲍勃·勒奇（Bob Lerch）教授和他的妻子安娜贝尔·勒奇（Annebelle Lerch）（右二）。本图为我和史密斯夫妇、勒奇太太以及寓居当地的李鸿章后人李家焜（左二）在学生活动中心见面。1982—1987年我留美期间，曾受到许多美国友人的真诚帮助。我一直想念他们。请参阅我的随笔集：《要钱还是要命——〈道德经〉的启示》2-8 知止可以不殆：现在世界上究竟谁怕谁。

　　1983年摄于波卡特洛。我和我在爱达荷州立大学的MBA导师罗恩·鲍尔斯利（Ron Balsley）教授写了一篇关于中美关系的论文，投给在伊利诺伊大学厄巴纳-香槟分校召开的"中国对工业化国家的贸易与外交政策学术会议"（Conference on China's Trade and Foreign Policy with Industrialized Countries）。那年7月，我参加会议并宣讲论文。回校后，几位同学向我表示祝贺，并在MBA办公室合影留念。师生之谊，同窗之情，永生难忘。请参阅我的随笔集：《佛光山的星巴克——〈道德经〉的启示》1-3 波卡特洛MBA导师的希望。

1985年摄于盐湖城。1984—1987年我在美国犹他大学读市场营销学博士学位期间，曾修读白乐寿(Russell W. Belk)教授的"消费者行为"课程。他布置的小组作业是录制一段反映消费者行为的录像。我的小组选择研究中国留学生购买和使用照相机的动机。白老师将他自己的摄像机借给我们使用。小组的两个美国同学（左一、左二）正在和三位中国留学生交谈，我（右二）在调试摄像机。在我的学术生涯中，白老师对我的影响最深。请参阅我的随笔集：《佛光山的星巴克——〈道德经〉的启示》1-4 盐湖城：永远做小学生。

1990年左右摄于新斯科舍省五福镇(Wolfville，Nova Scotia)。1988—1994年我在加拿大阿卡迪亚大学（Acadia University）任教。这所大学创办于1838年，座右铭是："A Place to Grow"（成长之地），该校师生关系融洽，本科教育多年排名全国前列。一次师生合影前，一个身高两米多的学生轻松地将我抱起，说要先同我合照一张。在阿卡迪亚大学的六年，使我对大学精神有了初步的体会：大学之"大"，在于对学生有大爱，以生命影响生命。

1996年摄于香港。1994年我加入香港城市大学的前身香港城市理工学院。第二年，同事谭桂常和我给本科生开设了一门新课："高级市场营销实践工作坊"。我找到我的MBA学生——美国西北航空公司香港区总经理周润祥（第二排中），请他安排学生们去香港国际机场调研乘客对航空服务的看法。他对学生们调研后提出的改进服务质量的建议评价很高，代表公司免费送给学生们16张机票去东京旅游。该课程后来成为香港城市大学市场营销学专业的压轴课，得到许多企业的支持，学生和企业都受益。第三排左一是曾仕龙。仕龙后来在我的指导下读了博士学位，现为香港浸会大学副教授。

1997年摄于香港。在游汉明教授（右三）的支持下，香港城市大学市场营销学系于当年1月成立，谢贵枝教授（左三）任代系主任，8月我接任（后来任系主任）至2009年3月。这是建系后于当年秋天拍的第一张"全家福"。建系的愿景/口号是"开拓美好的未来"（Building a Better Future），后来又加了一条："创造属于你自己的成功故事"（Create Your Own Success Story），一虚一实，相互呼应。

1999年摄于香港。香港城市大学商学院组织师生、员工参加为庆祝建校15周年而举行的全校"员生劲歌大会"活动。准备期间，我们每周排练好几次。这所年轻的大学课外活动丰富，校园气氛活跃。

2003年摄于香港。那年我51岁，第一次参加全程马拉松赛事，在限定时间5小时以内顺利跑完，拍照时，终点线已近在眼前。请参阅我的随笔集：《要钱还是要命——〈道德经〉的启示》1-9有惊无险地跑马拉松。人生不同阶段的动静平衡点不同，但无非"动养形，静养神"。

2004年摄于武汉。我第一次访问武汉大学商学院时与四位研究生合影。他们是(从左至右)：王毅、杨艳、余樱、刘长国。请参阅本书2-49 搬出"地下室"(作者：王毅)。学生们学习热情高涨，我很感动。特别感谢王毅提供照片。

2004年摄于北京。首都国际机场为了提升高级管理人员的国际视野、领导才能及管理知识，以迎接2008年北京奥运会，与香港城市大学合作开办了一期公司EMBA(高级管理人员工商管理硕士)班。我去上第一门课(市场营销学)，和学员们在机场总部前合影。4年后，北京奥运会期间，首都国际机场作为"中国第一国门"，给世界各国来宾留下了美好的印象。

2005年摄于北京。出席《营销科学学报》(JMS)创刊编委会会议。赵平教授（背对窗口那一排，左三）任主编，符国群教授（背对窗口那一排，左一）任副主编。《营销科学学报》是中国营销学界的第一本学术刊物，办得一年比一年好。

2005年摄于北京。《营销科学学报》创刊时，举办了首届"中国营销科学博士生学术论文竞赛"，武汉大学参赛的四位同学全部获奖：徐岚（右二）一等奖，曾伏娥（左二）、王毅（右一）三等奖，彭艳君（左一）优秀奖。一分耕耘，一分收获。请参阅本书2-49搬出"地下室"（作者：王毅）；3-11行成于思，行胜于言（作者：景奉杰）。特别感谢王毅提供照片。

2007年摄于井冈山。香港城市大学每个学系每年都组织至少一次静修会(retreat)，回顾和前瞻系里的工作。这一年，资讯系统学系系主任魏国基教授（前排左六）和我商量，我们两个系去井冈山办联合静修会。一张一弛，文武之道。

2006年摄于深圳。香港城市大学开设DBA（工商管理学博士）课程，王泽森教授（左四）和我与第一届学生中的几位在研究工作坊茶歇时合影留念。我收了两个学生：陈振东（左三）和林焯明（右二）。振东于2009年成为香港城市大学首位DBA毕业生。他的人生哲学是"想过成功，想过失败，但从未想过放弃"。请参阅我的随笔集：《佛光山的星巴克——〈道德经〉的启示》3-16 香港：唯有善者留其名。

2009年摄于北京。在北京服装学院为"周南勤奋奖学金"获得者颁发奖学金。青年是世界的未来,祝他们梦想成真,展翅高飞。

2009年摄于香港。与武汉大学来香港城市大学市场营销学系做研究助理的博士生合影。后排从左至右:李小玲、杨立华、郭锐、姚琦、张司飞。他们年轻好学,思维敏捷,和他们交流常有意想不到的收获。请参阅本书2-16师恩难忘(作者:郭锐);2-27困境中请保持一颗温柔的心(作者:李小玲);2-58莫听穿林打叶声,何妨吟啸且徐行(作者:姚琦)。

2010年摄于香港。与几位在香港城市大学市场营销学系做研究助理的武汉大学博士生合影。后排从左至右：周玲、张宁、杨立华、俞钰凡、张琴、张音。几年过去，一棵棵小树都长大了！请参阅本书2-67学习与生活（作者：张宁）；2-73虽千万人，吾仍往矣（作者：周玲）。

2010年摄于北京。我在武汉大学的博士生卢志森（右二）带领另外两位博士生周元元（左一）、张宁（右一）和我参观一场展销会。这场展销会，志森所在的企业参与其中。志森认为，读博让他站得更高、看得更远。请参阅本书2-32读博正能量（作者：卢志森）；2-75虽不绚烂缤纷，但也新奇无比（作者：周元元）。

2011年摄于香港。香港城市大学越野长跑队又一次获得香港大专体育协会越野赛团体总冠军。我们的"金牌教练"是叶富生（后排右一）。作为长跑爱好者，陈丽冰（后排左二）与我一起担任名誉领队，我们对学生运动员的期望是"胜不骄，败不馁""文武双全"。每次比赛，体育部的戴王嘉瑶教练（后排中）、魏开义教练（后排右二）和学生发展处处长陈启年老师（后排右三）总是来给我们打气。特别感谢叶富生提供照片。

2014年摄于香港。香港城市大学市场营销学系的毕业生有很强的归属感，毕业后常常回校帮助师弟师妹们成长。昨天他们仰望母校，今天他们是母校的骄傲。见面时，大家总不忘提醒我唱一曲《月亮代表我的心》。

　　2014年摄于香港。与来香港城市大学访学的内地大学的老师、同学们在狮子山游学。先生先前是先生，后来后生成先生。我要保持与年轻人的交流，否则很快就跟不上"后来的先生"了。 请参阅我的随笔集：《佛光山的星巴克——〈道德经〉的启示》1-16 香港：博观约取，厚积薄发。特别感谢熊小明提供照片。

　　2014年摄于香港。我的博士后学生彭璐珞（右）和她读博士时的导师、北京大学光华管理学院的彭泗清教授在笔架山游学时合影。泗清对中国文化思考颇深，高度、广度兼备。璐珞的中国文化功底扎实，我时常向她请教。请参阅本书 2-35 学问与生命——记老爷子的游学课（作者：彭璐珞）；3-19 浅议本土社会科学研究的四个问题（作者：彭泗清）。特别感谢彭璐珞提供照片。

2014年摄于香港。王江安（中）获得香港城市大学DBA（工商管理学博士）学位，他是苏晨汀教授和我联合指导的。江安说他读DBA实现了两个愿望：了解经济、文化的交融，与"国际化"的同学互补。请参阅本书2-44千里之行，始于足下（作者：王江安）。特别感谢王江安提供照片。

2014年摄于青岛。解尚明（右一）是苏晨汀教授（坐在我的左边）、范秀成教授（坐在解尚明的对面）和我联合指导的香港城市大学－复旦大学DBA（工商管理学博士）学生。我们到曾被评为"两岸三地十佳酒店"之一的青岛海景花园大酒店调研。每次和尚明见面，我们谈得最多的是读书和悟道。请参阅本书1-20第一件好事还是读书（作者：解尚明）。特别感谢解尚明提供照片。

2014年摄于香港。一天午餐后,在香港城市大学第一学术楼的餐厅,与来市场营销学系做合作研究的内地大学的老师、同学们饭后闲聊。他们在香港城市大学的日子,辛苦而充实。饭后,大家话多了起来,讨论也热烈了许多。他们当中很多人至今怀念这个餐厅的饭菜,当我说要将这张照片放在这本书里时,有一位立刻回应说:"最难忘三宝饭!"特别感谢闫泽斌提供照片。

2014年摄于厦门。JMS中国营销科学学术年会暨博士生论坛在厦门大学举行期间,武汉大学的甘碧群先生(左八)同参加会议的54位"徒子徒孙"合影。在甘老师的带领下,武汉大学的营销团队已经成为中国营销学界一支重要的力量。请参阅本书3-8与学生共同成长(作者:黄静);3-9好的研究是慢慢长出来的(作者:黄敏学);3-20在学业上苛求,在生活上关怀(作者:寿志钢);3-24求学和治教中的纵深感和格局观(作者:汪涛);3-29修道之谓教(作者:徐岚);3-33亦师亦友促成长(作者:曾伏娥);3-35感恩丰盈于心(作者:张广玲)。

2015年摄于广州。王新刚（左一）、周玲（左二）和童泽林（右一）在武汉大学读博士时与我结缘，我们致力于将中国文化应用于营销领域的研究，合作的论文曾在《管理世界》上发表。我们一起去了多所大学分享研究中的苦与乐。在广东财经大学，与他们的师兄谢军（右二）和师弟郭昱琅（右三）会合。请参阅本书1-5求真是场耐力跑（作者：郭昱琅）；2-38改文字，修心性（作者：童泽林）；2-47事成，是因为缘分修到了（作者：王新刚）；3-41和青年教师共同成长（作者：周南）。

2015年摄于桂林。在桂林理工大学做讲座："从身份上的中国人到精神上的中国人"，介绍我走过的"一年土，二年洋，三年回头认爹娘"的学术道路。桂林理工大学管理学院坚持理论结合实践，学生专业基础扎实，动手能力强，得到社会认可。请参阅本书3-17教书育人永远在路上（作者：连漪）。特别感谢童泽林提供照片。

2015年摄于香港。香港城市大学每年都有许多来自世界各地的交流生。我给一班来自西班牙巴塞罗那的ESADE商学院的硕士生讲中国人的阴阳思维与关系模式后,应同学们的要求玩自拍。这是我第一次自拍。这个班上的学生,超过一半来自西班牙以外的国家和地区。经济全球化,教育也相应全球化。

2015年摄于东京。2015年亚洲营销国际学术会议在早稻田大学召开。师徒三代(我的老师白乐寿,右二;我在香港城市大学带的博士生曾仕龙,左一;我在武汉大学带的博士生张宁,右一)相遇,分外高兴。学术精神,代代相传。请参阅本书2-61每天都学些新事物(作者:曾仕龙);2-67学习与生活(作者:张宁)。特别感谢曾仕龙提供照片。

2015年摄于上海。JMS中国营销科学学术年会暨博士生论坛由华东理工大学举办。我与香港城市大学市场营销学系几位已毕业的或在读的博士生合影。他们是（从左到右）：秦垚，赵海川，王雪华，李苗，李芳容。其中，雪华是我当年带的博士生，现在上海财经大学任教。埋头苦学，光明在前。请参阅本书1-7 深海沉心，走向独立（作者：李苗）；2-48 研究之路，贵在坚持（作者：王雪华）。特别感谢王雪华提供照片。

2015年摄于上海。JMS中国营销科学学术年会暨博士生论坛由华东理工大学举办。我与参加会议的另外几位代表合影。其中，庄贵军（左五）是我的博士生中第一个通过学位论文答辩的。他的妻子周筱莲（左六）也是市场营销学教授。请参阅本书1-9 进终南山与读博（作者：林舒进）；2-56 从现在开始，一切都不算晚（作者：杨艳）；3-39 学术性还是思想性？这是一个问题（作者：庄贵军）。特别感谢林舒进提供照片。

　　2015年摄于长沙。以武汉大学营销专业的博士毕业生为主组成的"营销武工队"（营销·武大·工作队）在长沙举办名为"麓山论道"的学术讨论会，参会的都是大学老师。其中两位不是武汉大学毕业——彭璐珞（前左二）和曾宪聚（前左四）。照片上的人个个笑容可掬，其乐融融，但思想碰撞时却"短兵相接""火花四溅"。"麓山论道"学术讨论会结束后，一行人游学岳麓山，在山间饭馆吃晚餐。大家将四张桌子拼在一起，从最开始时坐着吃，很快变成站着吃，到最后转起来"抢"着吃，似乎重现了白天开会时"剑拔弩张"的场面。请参阅本书2-68 响必应之于同声，似苦实乐（作者：张琴）。特别感谢周玲提供照片。

　　2016年摄于武汉。我上课与做讲座时，无拘无束地坐在讲台上是家常便饭。听不少学生说，他们不仅拍照、转发，还收藏。不如主动找来一张，与大家分享。特别感谢简佩茹提供照片。

　　2016年摄于武汉。课堂上，听几个小时的课一定比讲课更累。因此，当我看到学生们注意力下降时，常会让大家站起来，放松一下：伸伸手，扭扭腰，转转脖子，笑容马上就回来了。特别感谢简佩茹提供照片。

2016年摄于武汉。一个星期天,我与武汉大学的一群博士生和"博士后"(博士毕业后在大学任教的老师)在武汉植物园游学。我们边走边看,边谈边坐,不仅交流学术,也畅谈人生,气氛不像在教室里那么"严肃",既锻炼了身体,又增进了友谊。特别感谢余樱提供照片。

2016年摄于香港。与香港城市大学市场营销科学硕士班的同学们在南丫岛游学。每年，同学们修我的"从中国文化看品牌营销"课程时，班级的学生会都会组织一次游学。同学们来自不同的国家和地区。这一年，活动的三个主要组织者是学生会主席瑞哈德·克瑞多（Rainhard Kreindl）（来自奥地利，后排戴紫色帽者）、谢晓雯（来自中国内地，第二排中间戴褐色围巾者）和梁伟成（来自中国香港，右一）。和这些二十几岁的年轻人在一起，我觉得自己也年轻了。特别感谢梁伟成提供照片。

2016年摄于香港。与香港城市大学EMBA(中文)2015春季班的几位同学在笔架山游学，他们正在修我的"人生境界"的课程。这个班的平均年龄不到40岁，充满活力和正能量。我们互相学习，共同进步，大家都很快乐。这里，"快乐"源于"互相"与"共同"。请参阅我的随笔集：《佛光山的星巴克——〈道德经〉的启示》1-1长沙：橘子洲游学。特别感谢李卫东提供照片。

2016年摄于香港。拜访85岁的数学家史蒂文·斯梅尔（Steven Smale），他36岁时获得菲尔兹奖（Fields Medal）。我问他当年为什么学数学？他笑着说，上大学时，本来的专业是物理，因为考试不及格而改学数学。斯梅尔老师心中常存对生命和世界的好奇，不论天高海阔，总是奋勇前行。他是我们学习的榜样。请参阅本书3-43史蒂文·斯梅尔无所畏惧的好奇心（作者：周南）。

2016年摄于武汉。我和香港城市大学市场营销学系的两位继任系主任（苏晨汀教授，右三，2009—2015年；李娟教授，右二，2015年至今）一起到武汉大学做学术讲座时，同甘碧群先生（右五）以及武汉大学市场营销与旅游管理系的几位老师在经济与管理学院前留影。十多年来，我们同心协力，为发展营销学科尽了绵薄之力。请参阅本书3-14春风夜放花千树，"新"星耀满路（作者：李娟）；3-21尽波深泥向楚畦（作者：苏晨汀）。特别感谢黄静提供照片。

2016年摄于大连。在夏春玉教授（前排左七）、高良谋教授（前排左五）、李怀斌教授（前排右五）的支持下，东北财经大学营销与流通研究中心成立，并举办中国营销渠道研究青年论坛。我应邀发表主题演讲："做学问，急不得？"该中心聚焦于渠道（零售）与流通研究，目标是建成中国营销与流通研究的一个重要平台，张闯教授（三排左二）任中心主任。有志者，事竟成。特别感谢张闯提供照片。

2016年摄于香港。香港城市大学市场营销学系每年都拍"全家福"。这是最近的一张，摄于2016年2月。学系已从第一学术楼搬到第三学术楼。学海无涯，学无止境。

No Mountain is too High, No Ocean is too Wide: Reflections of 146 Business and Marketing Scholars

Book Description

The authors reflect on their academic experience in research, teaching and career in the field of business administration, mainly in marketing.

Their reflections are divided into three sections, based on their stages of academic development: Young Scholars (Ph. D. students, 29 of them), Young Faculty Members (Assistant Professors/Associate Professors, 77 of them), and Senior Faculty Members (Full Professors, 40 of them).

Although the themes differ, all of the authors have written with two groups of readers in mind: graduate students looking for advice to complete their degree and university faculty members looking for suggestions to make progress in their career.

About the Editor

Nan Zhou was born in Fujian, China in 1952. He was among the generation of Chinese whose high school education was interrupted due to the start of the Cultural Revolution in 1966. This historical event contextualized the special titles of his educational statuses afterwards: First as a Zhi Shi Qing Nian ("Intellectual Youth") at the age of 16, he went to work as a peasant for almost six years; then he worked as an apprentice carpenter for around one year; thereafter, he was sent off to Fuzhou University as a "Worker-Peasant-Soldier" student. In 1981, he passed the national examination for overseas graduate study organized by the Ministry of Education. Consequently, he earned an MBA from Idaho State University in 1984 and a Ph. D. in Business Administration with a major in marketing from the University of Utah in 1987.

Nan Zhou is currently a professor at the Department of Marketing at the City University of Hong Kong. He is also a Changjiang Scholar Chair Professor at Wuhan University, China. He is the first Changjiang Scholar Chair Professor in the area of Qi Ye Guan Li (Enterprise Management) appointed by the Ministry of Education of China.

E-mail: nan. zhou@cityu. edu. hk

目 录

致 谢	1
前言:从"读书人"到"学问人"	3
作者工作单位和姓名	5

第1部分 看山是山,看海是海 1

1-1	将自己逼入困境,就有希望	陈安然	2
1-2	理想从转变开始,现实却在挫败中挣扎	陈 鑫	4
1-3	凤凰涅槃,浴火重生	池韵佳	6
1-4	学会面对挫折而不放弃	冯文婷	8
1-5	求真是场耐力跑	郭昱琅	10
1-6	鱼之乐	黄 莉	12
1-7	深海沉心,走向独立	李 苗	14
1-8	为文章找一个家	廖俊云	16
1-9	进终南山与读博	林舒进	18
1-10	在改变中坚守,在坚守中调整	柳 娟	20
1-11	慎始而敬终,终以不困	罗 佳	22
1-12	被拒稿的感悟	沈 璐	24
1-13	痛则通,不痛则不通	陶 然	26
1-14	战胜怯懦,勇往直前	王凤玲	28
1-15	坚持,梦想总会实现	王 进	30
1-16	一位"门边妹"	王 璐	32
1-17	世道唬人后退,生活逼人前进	王伊礼	34
1-18	"读博"和"赌博"	伍 健	36
1-19	与其抱怨,不如努力	肖振鑫	38
1-20	第一件好事还是读书	解尚明	40
1-21	一趟艰难而旖旎的学术之旅	熊 琪	42
1-22	坚守、坚持和舍弃	许销冰	44
1-23	我读博成长的四个阶段	闫泽斌	46

1-24	运动给我精神陪伴	于 雪	48
1-25	选择直博的"偶然"与"必然"	余伊琦	50
1-26	学术的终极价值反思	袁靖波	52
1-27	内因与外因	张 健	54
1-28	女·博士	郑斯婧	56
1-29	当头一棒，慢慢开窍	朱文婷	58

第2部分　看山不是山，看海不是海　61

2-1	脚踏实地，继续努力	白 璇	62
2-2	科研是一场修行	白 寅	64
2-3	多一份平和，少一份犹豫	才凤艳	66
2-4	从什么是"好"的服务说起	陈 可	68
2-5	小"青椒"初炼成	陈星宇	70
2-6	学着做，自己做，教人做	崔 楠	72
2-7	一段不忘初心的旅程，一次义无反顾的修行	丁 瑛	74
2-8	此心安处是吾乡	董婵媽	76
2-9	发表文章的运气和底气	董维维	78
2-10	兴趣驱动，严谨治学	董英杰	80
2-11	在沉稳的坚持中成长	杜 楠	82
2-12	为人生积累一些厚度	杜 鹏	84
2-13	蓦然回首，灯火阑珊	冯小亮	86
2-14	就算有好老师，自己还需坚持不懈	高华超	88
2-15	研究问题与研究品位	龚诗阳	90
2-16	师恩难忘	郭 锐	92
2-17	研究是为了免于欺骗的人生	韩 巍	94
2-18	教育之本，以人为本	何雁群	96
2-19	做有价值的管理学研究	贺和平	98
2-20	想有好结果，首先要努力	贺远琼	100
2-21	未经省察的人生不值得度过	胡国栋	102
2-22	师恩浩荡，笔拙纸穷	胡琴芳	104
2-23	一件学不会的事	贾 芳	106
2-24	踏歌而行	贾利军	108
2-25	坐上研究这辆过山车	江 岚	110

2-26	乘着歌声的翅膀	柯 丹	112
2-27	困境中请保持一颗温柔的心	李小玲	114
2-28	形不同,神相似	刘红阳	116
2-29	同时做好教学和科研,岂不乐哉!	刘洪深	118
2-30	坚定向前,是她唯一的选择	刘新燕	120
2-31	社交媒体时代的教学反思	刘雁妮	122
2-32	读博正能量	卢志森	124
2-33	我与两位师长的故事	牟宇鹏	126
2-34	做研究,难也不难	彭 玲	128
2-35	学问与生命——记老爷子的"游学课"	彭璐珞	130
2-36	如何敲开研究的大门	孙 瑾	132
2-37	承受挫折,不断成长	田 鼎	134
2-38	改文字,修心性	童泽林	136
2-39	教学之路,始于"自卑"	万 炜	138
2-40	此动机非彼动机	王丹萍	140
2-41	坚持,调整,向往远方	王殿文	142
2-42	多读,多想,多投	王 峰	144
2-43	不念过去之无所成,不畏将来之有所败	王 辉	146
2-44	千里之行,始于足下	王江安	148
2-45	为一个梦想而努力	王 凯	150
2-46	乐在其中,苦也甘	王立磊	152
2-47	事成,是因为缘分修到了	王新刚	154
2-48	研究之路,贵在坚持	王雪华	156
2-49	搬出"地下室"	王 毅	158
2-50	选择了一种生活方式叫教研	韦 夏	160
2-51	坚持与信任	肖 莉	162
2-52	练好基本功,勤思考、多动手	谢 毅	164
2-53	纪念我"无趣"的读博历程	谢志鹏	166
2-54	学做事,学做人	熊小明	168
2-55	浪子回头,不惑于情	许志炜	170
2-56	从现在开始,一切都不算晚	杨 艳	172
2-57	寒冬教给我的道理	杨 治	174
2-58	莫听穿林打叶声,何妨吟啸且徐行	姚 琦	176

编号	标题	作者	页码
2-59	仰望星空,脚踏实地	余 樱	178
2-60	从自卑、逃避到匍匐前行	袁 兵	180
2-61	每天都学些新事物	曾仕龙	182
2-62	心向往之,唯一"诚"字耳	曾宪聚	184
2-63	走在寻找课题和创新的路上	曾小铧	186
2-64	难亦乐!	张 辉	188
2-65	不脱尘世,不离本心	张 慧	190
2-66	学术生涯的"一五"规划	张磊楠	192
2-67	学习与生活	张 宁	194
2-68	响必应之于同声,似苦实乐	张 琴	196
2-69	真理一线间	张 涛	198
2-70	谋定而后动,功夫在平时	赵 君	200
2-71	磨砺与感恩	郑冉冉	202
2-72	我当"洋插队"那几年	郑 煜	204
2-73	虽千万人,吾仍往矣	周 玲	206
2-74	不忘初心,勇攀高峰	周 茵	208
2-75	虽不绚烂缤纷,但也新奇无比	周元元	210
2-76	工作与育儿	朱华伟	212
2-77	坚持,本身就是一场胜利	朱丽娅	214

第3部分 看山还是山,看海还是海 217

编号	标题	作者	页码
3-1	非新无以为进	崔 耕	218
3-2	格物致知,经世济用	董大海	220
3-3	创造个人价值,让学校伸出终身教职的橄榄枝	窦文宇	222
3-4	人生无岔路	杜建刚	224
3-5	半路出家,安身立命	费显政	226
3-6	研究三味	付晓蓉	228
3-7	青年学者科研论文的常见薄弱点	何佳讯	230
3-8	与学生共同成长	黄 静	232
3-9	好的研究是慢慢长出来的	黄敏学	234
3-10	亲历中国市场营销学科的转型	蒋青云	236
3-11	行成于思,行胜于言	景奉杰	238
3-12	慢慢地,你就会了	黎建新	240
3-13	智者相伴,书籍相随	李国鑫	242

3-14	春风夜放花千树,"新"星耀满路	李 娟	244
3-15	思维的厚度决定文章的高度	李永强	246
3-16	登上学术殿堂之要径	李元墩	248
3-17	教书育人,永远在路上	连 漪	250
3-18	能舍能得,学问自成	刘世雄	252
3-19	浅议本土社会科学研究的四个问题	彭泗清	254
3-20	在学业上苛求,在生活上关怀	寿志钢	256
3-21	尽泼深泥向楚畦	苏晨汀	258
3-22	不花钱办活动,何以让众人欢欣踊跃？	田志龙	260
3-23	磨难是财富,感恩常挂心	万后芬	262
3-24	求学和治教中的纵深感与格局观	汪 涛	264
3-25	且行且珍惜	王永贵	266
3-26	漫谈为学为师与为政	夏春玉	268
3-27	团队有力量,合作出效益	谢庆红	270
3-28	授业首授志,立言先砺心	徐 光	272
3-29	修道之谓教	徐 岚	274
3-30	两则比喻	杨海滨	276
3-31	学术论文的影响力	杨志林	278
3-32	源于实践,顶天立地	杨 智	280
3-33	亦师亦友促成长	曾伏娥	282
3-34	一个"土鳖老青椒"的第一篇SSCI论文	张 闯	284
3-35	感恩丰盈于心	张广玲	286
3-36	用心、耐心、信心	张剑渝	288
3-37	忙碌而快乐着	赵卫宏	290
3-38	自信源于阶段性成功	周志民	292
3-39	学术性还是思想性？这是一个问题	庄贵军	294
3-40	写到导师搞不懂,你就能毕业	周 南	296
3-41	和青年教师共同成长	周 南	298
3-42	武夷山水甲桂林？	周 南	300
3-43	史蒂文·斯梅尔无所畏惧的好奇心	周 南	302

作者人名索引 304

后记：成为一个对社会有益的人 306

致　谢

收在这本集子里的 149 篇随笔，只有 4 篇是我写的。其他 145 篇，全都另有作者。

有人问我："这么短的时间，从哪里找来这么多作者？"

答："随缘。"

这几年，一批又一批的内地博士生和读完博士学位的青年学者，来香港城市大学市场营销学系做合作研究，我与他们互动频繁。感受到他们在学术生涯"上坡"阶段所经历的艰难，我总希望能做些什么，帮助他们成长。

2016 年 1 月 6 日清晨，东北财经大学的张闯教授给我发了一则微信，告知他写的第一篇英文论文刚被一个国外期刊录用。从研究想法的最初萌芽到论文被录用，经历了差不多 9 年时间。我建议张闯，趁着记忆鲜活，写一篇感想跟大家分享，以激励还在这条路上艰苦奋斗的"后来者"们。不料，一个小时后我就收到了他的随笔。我突然想，或许也可以邀请其他曾有过类似体会的学者们，写写自己的心路历程。我便开始通过微信向同事、学生收集随笔，3 天便收集了 9 篇。**我被大家的热情深深感动**（"美言可以市尊，美行可以加人"《道德经·第六十二章》），于是，我改变了自己写一本这方面的书的计划，转而开始了结集出书的工作。

到 1 月底，我已收到 49 篇随笔。2 月 7 日是除夕，2 月 8 日是大年初一，这两天共收到了 10 篇。2 月中旬，我准备向北京大学出版社提交选题申报表时，已收到超过 100 篇。到 2 月底，第一轮截稿时，已经收到超过 120 篇。最后收到的一篇是我的 DBA（工商管理学博士）学生解尚明写的。4 月 18 日，我们通话时，他说也想写一篇。由于截稿日期已过，我请他 2 天内交稿，结果第二天就收到了他的稿件。作者们都深谙学术路上的苦乐，有感而发，一挥而就。在此，**我衷心感谢从张闯到解尚明的每一位作者**。他们与我至少都曾有一面之交，也都认为这是一件有意义的事，便每人写了一篇。没有他们，就没有你手里现在拿着的这本书。

我必须感谢那些趁机"报复"我的作者。他们当中，王峰、张琴、周元元都是武汉大学毕业的博士，读书时来香港城市大学做过交流生。王峰说我当时最"讨厌"他，总是问："那又如何?"张琴说："周老师的和蔼可亲是假的。"周元元说："周老师……打电话来查岗，以至于（我）即便是'玩'，也总是胆战心惊。"元元还"抱怨"黄敏学老师"管得严"。在我的记忆中，仍然有他们当年读书时的青涩模样。他们"翅膀硬了"，想写什么就写什么。我已过了"耳顺"之年，这些"吐槽"我的话，既来之，则安之。请各位读者阅读时，帮我细看一下，还有没有其他人也"吐槽"我或其他老师。当老师不容易，被人"记仇"更不容易，一定要小心。

我特别感谢童泽林、王新刚和周元元。每篇随笔我都先修改过，接着请他们进行第二轮修改，之后我再改一遍，然后请作者定稿。所谓修改，不过是作了些细微的改动，以及将每一篇文章中的某些字句加粗，使其更加醒目。不妥之处，请作者们接受我的道歉。**我同时特别感谢彭璐珞、张琴和周玲。他们 6 人帮我修改了我自己的 4 篇随笔。我也同时特别感谢董雅婷对照片的处理。**

我非常感谢北京大学出版社经济与管理图书事业部林君秀主任、贾米娜编辑及其同事。这是我们 5 年间的第三次合作。她们很敬业，做事一丝不苟，令人佩服。与这个优秀的团队合作颇有成效，也总是很愉快。

最后，**我要感谢妻子林小荣和女儿周林、林安娜，**她们给了我无限的鼓励和支持。

周　南

于香港骏景园

2016 年 5 月 8 日

前言：从"读书人"到"学问人"

你正在看这本书，既是在读书，也是在求学问。书中的每位作者都走在从"读书人"到"学问人"的路上。每位读者也一样。

读书，其实是读书背后的人。读人以明己。了解了别人，可以更"明白"自己。在这个过程中，不只要"读"，还要"学"和"问"。学作者，长知识和经验；问自己，增才干和智慧。从"看到"，到"想到"，再到"悟到"，直至明明白白。

"明白"是为了"用"。古人治学，强调"知行合一"。"知"是明理，"行"是实践。如果只是"纸上谈兵"，无以奏"知"之效。**能身体力行，方是真学问。**"运用之妙，存乎一心。"

然而，无论求知还是力行，都如负重登山，也像逆水行舟，总是步步维艰，每一点小小的进步都饱浸着泪水与汗水。因而，伴随着一点一点进步的"感"和"悟"，真切、动人。

本书是 146 位管理学研究者在"山"与"海"之间跋涉求索的感悟汇总。作者们在管理学学术生涯中，登"书山"，观"学海"。"登山则情满于山，观海则意溢于海"（南朝梁·刘勰：《文心雕龙》），情意行诸文字，便有了这本随笔集。书中作者们经历过的这许多"故事"，既有"辛酸历史"，也有"辉煌过往"，还有"武功秘籍"，个中酸甜苦辣，待由读者们自行品鉴。作者们自述学问之路上的苦与乐，其共同的初衷是**将求索的教训、困惑与心得与读者分享，以期对现在或未来的同路人有所启发和帮助**，并向不了解这条道路的读者们介绍一种别样的人生，帮大家打开老子所说的"众妙之门"（《道德经·第一章》）。

作者们的研究方向大多为市场营销。其中在高校学习或任教的有 141 位，在企业和政府工作的有 5 位；来自中国内地的有 128 位，中国香港 15 位，中国台湾 1 位，加拿大 1 位，美国 1 位；按学术资历，可分为**"初窥堂奥"**的博士研究生（29 位，其中有 1 位立志读博、2 位将于 2016 年秋季开始读博的"准博士生")、**"初出茅庐"的青年学者**（77 位，包括 72 位讲师/助理教授与副教授，以及 5 位在企业和政府工作的管理人员）和**"久经沙场"的资深学者**（40 位，教授）三类。

对应以上作者类别，**本书分为三大部分：一、看山是山，看海是海；二、看山不是山，看海不是海；三、看山还是山，看海还是海**。每一篇都是作者心路历程的直抒，未必成熟，却一定真诚。大家现身说法，活生生，实在在，既有彷徨，也有期待；既有艰辛，也有喜悦。苦乐参半，笑泪交加。

书中没有长篇大论，每篇随笔都不超过两页。随手一翻，左右两页即为一篇。每篇末尾都附有"作者简介"和"周南感言"。作者简介包括"师承"信息，以示对师长的尊敬与谢忱，也为年轻人作出榜样。

为方便读者阅读时查找，书前有"作者工作单位和姓名"，书后有"作者索引"。此外，还配有与我自己学术生涯有关的 40 张照片，以便读者能更直观地感受。

最后，登山，可见"白日依山尽"，挣扎中，难知何处是巅峰；观海，可见"黄河入海流"，奋进中，不知哪里是彼岸。人在，梦在，从"读书人"到"学问人"，"欲穷千里目，更上一层楼"。

谬误之处，敬请斧正。

周　南

于香港骏景园

2016 年 5 月 8 日

作者工作单位和姓名

北方工业大学：童泽林

北京大学：彭泗清

长安大学：周茵

长沙理工大学：黎建新，刘洪深

重庆交通大学：姚琦

东北财经大学：胡国栋，夏春玉，张闯

对外经贸大学：陈可，董英杰，龚诗阳，孙瑾，王永贵，谢毅，张磊楠

复旦大学：何雁群，蒋青云，肖莉

广西天宁集团：解尚明

桂林理工大学：连漪

哈尔滨工业大学：李国鑫

哈尔滨师范大学：徐光

海南大学：张慧

湖北大学：许志炜

湖北工程学院：张辉

湖南大学：彭璐珞，万炜，王峰，杨智，周玲

湖南工业大学：胡琴芳

湖南中医药大学：王辉

华东理工大学：景奉杰，杨艳

华东师范大学：何佳讯，贾利军

华中科技大学：陈鑫，贺远琼，柳娟，田志龙，伍健，熊琪，闫泽斌，杨治，周元元

华中农业大学：余樱
加拿大维多利亚大学：高华超
江西师范大学：熊小明，赵卫宏
美国南卡罗来纳大学：黄莉
南开大学：杜建刚
宁夏大学：朱丽娅
清华大学：许销冰
山东青年政治学院：王立磊
上海财经大学：王雪华
上海交通大学：才凤艳
上海鑫束科技投资公司：王凯
上海应用技术大学：董维维
深圳大学：陈星宇，韩巍，贺和平，贾芳，刘世雄，刘雁妮，韦夏，曾宪聚，张宁，周志民
世纪睿科集团：卢志森
台湾长荣大学：李元墩
天津大学：白寅
武汉大学：陈安然，池韵佳，崔楠，冯文婷，郭昱琅，黄静，黄敏学，柯丹，廖俊云，寿志钢，陶然，田鼎，汪涛，王凤玲，王进，王璐，王伊礼，徐岚，于雪，余伊琦，袁靖波，曾伏娥，张广玲，朱华伟
西安财经学院：张涛
西安交通大学：李苗，林舒进，沈璐，肖振鑫，张健，庄贵军
西南财经大学：白璇，付晓蓉，李永强，罗佳，谢庆红，张剑渝
香港城市大学：董婷嫣，窦文宇，江岚，李娟，苏晨汀，杨海滨，杨志林，曾小铧，郑斯婧，郑煦，周南，朱文婷
香港浸会大学：曾仕龙
香港岭南大学：崔耕，彭玲
浙江工商大学：王丹萍
浙江师范大学：袁兵，郑冉冉
中国大连高级经理学院：董大海，杜楠
中国地质大学：郭锐

中国恒天集团公司：王江安

中国矿业大学：牟宇鹏，王殿文

中国人民大学：丁瑛

中国驻尼日利亚大使馆：刘红阳

中南财经政法大学：杜鹏，费显政，冯小亮，李小玲，刘新燕，万后芬，王新刚，谢志鹏，赵君

中南大学：张琴

中央财经大学：王毅

第1部分

看山是山，
看海是海

1-1 将自己逼入困境,就有希望

陈安然

读博的种子什么时候萌的芽、生的根,我真说不清楚。也许是珞珈山的灵气熏陶所致,也许是跨学校、跨专业考研成功的激励使然。在武汉大学,我渐渐迷上了学术研究,一心渴望继续,就算有再多困难,也阻止不了前行的脚步,因为**内心常有个声音:"读吧!不读将来会后悔的。"我想跟着自己的心声走。**

记得研一第一学期,我主要是阅读文献,学习方法性课程,在这段漫长的时间里,感觉自己很迷茫。当时,导师柯丹远在香港访学,主要靠自己摸索学习。由于刚刚入门,且与本科专业有较大差异,学习比较吃力,常常要一周甚至更长时间才能看完一篇文献,而且还抓不住要领。那个时候,急功近利的我将自己看的为数不多的几篇文献东拼西凑,做了一个研究模型。一个关于在线信任的研究,几乎涵盖了关于信任的所有变量,天马行空般的模型没有任何实际意义。柯老师指出了其中的问题,但我并没有认识到问题的根源所在。此时恰逢武汉大学市场营销系30周年系庆,我听了周南老师"珞珈山大还是我们大"的讲座,讲座结束后,我反思了很久,细细体悟周老师提点的"淡泊明志,宁静致远"的研究态度,再回想之前看的文章,认识到**研究不是一蹴而就的,而是一个由循序渐进的积累到一定理论基础上创新的过程,所谓"九层之台,积于累土;千里之行,始于足下",这一过程,不能有丝毫的投机取巧。**而正是在这一过程中,我被学术研究的魅力深深吸引,坚定了读博的决心。

既然决心读博,我就开始严格要求自己,在柯老师的指导下,开始写英文文章。然而对研究刚入门的我而言,一篇社会科学引文索引(SSCI)论文几乎是一件遥不可及的事。研一暑假,我大部分时间都待在学校里写论文,花费了大量的时间在理论框架和逻辑推理上,一个逻辑推理的不顺畅常常让我焦头烂额。由于之前没有写过英文文章,经常为几个力图严谨的表达花费很长的时间,几乎是字斟句酌。短短一个假期，我经历了跃跃欲试、冥思苦想、偃旗息鼓、重振旗鼓到最终成文的过程。后期，柯老师又帮我作了诸多修改，但由于创新程度不够，第一稿返修的情况不容乐观。近乎苛刻的修改意见一度让我陷入无助与绝望，在向柯老师和苏晨汀教授求教后，他们醍醐灌顶式的点拨让我重拾信心，我将文章从整体模型、数据处理方法到英文表达方式都进行了系统的修改。在反复修改和漫长的等待之后，文章终于被《电子商务研究》(*Electronic Commerce Research*，ECR) 接受。

其实在没有尝试之前，不要说 SSCI 论文，即使一篇普通的英文文章，都离我那么遥远，但在尝试之后，觉得只要敢于面对，舍得将自己逼入困境，就有希望。正如现在，我觉得读博虽难、研究不易，但只要怀有"路虽远，行则将至；事虽难，做则必成"的决心，**脚踏实地地去做、去积累，梦想终将离我们越来越近**。"路漫漫其修远兮，吾将上下而求索"，怀着对助我一路前行的师长的感恩之情，我将且行且远。

2016 年 2 月 6 日

作者简介：陈安然（anranchen1993@126.com），2014 年至今在武汉大学经济与管理学院读硕士学位，专业为市场营销，师承柯丹副教授。

周南感言：天下无难事，只怕有心人。安然心想读博，从试图发表一篇 SSCI 的文章开始，不幸"陷入无助与绝望"，然苦尽甘来，觉得离梦想更近了。前路光明，过程艰险。祝她早日如愿，"拿下"博士学位。

1-2　理想从转变开始，现实却在挫败中挣扎

陈　鑫

我的博士路已走了快三年。这一路是如何走来的呢？答案是"转变"。

一方面是角色的转变。我是一名硕博连读生，硕士入学时就抱有读博的理想，对未来的科研工作保持积极乐观的态度，相信自己定能克服一切困难。而当到了真正成为博士研究生的那一刻，突然发现，科研任务、学习进展、毕业压力，猛地一并奔到我面前。

另一方面是思维的转变。以往我认为学习是学习、生活是生活，二者可彼此分隔、交替进行。读博后才慢慢知道，自己很难再将其有效地分开，对研究的思考需要延伸到生活中的点点滴滴，无时无刻不期盼着从生活的点滴中寻找到一些可研究的"点子"；每遇到一个崭新的或曾见过的现象，都期盼着与同伴探讨一番，即便没有同伴，这些现象也会在脑海中多转几圈。这种怀揣研究思维来看待周围一切的状态，慢慢成为日常。

随着这些转变，我开始在学术沼泽中挣扎。每天大量时间的文献阅读、想法碰撞、文稿撰写，每周重复交替的讨论会、模型探讨、讲座学习，看似紧张又充实，却时常让自己彷徨无措。彷徨的是文献看了、模型想了却没办法写好，无措的是初稿写了、文章改了还不能投出。

追根溯源是对自己所做研究的不自信。每次讨论前，总是自认为模型设计精巧、文章思路清晰、研究结构缜密。但是，一次又一次的批判和否定，常常无情地将自己打回原点。这种现实与最初设想之间的心理落差让自己不敢再轻易将文稿投出，反而不断怀疑文章的理论基础还不够扎实、假设推导还不够严谨、数据收集还不够完善、理论贡献和实践意义还不够深刻，等等。尽管已尽自己最大的努力去完成，但是这样的停滞不前仍持续了很长一段时间。

不仅自己深感挫败，导师贺远琼老师也同样心急，只能不厌其烦地督促我快想、快写、快改，提醒我不要老臆想自己不好，而要接受自己的不完美并努力去弥补。贺老师还鼓励我只有在"简单、相信"中执着前进，才能有效获取阶段性成果。随后，我在反复省察中告诉自己，**既该坚持自我，也要善于听取他人意见。我开始学着"走出自己的世界"**，大胆将自己的想法、思考、理念与别人交流。当获取有价值的反馈和建议后，我再"坚定执行"，不断体会"在干中学"这一高效有用的成长秘籍。

作为一名在学术战场上仅"征战"两年多的年轻博士生，**我深知自己还有太多的"不懂、不会、不知"，还有太多的"要看、要学、要悟"**，但我始终坚信一切才刚开始，也都还来得及。正如小说《大清相国》中的主人公陈廷敬在事业初期坚持的"忍""等""稳"三字箴言，在如同爆米花崩爆前的高压环境中的我们，学会"忍""等""稳"的本领，何尝不是同样重要。学术道路往往更多的是与无声的文字对话，孤独的前行路上需要有"忍"得住单调与寂寞的心境；在成果诞生前一定少不了否定、拒绝和失败，一次次跌倒再爬起的尝试更需要有"等"得到机遇与光明的信念；经得住多方考验的研究必定是脚踏实地、勤恳钻研的结果，所以**每一次从想法到实现都需要"稳"得住自己的情绪**。面对长路漫漫的研究生涯，相信自己定能在沉"稳"艰"忍"中"等"来梦想中的结果。

2016年1月17日

作者简介：陈鑫（cxwan@hust.edu.cn），2013年至今在华中科技大学管理学院读博士学位，专业为工商管理，师承贺远琼副教授。

周南感言：有志者，事竟成也。陈鑫有崇高的理想，念硕士前（2011年8月到2012年6月）曾选择去山区支教一年。2014年7月在华中科技大学举行的第二届中国市场营销国际学术年会，他是大会会议志愿者负责人之一，辛勤付出，保证了会议的顺利进行（请参阅周南：《佛光山的星巴克——〈道德经〉的启示》1-6 武汉：最美的微笑）。他做学问也是这样，在"如同爆米花崩爆前的高压环境"里追求完美，慢慢开始学会在"停滞不前"时，做到"忍""等""稳"。能够做到这样，说明他离实现理想已经不远了。

1-3 凤凰涅槃，浴火重生

池韵佳

恍然间，读博旅程已过半，酸甜苦辣样样有。**一路走来，我经历了五个阶段的转变：信心满满、畏首畏尾、重塑自信、井底之蛙、自知自觉。**

读博之前，我一直对自己的学习能力充满自信。当初选择读博的时候并未深入了解，也没有想清楚目标和方向，就是**凭着一股初生牛犊不怕虎的劲头扎进了学术泥潭，自信地认为读博士应该和读硕士差不多**，只要自己更加努力，博士毕业不是问题。

正式进入博士学习阶段，我才发现理想很丰满，现实很骨感。初次阅读英文文献，我的速度十分缓慢，阅读量远远达不到导师曾伏娥教授的要求，对文献中的研究方法一知半解，在研讨会上提不出自己的想法，**看着周围的师兄师姐们讨论自己的研究，我一句话也插不上**。因此，入学没多久，理想与现实的落差就给我来了个下马威，这才意识到阅读文献、掌握研究方法和提出自己的研究想法，并非一朝一夕就能达到。顿时，我危机感倍增，变得有些畏畏缩缩，总觉得自己不知道的太多，只好拼命阅读文献，但由于对自己的不自信，即使有了一点研究想法也不敢大胆与别人交流讨论。

幸运的是，曾老师一直坚持让我"边做边学"，她鼓励我在有了想法之后，就开始着手写文章，遇到问题再逐一解决。第一次写英文文章，我只能通过模仿顶级期刊中的文献来撰写。在正式动笔之前，除了与曾老师讨论文章的逻辑体系之外，还从顶级期刊的文献中，摘抄了很多我觉得有用的句型，包括连接词、转折词、进行文献回顾的句型、提出研究不足的句型、提出研究问题的句型以及得出结论的句型等。同时，每写一部分我都会打印十几篇有借鉴意义的文献，**逐字逐句地重点揣摩**，例如，在写引言时，我会重点揣摩作者如何提出现实意义和理论意义，以及如何通过文献回顾顺畅地提出理论不足和研究问题。通过边写边学习以及曾老师的指导，不断地修改文章逻辑和语言，我仿佛找到一点感觉，有了一点自信，真是应了那句老话——"纸上得来终觉浅，绝知此事要躬行"。

为了让我"走出去"与世界各国的老师和博士生们沟通交流，曾老师鼓励我参加了2015年的"营销科学"（Marketing Science）会议，并在会议上做了学术汇报。第一次参加国际会议，心中难免胆怯，但在听了别人的研究和学术汇报之后，我突然意识到自己不能再做一只井底之蛙了，必须走出自己的舒适地带，大胆地与其他国家的老师和博士生们认识交流。通过交流，我认识到自己在学术汇报技巧和理论基础等方面与他们的差距，回国后，我开始更系统地苦读文献，加强自己的理论基础。**在了解了自己的局限，了解了知识世界之辽阔，了解了人外有人、天外有天之后，从此只会更加谦虚谨慎，更加自觉地掌控自己的研究进度。**

从决定读博的那天起，我就已经如凤凰涅槃一般投入到了学术的火海中，只有不畏痛苦、义无反顾、不断追求，才能在知识的火海中浴火重生，从而在学术道路上达到一个新的高度。

2016年2月19日

作者简介：池韵佳（158924770@qq.com），2014年进入武汉大学经济与管理学院读博士学位，专业为市场营销，师承曾伏娥教授。

周南感言："御车者知地险，操舟者观水势"（明·吕坤：《呻吟语·御民》）。读博是场硬仗，有人越读越怕，也有人越读越爱。韵佳属于后者。心之所属，自知自觉，有良师指导，与同学交流，在辽阔的知识海洋里，像海燕一样，在暴风雨和闪电之间，继续勇敢地飞翔吧！

2015年韵佳来香港城市大学做研究助理时，当了三个月的"夏令营"班长，全心全意地为大家服务。借此机会，感谢韵佳！

1-4 学会面对挫折而不放弃

冯文婷

2013 年 9 月，我成了武汉大学市场营销专业博一的学生。读博这个决定，在旁人看来也许有些任性和轻率。当时我已经找到了一份比较安逸的工作，并且对于做研究，之前也没有任何的积累和经验。身边的老师和同学多不支持我读博，认为这并非合适的选择。

现在想来，那时的自己真是"初生牛犊不怕虎"。因为一无所知，所以无所畏惧。在经历两年"炼狱般"的博士生活之后，有点庆幸当初的无知，**如果我事前有所了解，也许真不一定有勇气来读博，那也就一定不会获得作为一个博士生的成长和快乐了。**

博一刚进门，出于兴趣，开始做我人生当中第一个研究设计。由于之前并没有相关经验，结果自然是惨不忍睹。每次向导师汪涛教授汇报的时候，都被批得体无完肤，被要求将原来的假设和理论逻辑全部推倒重做。就这样，我来来回回做了十几个版本的研究设计，试了各种解释机制，看了大量的心理学文献……一个学期过去了，我终于开始触摸到研究的门槛。这个过程有时很辛苦、很沮丧，但却让我有了飞快的成长。

回想起来，**我很感谢当时孜孜不倦地"狠批"我的各位老师，正是他们对研究的执着和热情、对真理的严谨和追求，才让我能够在最短的时间内意识到自己的不足。**正如前辈们所说，做研究的第一件事情，就是**学会将别人批判性的建议当补药吃，学会面对挫折而不放弃。**终于，在第二个学期，汪老师认可了我的研究构思，让我着手写论文。

之后，2014 年 5 月，我去香港城市大学做研究助理，参加"夏令营"活动。这三个月与小伙伴们一起学习和讨论，开拓了我的研究视野，让我感受到了做研究的兴奋和快乐。我们彼此促进，相互学习。在此期间，获得了很多非常好的研究想法和启发,很快选定了新的研究课题,并构思出相应的研究设计。然而,当我开始写论文和收集数据的时候,问题又出现了:如何把自己的研究想法,描述成一个打动人心的故事?如何整理和编撰文献,让自己的研究有理有据?怎样合理地收集数据,以保证结果的有效性?面对这些问题,我感觉非常力不从心,故事讲得不够动听,文献整理得七零八落,数据收集总是问题重重……在匆忙完稿之后,我把这篇论文投给了JMS中国营销科学学术年会暨博士生论坛(以下简称JMS会议)。非常幸运的是大会接受了我的论文,在会议上,北京大学的徐菁老师和南开大学的陈增祥老师对这篇论文给予了非常详细的建设性意见,非常感谢这两位老师的无私指导和帮助。会议结束之后,我决定根据他们的建议重新整理文献、设计实验、收集数据,尽全力完善这篇文章。在经历多次修改,历时一年半之后,我的第一篇论文终于完稿了。

此时,我已经进入博二下学期,资格论文的压力也越来越大。由于前期的积累,之后的文章写起来都比较顺利。2015年,我开始向各个目标期刊投稿,有英文期刊,也有中文期刊。但大部分情况下,结果都很悲惨。获得第一次返修机会的是投给《心理学报》的一篇关于捐赠的文章,由于之前也没有改过其他文章,经验不足。改完之后,外审回复意见还不错,我还暗自高兴了一小会儿,本以为差不多的时候却被编委拒了。当时心情非常沮丧,曾一度怀疑自己当初来读博的决定是否正确。现在想来这篇文章确实没有修改到位,还可以做得更好,只是非常遗憾当时自己经验不足,以后一定要吸取教训,尽全力做到最好。

周南老师曾跟我说过,**写文章是尽人事,发文章是听天命**。做好自己能够做的,剩下的就顺其自然了。对我而言,博士生涯尚未结束,研究生涯也才刚刚开始。"路漫漫其修远兮",我亦会更加坚定和努力地去面对未来。"宝剑锋从磨砺出,梅花香自苦寒来",相信只要用心坚持下去,就一定能够守得云开见月明。

2016年1月9日

作者简介:冯文婷(wenting.feng@yahoo.com),2013年进入武汉大学经济与管理学院读博士学位,专业为市场营销,师承汪涛教授。

周南感言:"板凳宁坐十年冷,文章不写半句空。"文婷说:"经历两年'炼狱般'的博士生活之后""会更加坚定和努力地去面对未来""做好自己能够做的""相信只要用心坚持下去,就一定能够守得云开见月明。"祝贺文婷,以坚忍不拔的毅力,坐热了冷板凳,写出了好文章。即将毕业,希望你能够迈向更高的学术山峰。

1-5 求真是场耐力跑

郭昱琅

作为一名三年级的博士生,我并没有太多的投稿经历可以分享。我作了反思,读博以来最大的感触是什么?我想这些感触是来自在香港时一次次的笔架山"游学"。

我性格内向,不太会主动和老师沟通。在笔架山游学的过程中,周南老师经常主动关心我,帮助我改变了自己对学术的看法。我想说两个"奇怪"的现象。第一个是,周老师行山的速度。每次行山大概都有十几人,周老师最年长,其他大多是青年教师和在读博士生,但每次走到最后,最快的几乎总是周老师。也许,大家会将其归因于周老师曾长跑,五十多岁还能跑完全程马拉松。真的仅仅如此吗?第二个是,夏令营成员第一次行笔架山时,部分营员身体不适,到半山腰就放弃了。但夏令营快结束,行更难的狮子山时,我们全员都到了山顶。这中间到底发生了什么?

关于第一个"奇怪",最初我也那样简单归因。但有一次行山,周老师鼓励我们比赛,看每段路程谁最先到达目的地。于是我们将路程分为好几段,中间休息一会儿。休息时,周老师说,其实他每次行山,体力并不比年轻人好很多,而是在每一小段路程中,逼着自己领先一点。这样慢慢积累下来,就领先别人更多。周老师讲,他的人生一直跟逼自己多前进一点儿有关。他16岁下乡插队,想有饭吃,就要咬牙顶住,更要看得远一些,因此养成了吃苦的习惯,终于在1981年考上了教育部出国研究生。他说,**人生要有不放弃的精神,才有希望**。听到这席话,我恍然大悟。我总把学术比作追求真理,但**求真之路无疑是漫长的,我们在进行一场耐力跑**。我们总说要坚持,在出发的时候踌躇满志,但很多人后来却被慢慢消磨了意志,因为他们不清楚如何让自己持续地有动力。周老师的话给了我不少启发。

关于第二个"奇怪",细想也不奇怪。可能是三个月的游学提高了大家的体能。这肯定是很重要的原因。但我更愿意相信另一个原因。在行山的每一段,为了跟上周老师的步伐，我们都试图逼自己一下，结果发现自己其实也能登顶。**在人生的每一小段逼自己一下，也许就意味着获得了新的平台和机会，也意味着在耐力跑上有了新的动力。**做研究也如此。周老师从更高的视角逼我们一下，循环往复，我们也就不断提高了。

但是，每一段逼自己一下，不是为了躺在成绩册上"睡大觉"，更不是提前透支。首先，要深刻理解求真之路是场耐力跑，**学会持续地逼自己，而不是一次领先就得意忘形**。这意味着，在求真的长跑中，时时要学会逼自己领先别人一点儿，千万不能止步不前。还有，游学时，周老师和我聊起做研究的问题，可能在其中的某一小段，他会夸奖我，但也严肃地向我指出，**一定要踏踏实实地学做大研究，不要沉浸在小研究里沾沾自喜**。最后，虽然我是一个缺乏计划的人，有时会选择熬夜之类的短期突击行为，但是我渐渐地明白，不要把做学术当成百米短跑，这是一场耐力跑，谁能坚持得更久，谁就会有更大的收获。

当然，游学经历的感受远不止这些。追求真理是一条很漫长的道路，我们要学会的是，做"有心"的长跑运动员。

2016 年 1 月 10 日

作者简介：郭昱琅（guoyl@whu.edu.cn），2013—2016 年在武汉大学经济与管理学院读博士学位，专业为市场营销，师承黄静教授。

周南感言："往者不可谏，来者犹可追"（《论语·微子》）。我难忘与"夏令营"营友们游学的美好时光。你们老说周老师走得太快，其实是因为我的时间比你们少，所以我必须走得快一些。仅此而已。新西兰探险家艾德蒙·希拉里（Edmund Hillary，1919—2008）是可考据的最早成功登上珠穆朗玛峰峰顶的外国人。我前年去新西兰旅游时，在奥克兰博物馆看到他登珠峰时用过的钢锥。他有句名言："It is not the mountain we conquer, but ourselves"（我们征服的不是山峰，而是自己）。眼下，中国学界"崇洋"，学者缺内功的问题很严重。继续如此短视下去，我们将只会做小学术，出不了大学问。相信昱琅这一代年轻学者不会只"沉浸在小研究里"，你们很快就会走到我的前面。

1-6 鱼之乐

黄 莉

关于读博和研究，刻板印象是单调苦闷、枯燥乏味。《庄子·秋水》中有言："子非鱼，安知鱼之乐？"作为从中国内地到中国香港和美国学习的博士生，我想跟大家分享一下"鱼之乐"。

其乐之首当属自由。 对认为"自由价更高"的人来说，科研应是个理想的选择。朋友常说我"想法很多，喜欢折腾"，科研跟我追求的自由奔放简直背道而驰。我在香港城市大学读完传播与新媒体专业获得硕士学位后，投身动感的香港广告圈，满脑子想的都是如何将天马行空的想法转化成一个个创意。一个初出茅庐的新人要单枪匹马说服大企业的市场营销总监接受自己的方案，无异于以卵击石。我反其道而行，从他们不熟悉的新媒体入手，找了很多有趣的研究结果，结合新技术趋势提供互动营销方案来隔山打牛，常让他们刮目相看。原来**知道别人不懂的才叫"价值"**。这一招屡见奇效，促使我积极参与营销的研究，觉得"脑洞大开"：盘子大小影响饮食选择，灯光照明影响自身认知，商场音乐让你冲动购物，甚至走路快慢都可以成为一种"操纵"，让消费者不知不觉"中招"。这种自由开放、五花八门的研究问题深深地吸引了我。**生活枯燥与否，也许并不取决于做什么事，而取决于做这些事的人。既然科研能包容天马行空的想法，又允许自己去检验心中的疑问，不是更大的自由吗？** 于是，我挥别创意行业进入学术圈。

开明的老师、开放的学术环境，让人如鱼得水。 读营销学哲学硕士学位（MPhil）的时候正是互联网广告起步初期，我说要研究网络社区的社会认同（Social Identity）对社区广告的影响，导师窦文宇教授很支持。我一边研究文献，一边泡在网络社区里面参与体验，写了一篇略显稚嫩的文章，发表于《互动广告杂志》（*Journal of Interactive Advertising*，JIA）。这种自己选题、自己设计实验、自由探索的研究模式，让我体验到了前所未有的畅快。后来，我进一步对社会认同如何影响广告记忆产生了疑问。由于当时并没有测量图片隐性记忆的现行办法,合作的老师艾米·道尔顿(Amy Dalton)让我自己研究一种新方法出来,这种挑战让人觉得既兴奋又刺激,我们的研究最终发表于《消费者研究杂志》(*Journal of Consumer Research*,JCR)。我深感**自由的工作方式能激发未知的潜能,相信前面无限的可能性,比起安逸的生活,一直在接受挑战的人生更加精彩纷呈**!

  教学是科研外另一个可以肆意发挥创意的舞台。我来美国第一年就被要求独立教一门消费者行为的核心课程,从课程设计、课堂互动、考试考核,**全部自由发挥**。我引导学生结合理论和最新的科技,给心仪的企业做创意营销项目,并鼓励他们用社交媒体在课堂上互动,这正切合新生代的兴趣,反响很好。**学期结束,学生们送来卡片,说"你是个很有创意的老师"。这种感觉仿佛获得最佳导演奖**。

  除了思想自由,**做研究还能净化心灵,让人欣赏简单纯粹的美好**。记得来香港访问的教授托马斯·马登(Thomas Madden)问我对他在做的一个企业咨询项目的看法,当时我跟他并不熟,这个项目跟我的研究没有关系,我们的研究方向也不一样,但我依然尽力从自己较熟悉的社交媒体领域出发提了不少建议。聊天的过程非常愉快,后来我们还一起做了一个社交媒体对品牌关系的跨国研究,这一研究即将发表于《国际营销研究杂志》(*International Journal of Research in Marketing*)。**做科研让人纯粹,使人待人处事不计较得失,毫无保留地提供建设性意见去帮助别人**。就算没有后来的"无心插柳柳成荫",我也会因为一次愉快的谈话、一个新的朋友而感到高兴。

  我所理解的研究就在生活中。从科研的未知里感悟自己的渺小,又从研究的发现中提升自己的信心。学会不卑不亢、宠辱不惊是读博与做研究附赠的果实。我很享受一直在学习、一直在进步却又一直在重新出发的鱼之乐,内心丰盈而满足。

2016 年 3 月 20 日

作者简介:黄莉(kaffeel@gmail.com),2011—2013 年在香港城市大学商学院读博士学位,专业为市场营销学,师承窦文宇教授;2013—2017 年在美国南卡罗来纳大学商学院读博士学位,方向为消费者心理,师承 Priyali Rajagopal 教授。

  周南感言:黄莉在香港城市大学念书时,就显示出很强的驾驭研究的能力,因为她的"出游从容"(悠然自得),我那时已经猜她"固非鱼也,子知鱼之乐"(虽然不是鱼,但知道鱼儿的快乐)。她"很享受一直在学习、一直在进步却又一直在重新出发的鱼之乐"。研究那么美好,世界那么大,不妨像鱼一样,好好看一看。

1-7 深海沉心,走向独立

李 苗

2010年,机缘巧合,我从吉林大学保送至西安交通大学硕博连读,导师是庄贵军教授。当时自己对读博是什么概念都很模糊,只是个空有学习能力的乖乖女。科研是什么,这条路怎么走,自己根本没把握。初次离家,父母把我从吉林大学一路送到西安交通大学,他们的千叮咛万嘱咐和离开时遮掩不住的泪水,如利刃一样悬在自己的心头。我暗下决心,一定要在最短的毕业年限回到他们身边。可心里也不小心种下了两颗坏种子:压抑和浮躁。毕业标准不知从何时起变成一个待完成的作业,我只是机械地做着,却没有用心去体会科研的本质,不安的心绪和毛躁的性格让自己成长得很慢。虽然在老师的耐心帮助下发表了几篇文章,可这两颗种子却并没有停止滋长。

2013年,我有幸加入西安交通大学管理学院-香港城市大学商学院联合培养博士研究生项目,联合导师是苏晨汀教授。作为西安交通大学管理学院市场营销系的第一批"试炼品",我怀着半分忐忑、半分期待,还有几丝略为沉甸的使命感和忝列门墙的惭愧感开启了这趟旅程。在之后两年多的时间里,在苏老师及合作者郑煕老师无私的帮助下,**我从以下三个方面改变了自己**,学着走向沉稳和独立:

第一,**相信老师,及时沟通**。我从小就很怕老师,这对博士阶段自己与导师之间的沟通很不利。与西安交通大学一对多的例会形式不同,在香港,学生与导师的讨论都是一对一的。苏老师的要求很高,让我经常去找他讨论,甚至要学会见缝插针地"抓他"。可我由于怕老师,总是憋了很久才去一次,这让自己成长得很慢。几次讨论后,我发现手头的数据都用不上,新的模型要重新收集数据。为了加快进度,从第二学期起,苏老师要求我梳理经典文献和理论,同时深化自己的研究。在这三个月的"扎马步"训练中,我在苏老师一点一滴的指点下调理"任督二脉",学着从书本内外的现象中捕捉信息、提高理论敏感性。慢慢地,我体会到用理论这个放大镜去审视科学问题的奥妙,也领悟到高水平的研究要杜绝浮躁。

第二,**相信自己,敢于"犯虎"**。我性格腼腆,有些不自信,这差点让自己失去一次机会。2014年1月,《商业研究杂志》(*Journal of Business Research*,JBR)主编伍德赛德（Woodside）教授到香港城市大学进行短暂的访问，学生们也有机会与他交流。那时我的新研究还不成形，手头只有以前投给学术会议的一篇英文论文。抱着一颗瞻仰"大牛"的好奇心，我硬着头皮跟他联系上了。结果模型虽被鄙视，却不是不能升华，伍德赛德教授还推荐了相应的分析方法。我那时毕业心切，便萌生了一个念头：伍德赛德教授在香港还要待四五天，我要马上学会新方法做出他要的东西，再找他讨论一次！幸运的是，连续熬夜后我终于得到了不错的结果，还和其他老师讨论过几次。可直到伍德赛德教授离开香港，我都没勇气再找他。还好，2015年他又一次来到香港城市大学，我趁机弥补了当初那个擦肩而过的讨论机会。没想到他很喜欢，还主动提出要与我合作。

第三，相信友谊，阳光普照。 我以前没离开过家和学校，生活能力超弱，到香港初期闹出过正常人想象不到的笑话，落寞时会想起庄老师和师母。还好老天赐给我好多善良的朋友，帮我在生活和学术上过关斩将：西安交通大学的同批联培生相互照应，办公室的朋友默契可爱，同门既有研究方向接近的江西才女相助，也有文艺青年传递正能量，使得我能在快乐中从事科研工作。有时大家还会在周南师公的带领下集体游学，因此认识了很多来自五湖四海的交流学者，无论大家属于哪个年龄层，在这里都是零代沟的伙伴。我还找到了几个志同道合的朋友，他们在关键时刻帮我出谋划策，让我感到十分温暖，备受感动。

最近这段时间，我在香港城市大学深圳研究院准备毕业论文，其间，也在努力和郑煕老师一起做另一个研究。她是除导师和周南师公外对我帮助最大的人，对于他们的恩情我总感到无以为报。可是，郑老师却告诉我："你以后再去帮助别人就好。"我突然记起师公门上贴的画：一棵大树，一个浇着小树苗的男孩。说明文字为"You nurture the kid, the kid will nurture（悉心育桃李，星火代相传）"。目前，我的能力还很有限，不知道自己以后的科研之路会走得如何。但无论怎样，我都会铭记这份恩情，将爱传递下去。

2016年2月4日

作者简介：李苗（007shirly@163.com），2011年进入西安交通大学管理学院读博士学位，专业为市场营销，师承庄贵军教授；2013年加入西安交通大学管理学院-香港城市大学商学院联合培养博士研究生项目，师承苏晨汀教授。

周南感言：我的博士生中，贵军第一个通过学位论文答辩。贵军的博士生中，李苗第一个被挑中来香港城市大学进行联合培养。我因此特别注意她的成长。李苗自认腼腆加虎气，但我看到的是她的善良、踏实和热忱，以及东北人特有的幽默感。好苗子，一天天地成长起来了！

1-8 为文章找一个家

廖俊云

读博士将近三年，我从一个学术门外汉，终于成长为能在学术刊物上发文章的新兵。其中既有大多数同学经历的彷徨，也有发表文章的喜悦。

起初，一切都是新鲜的，有时充满期待、斗志十足，"明年一定要发两篇文章"；有时又为长途漫漫而神伤，"读博士后去哪儿，能不能找个像样的工作"。在这种矛盾的心情中开启了读博（或称"赌博"）生涯。博一那会儿，不能理解研究是什么。但研讨会上，师兄师姐们每次研究展示中用椭圆和箭头所标示的框架图，给我留下了深刻的印象。那时懵懂无知，不知道师兄师姐们看上去简单的研究框架背后其实有充分的理论基础。我天马行空地也画了很多图，**提了许多研究想法，几乎每次汇报，内容都不重复。但到最后，也没找到一个靠谱的、能落地实施的研究。**

很快博一就要过去，学术上仍然"一无所有"，心中更加紧张，想依葫芦画瓢，先照样子写出一篇论文来。于是，我选择了一个对我来说相对简单的题目，找文献，设计问卷，在网络上收集问卷，开始写起文章来。那真是一个学习的过程，写过文章的人都知道第一篇文章的不容易。对我来说，心中虽然有了个模型，但是提笔的第一句写什么？怎么将后面的话连接顺畅？……删了再删，改了又改，就这样磕磕绊绊地写着，战战兢兢地学习着数据处理方法，最后总算把文章写完了。出于不自信，我首先将文章投给某C类期刊。但很不幸，很快就收到了退稿信，信中指出：一是文章新意不足；二是数据分析方法有问题，简直完全没有价值。我有点灰心丧气，就把这个消息告诉了导师黄敏学教授。然而，我得来的不是安慰，而是黄老师的批评："求其上者得其中，求其中者得其下"，他认为我应该**把目标定得高一些，对自己的要求严一点**。

批评归批评，黄老师很快和我分析起那篇文章来，他说这篇文章要投到《南开管理评论》上。我很是诧异，这个连C类期刊都被拒的文章怎么可能发到权威的杂志上。黄老师建议我找一篇《南开管理评论》的文章来读，并尽量模仿，严格按照我们讨论的结果修改、完善文章。其间，我也趁在香港城市大学做研究助理时，向那里的老师和"夏令营"的同学汇报，听取他们的意见。多轮修改之后，终于将文章投出去了。我忐忑地等待，每天都要刷一刷网页，有时甚至刷好几遍，**就像春天播种后，农民要时不时地去田地里查看长势如何**。结果居然没有被拒稿，我收到了比较肯定的意见，经过小幅修改就被接受了。这是我发的第一篇文章。

这篇文章初步建立了我的信心，我又接着写了两篇。其中一篇较为顺利地被接受了，另一篇却辗转反侧、颠沛流离，最终才找到归宿。其实，**每一篇文章都是一段不一样的旅行，会面临不一样的际遇**。审稿人的风格和欣赏的角度不同，有人喜欢你的文章，我们当然高兴；有人不喜欢你的文章，我们也不要灰心。是金子总会发亮发光的。要仔细回想我们写这篇文章的初衷是什么，我们当时设想的创新是什么，想表达的是什么。然后忘掉郁闷，再吸收意见，继续修改。黄老师教导我说："写每篇文章都不容易，要倍加珍惜。**你写的每篇文章都是你的孩子，如果你自己都不爱，谁会爱？**"

三年经历，我对怎么做研究只能算是有了一些初步的体验，获益更多的是精神磨炼，它给了我一个信念：**当做好充分的前期准备，着手去做一个研究时，在心底应该相信它的价值**。"相信"是一种伟大的力量。接下来，要做的仅仅是，完成它，打磨它，争取顺利地为文章找到一个家。

2016年1月24日

作者简介：廖俊云（haoyueshan@foxmail.com），2013年起在武汉大学经济与管理学院读博士学位，专业为市场营销，师承黄敏学教授。

周南感言："工欲善其事，必先利其器"（《论语·卫灵公》）。黄老师说得好："你写的每篇文章都是你的孩子。"俊云做得好，坚定地将"孩子们"养大，给他们信心，然后打开"笼门"和"闸门"，放走他们，希望他们学会在真理的蓝天中飞翔、在智慧的大海里遨游。海阔凭鱼跃，天高任鸟飞。

2014年，俊云来香港城市大学当研究助理时，当了三个月的"夏令营"班长，全心全意地为大家服务。借此机会，感谢俊云！

1-9 进终南山与读博

林舒进

2014 年,我到西安交通大学管理学院读博,有幸拜读师公周南教授的随笔集《要钱还是要命——〈道德经〉的启示》。我特别喜欢周老师书里对中国营销理论未来发展方向的看法:如果我们只懂搬弄和移植西方理论实践,将愧对祖先积淀下来的珍贵文化遗产。三十年河东,三十年河西。我们必须将包括《道德经》在内的中国文化精粹融入营销和品牌理论及实践。我从没想过《道德经》可以这样用,这本随笔集给了我很大的启发。于是,**我开始思考将更多的中国元素融入营销研究中,"幻想"通过学术研究让更多具有中国文化特色的营销研究"走出去"。**

2015 年年初,我听闻终南山内隐居着一群人,保留着古老的生活状态,也深谙传统文化的精髓。于是,我开始进终南山寻找这群人,试图从他们那里获得一些关于中国文化元素的启发。前几次进山遇见形形色色的人,但没有找到传说中的隐士。此后我往更深的山谷挺进。有一天,我在深山中迷途难返,几经波折走到悬崖绝路处。在绝望之际,却发现了一线生机——在悬崖边发现一条小径,在小径深处的山洞里遇见一位隐修多年的道人。

这位道人博学多知,儒释道三教经典熟烂于胸,心中也深谙大道精妙。我们的交流中,谈及对营销的看法。他将营销视为人道的伦理:"营是策划,销是销售,营销是谋划销售的学问。谋划在人,销售也在人,**营销是人与人之间关系的学问。**"我很好奇,如果让道人来做营销或研究,他们会怎么做。他说:"人性趋利避害,因此,祖师爷讲让民以利,如老子说'水善利万物而不争',这正是营销应该具备的品德。民意顺之则生,逆之则亡,**营为民所谋利,销以民之所需,自然就是营销之道。**"我粗浅地理解这句话,营销应该是以民为本、为民谋利。我的导师庄贵军教授认为"营销应该是给人带来幸福的一门学科"。他们的看法有相似之处,都认为营销应该给人带来更多的好处。

我更好奇的是,哪些中国元素可以融入营销领域的研究当中,又该怎样让这些文化元素"走出去"。道人的回答很"玄妙":"归根到底皆为利,'天下熙熙皆为利来,天下攘攘皆为利往',**你若能让人从中获利,别人自然会接受。**老祖宗传下来的智慧是经过上千年时间的沉淀和验证的,当我们能用老祖宗的智慧来解决他们的问题时,他们自然会接受我们。"愚钝的我对道长"玄之又玄"的妙语一知半解,也许文化与营销的结合还需要自己有更加深入的思考才能有所领悟。

道人又说:"你做研究跟我们修道有相似之处。修道要如《诗经》所说的'如切如磋,如琢如磨'。在一点上,反复用功,切磋琢磨。在一块玉石上打磨一遍看不出效果,然而打磨成千上万遍,玉石就会变得光亮。这就是学道的过程。"学道不易,修行的人为了求道、证道,隐居深山中,而且要能静下心来,反复琢磨,忍受常人忍受不了的艰苦,这是一种难能可贵的品质。**做研究也不易,做研究需要淡泊明志,在单调枯燥的学习中,找准方向一头扎进去。**

道人最后给我指明了一条出山的"终南捷径"。回校途中,我产生了一些想法:读博士的过程同样是路途坎坷,做学术研究也应该像修道一样,清心专注。这条路上并无捷径可言。如庄老师所说:"能够在学术上有所建树,甚至成为一代宗师者,要具备两个条件,一是要能静下心,二是要能吃得苦。"我想,只有安安静静地苦心钻研,才是早出成果的正道。而对博士生来说,**安静地吃苦似乎比所学的知识更重要。**

2016 年 1 月 23 日

作者简介:林舒进(somejust@163.com),2014 年至今在西安交通大学管理学院读博士学位,专业为市场营销,师承庄贵军教授。

周南感言:求学与求道,一表一里。舒进手眼别具,通过进终南山求道,感悟求学的道理。老子说:"道生一,一生二,二生三,三生万物"(《道德经·第四十二章》);又说:"人法地,地法天,天法道,道法自然"(《道德经·第二十五章》)。许多营销人想"生"(盈利)多,却知"法"(顺势)少。"法"大于"生","顺"先于"利",所以中国人过年有"一切顺利"之类的问候语。大道理管小道理,以民为本是营销的大道理(请参阅周南:《要钱还是要命——〈道德经〉的启示》1-1 死而不亡者寿:要"钱"还是要"命"?)。

1-10　在改变中坚守，在坚守中调整

柳　娟

大家在微信群里讨论博士生涯经历时，有人说，**每位博士的经历都可以写成一本书。**

我想，既然如此，想必各有各的精彩，对不同的人有不同的启发意义。我问尚无优秀成果的自己，是否能带给读者什么有价值的启示，或者至少也留点笔墨痕迹来警示自己？

我已在读博路上"历练"了几年。虽一直固执地坚守着"苦难是笔财富，博士毕业后我一定会变成另外一个更好的自己"的信念，但在很长一段时间里，我并不知道这笔财富在哪儿，读博又会将我变成什么样。**我唯一知道的就是，我一定会改变，而且要努力变成让自己喜欢和欣赏的人。**

现在看来，在改变的过程中我走的弯路有点过多了。**最初作出读博的决定太仓促**，没有进行调查了解，也未进行自我评估，更没有一个明确的目标和定位，只知道要"努力"。事实证明，这种没有决策过程的非理性决策给后来读博的自己造成了很多思想和心理障碍，甚至陷入绝望，而克服它们一直在耗费我大量的精力。

当然，在这种似乎"本末倒置"的折腾中还能一路平稳走下来，我深知是因为幸运地获得了很多老师的指导和"教""育"。尤其是**我的导师田志龙教授，一直用耐心、宽容和智慧（尤其是换位思考的智慧）指引着我在学术、待人处事等各方面一步步改进和成长。**

同时必须承认的是，**我这一路上从未停止过反思和改变。**如果对我在兜兜转转中积累的带有浓重个人特质的教训和感触进行总结，可能有价值的一点是，在寻求改变、寻找自我的读博期间，我逐渐明白了要"在改变中坚守，在坚守中调整"。

在改变中坚守。从一开始，读博对我而言就不只是学习如何做科研，而是学习如

何做人做事，以便让自己能独立且长久地立足于这个社会而不被抛弃。于是，"改变"成为我的核心，但一直单纯模仿别人的我，却把"自己"忘记了。忘了**要将"外来的"东西与自己的情况和问题相结合，作有针对性的修正**。想太多后反而忘记"坚守"自己那份执着的心性。

在坚守中调整。一直以来，我都很钦佩那些能快速、恰当调整自身角色和定位的人，他们是有前瞻性的智者。而我，由于准备工作不足、目标不明确，导致进入角色较慢，外加读博期间各方面发生的巨大变化，自己与外部环境常处于失衡状态中，挣扎和内耗就不可避免了。虽然自己一直坚守着那些信念，也总在有意识地学习和改变，但仍未彻底摆脱困境。究其原因，是自身的眼界格局和思考问题的角度没有随着境遇的变化而调整。

如今才明白，**读博**，无论在科研能力还是思想上，每个人都必然要经历一段最难熬的"炼丹炉"过程。只是由于很多因素（尤其是个人目标是否明确）的影响，这一过程来得或早或晚，但肯定会来，而且早来比晚来受的煎熬要少。我最初没有认清这些问题，各位或许可以引以为戒。

2016 年 1 月 20 日

作者简介：柳娟（ourliujuan@163.com），2012 年至今在华中科技大学管理学院读博士学位，专业为工商管理，师承田志龙教授。

周南感言：老子说："天道无亲，常与善人"（《道德经·第七十九章》）。柳娟说"读博不只是学习如何做科研，更是学习如何做人做事"，很有高度。读博只是成长的一部分，可是学习如何做人做事需要一辈子的努力。我刚刚跟仍在"炼丹炉"里的她通过电话，问她是否处于"黎明前的黑暗"中。听到她在那一头笑了，说今天（2016年1月21日）早上武汉下雪了。我很羡慕她，因为香港见不到雪。看了一下日历，大寒已过，春天将至。

1-11 慎始而敬终，终以不困

罗 佳

三月草长莺飞，我有幸来香港城市大学短期学习，倍感兴奋。初来乍到，拜访了周南老师。听说我即将跨入读博大门，周老师嘱我写一篇随笔，记录自己一步步选定学术之路的所思所感。我思来想去，其间**有迷茫、有动摇、有无助，而这些都是成长的代价**。

本科入学时，我学计算机专业，一年级末有转专业的机会，于是报考了热门的经济学专业，但阴差阳错被调剂到了市场营销专业。无奈之下只好硬着头皮学，谁知慢慢发现挺有意思的。本科毕业那会儿正是考研日渐升温之时，一半出于想回到川渝之地的思乡之情，一半出于对营销这门学科有深入了解的兴趣，我后来终于考入西南财经大学工商管理学院，攻读营销专业的硕士学位。首次拜见导师李永强教授，结束时，我信心满满地跟他说，自己非常热爱营销这个专业，立志以后攻读博士学位，他说："好好干"，于是**我踌躇满志地要"好好干"**的硕士学习生涯正式开始了。

我们的专业课多是英文文献的分享，这是本科阶段没有接受过的训练，我觉得新鲜，看着也蛮有劲儿，读博之心亦不曾动摇。硕士第一年快结束时，同学们开始谈论今后的去向，那时无数互联网公司如雨后春笋般大批地冒出来，媒体天天报道各种创新，同学之间也大谈商业模式创新、营销创新案例，大家都有一股赶赴企业前线的冲动。所以**每晚我和室友都会邀请一两个本专业的同学，来寝室讨论最新的商业实践，讨论通常持续一两个钟头**，时常争得面红耳赤，对面楼的热血小伙常愤然摔门而去。于是我白天都会看各种商业杂志搜寻题材，以便晚上的交流可占得上风，慢慢地英文文献阅读也就落下了。

那些时日，同学们都说我的想法还不错，挺适合去企业的，读博再耽搁几年，这一波浪潮可能就过去了。加之许多亲戚朋友一听说我要做学术苦行僧，大多鼓励不足、质疑有余。**畏惧着前方可能遭遇的艰苦与孤独**，同时也惶恐留校再待几年是否会与社会脱节，我慢慢开始动摇，难以作出抉择，连续好长时间晚上都辗转反侧，不知凌晨几点才带着芜杂的心绪入眠。终于有一天，我怀着复杂的心情约见了李老师，向他表达了我的迟疑。李老师非但没有因我违背之前信誓旦旦的许诺而责备我，反而用其自身的感悟平和地开导我："人生有许多条路可以走，我们有时确实需要停下来思考一下如何作选择。有容易走的大道，也有荆棘密布的小路，风景各是不同，问问自己的内心，究竟想走怎样的路。**选择很重要，选择后坚定不移更重要。没有不通的路，只有摇摆不定的心**，倘使坚定不移地去开垦，终有一日会走上属于你的康庄大道。"李老师让我不必立马回答，而是慢慢回去消化，他说："记住，选择也是智慧。好好干！"回去的路上，我一直在思索他话里的意思。

没过几日，张剑渝老师开始给我们上第二年的专业课。第一堂课上，他的一句"两眼看世界，理论联系实际"一下子警醒了我。我喜欢和同学们聊商业案例，但我们几乎都停留在表面现象上，忘却了理论的重要性。**理论从来都不是与实践脱节的（亦不应该），理论解释现实世界，更反哺现实世界。我恰恰可以进一步深入学术之中，用审慎勤敏的态度来理解、拥抱这个日新月异的世界。**

回头来看，我之前在选择上的迷茫与迟疑，主要源自内心的胆怯。感谢这么多良师的帮助，当然也有我父母一如既往的支持，助我渡过了人生的又一个难关。我是个闲时喜欢走南闯北的背包旅行者，把人生看作一张地图，到了陌生的城市经常循着内心往下走，看看街景，也不问终点，权当点亮人生的地图。现在，是时候尝试一下离开平地往学术山路上走了。**既然有了明确的方向，就"心无挂碍"地往上攀吧**，用周老师的话说，是去登山观海，应能看到更绚丽的美景！

"慎始而敬终，终以不困"（出自《左传·襄公二十五年》，意思是：谨慎开始，不怠慢结果，结果就不会困窘）。谨借此文，作为我接下来几年博士生涯的自我勉励。

2016年3月5日

作者简介： 罗佳（jiaro1112@163.com），2013年至今在西南财经大学工商管理学院读硕士学位，将于2016年秋开始读博士学位，专业为市场营销，师承李永强教授。

周南感言： 罗佳来见我，说秋天开始读博，言谈之中，充满激情和期待。我当即邀她将想法和计划写下来与大家分享。第二天下午她就交稿了。"没有不通的路，只有摇摆不定的心"，真是初生牛犊不怕虎！原来，李老师说的"好好干"起了重要的作用。我给了她我去年出版的《佛光山的星巴克——〈道德经〉的启示》一书，里面有几篇是谈如何读博的，比如，1-13博士生之"无畏，无知，无限"，1-14博士二年级最痛苦？我向永强看齐，看了罗佳的这篇文章后也对她说"好好干"，提醒她"胆大心细"。祝罗佳读博顺利！

1-12　被拒稿的感悟

沈　璐

在同学们眼中，我的读博之路似乎挺顺遂，博一伊始便完成了毕业要求的2/3。但事实上，用导师庄贵军教授的话说，我是运气有点背的博士生。我大多数已被录用的论文都经历了若干次拒稿，甚至在博二、博三两年里屡投屡败。我这样形容拒稿的感觉：像被人摁在墙角，左一下、右一下地抽大嘴巴子，却没有任何辩解的机会。毋宁说，**被拒稿是痛苦的，但更多时候其实是"建设性"的**。就像那句歌词——"多么痛的领悟"：正是因为不给任何"狡辩"的机会，才敦促你正视文章的缺陷，并尽一切可能去弥补它。我想我没有那样的资历去写读博的感悟，但或许可以聊聊我曾经被拒稿的经历，给现在正遭遇拒稿的学弟学妹们一些慰藉。

文章被拒，原因大抵有三：其一是"火候未到"；其二是"万事俱备，唯欠运气"；其三我姑且冒昧地称之为"拒你没理由"。

第一，火候未到型。我最近的一份拒信，来自某国际商学顶级期刊。在刚收到拒稿邮件时，首先涌现的情绪是抗拒，抗拒去看那长约十页的拒稿意见。尽管我强迫自己去看，但到底没看进去多少，居然感觉气愤，气愤为什么不给我"辩解"的机会。关上电脑，我从书房踱到卧室，又从卧室踱回书房，重又浏览了一遍审稿意见，这次或许多看进去了一点儿，开始觉得难过。之后，我没敢再看审稿意见，半个月后，才终于心平气和地去读它。但是，**读得越深入，越发觉得无地自容，因为审稿意见让我心服口服，一些是我曾思考过的，另一些则有醍醐灌顶之感**。审稿意见大抵包括：基本假设说理不透、文章定位焦点不统一、文献回顾不全面、一些变量的定义边界模糊、量表存在问题、截面数据有局限性、管理启示过度演绎。痛定思痛，在与庄老师讨论后，我们决定从长计议：舍弃原有数据，重做研究设计，修正文章定位。我不知道这篇文章的前路如何，但这份拒稿意见让我有与大家对话之感，受益良多。

第二，唯欠运气型。我的一篇论文曾投至国家自然科学基金委员会某 A 类期刊，历时 7 个月后迎来两份审稿意见。据编辑说，其中一份的结论为修改后再审，另一份的结论为修改后发表，但后者的具体修改意见并未提供。在编辑反复催促无果后，文章被送给第三位专家审阅。这位专家的意见是拒稿，于是论文被拒了。这次的感觉是唏嘘无奈。庆幸的是，这篇论文最后被国家自然科学基金委员会认定的另一个 A 类期刊接受了。

第三，拒你没理由型。我曾收到国家自然科学基金委员会某 A 类期刊的拒稿信，理由只有一句话，大抵是：调研时间为一年半以前，不具时效性；没画假设模型图，不够学术。对此，我只能一笑置之。

在我看来，拒稿或许是读博之路上必须经历的，它也许比顺风顺水更能推动人进步。从容面对，总能微笑着从跌倒中爬起。

2016 年 2 月 5 日

作者简介：沈璐（shl925@foxmail.com），2012 年进入西安交通大学管理学院读博士学位，专业为市场营销，师承庄贵军教授。2014 年加入西安交通大学管理学院-香港城市大学商学院联合培养博士研究生项目，师承苏晨汀教授。

周南感言：高山流水常见，千古知音难遇。沈璐的稿件屡投屡败，初时感觉"像被人摁在墙角"，现在已能"从容面对，总能微笑着从跌倒中爬起"，我相信她已经进入了多投少败的阶段。碰到"拒你没理由型"时，我的经验是：大道青天，各走各边；各行各船，不必相撞；各唱各调，彩虹相笑。

1-13 痛则通，不痛则不通

陶 然

我今年博二。读博的经历似乎可以归纳为一个"先苦后甜"的过程。"天将降大任于斯人也""彩虹总在风雨后"，大抵都是同一个道理。进一步来说，**我觉得读博路上的磨砺大致可分为：精神之苦，肉体之痛，以及克服苦痛之后迎来的幸福感。**

精神之苦必然要通过精神的反复淬炼方能克服。我在决定读博前工作了几年，偶尔还自恃硕士阶段学识渊博，认为博士不过比硕士的难度高个等级而已。这种脱离实际的想法，在进入博士学习阶段后受到极大的挑战。首先是各门课程的经典文献书单，以及正确的阅读方法。读硕士时，阅读文献大多是"水过鸭背式"，一篇文献读下来，只记得些许细节。到了读博阶段，这样的阅读方式在讨论会和研究设计演示中屡遭质疑，"被否定—自我否定—似见成功—再次被否定"变成一个"痛点循环"。随后，我积极参加武汉各高校举办的许多高水平的学术讲座，如饥似渴地汲取"学术大牛""独门秘籍"中的养分。一次讲座让我结识了香港科技大学的黄智老师，与他聊天的过程中了解到学术达人的阅读量和工作时间远远超乎想象，他们的成功几乎也都建立在大量阅读的基础之上。"**多年的媳妇熬成婆"，由强迫阅读开始，演变成惯性阅读。**成名的学者尚且苛刻地要求自己，作为一个门边徘徊者更应如此。导师曾伏娥教授的一个阅读习惯是边阅读边做笔记，逐渐形成文献发展脉络。我也模仿着使用读书笔记，记录文献研究的问题、创新之处，慢慢整合成一种类似于综述的笔记。

理论贡献是高质量论文的关键之一，也是博士学习阶段必须掌握的技能。"不但要熟悉经典理论，还要紧跟最新理论"是曾老师一贯的要求。**从观察现象到紧盯理论的"大升级"往往伴随着持续不断的阵痛，**而这无意中也促成了搜寻经典文献、了解最新文献动态的能力。由于我一直关注网络营销，因此信息系统领域的理论变成必读之物。借助于各类文献计量工具，同时将重点聚焦于近年来出现的信息系统理论，我锁定了一系列与媒体特征和应用相关的理论主题。依据对于新现象使用新理论进行阐述和解释的原则，我开始采用这种思路进行反复练习，虽暂未成功，但相信对今后的研究大有益处。

肉体之痛则要通过肉体的反复锻炼方能克服。 精神的压力却不能成为身体惰性的借口。周南老师大力提倡练出强健的体魄。多数人眼中，"四只眼""面色苍白"已经成为博士的刻板印象。而许多老前辈直至花甲依然笔耕不辍，教书育人。戏言一句，**如果活得足够久，那么成就也可能足够高**。参加过周老师研究"夏令营"的同学无不提到游泳和游学（行山）是他们的第一考核标准。听信了他们，在体验过读博初期的腰酸背痛、头晕眼花之后，我也开始坚持每晚阅读完文献之后，绕行珞珈山一圈。黄智老师所奉行的原则是每天在研究之外，必抽出两个小时健身。**身体越能承受长时间的疼痛，精神也将在高压下愈加坚强；身体的耐受时间愈长，耐性才能愈加增强**。身体从疼痛到适应也可以变成学术必经的第二条"痛则通之路"。

中医诊断经脉的一个标准是痛则不通，通则不痛。将之放到读博士的学术背景下，或可解释为**痛是起点、是过程，通是结果**，而后两者又会构成一个不分初始的循环，谓之痛则通，不痛则不通。博士们的进化就是一个面对痛苦，适应痛苦，将痛苦变成自身的"基因"，直至可以成为面对不同痛苦的"自己"的过程。在上下求索的读博道路上，我很幸运得到老师和同学们的指导及帮助，让我这样一个"门外汉"慢慢踏入学术大门，苦乐其中。川中栈道虽难行，却是经历多年修建方成入川必经之道，学术之道何尝不是如此。

2016年2月15日

作者简介：陶然（ran.tao@189.cn），2013年至今在武汉大学经济与管理学院读博士学位，专业为市场营销，师承曾伏娥教授。

周南感言：陶然说："痛是起点、是过程，通是结果。"我联想起古人说的"穷则变，变则通，通则久"（《周易·系辞下》），"穷"和"变"都"痛"，"通"了才可能"久"。这里的"穷"字让我接着联想到学术道路上"穷理致知"的说法，或可理解为艰苦奋斗，穷究真理，从"痛"到"通"。栈道虽难行，你我携手向前。

1-14 战胜怯懦，勇往直前

王凤玲

回到武汉大学已经四个半月了，此刻忆起去年夏天在香港城市大学商学院当研究助理时的点点滴滴，一切仍历历在目。恍惚间，似又回到了那段被称为"夏令营"的愉快而充实的时光。其中印象最深的非学游泳时从"无"到"有"的感悟莫属。

到香港城市大学报到那天，周南老师就向我们提出了一个"严格"的要求：所有同学必须学会游泳才能"毕业"。听他这么说，我当时就感到头皮发麻。一个二十几年来从未下过泳池的"旱鸭子"，幼时还曾因意外跌落池塘留下过心理阴影，**要在三个月内学会游泳，绝对是个不可能完成的任务**！可是，为了顺利"毕业"，也只能硬着头皮开始学。

为避免第一次集体游泳当众出丑，我特意私下邀请了会游泳的小伙伴对我提前进行培训。果不其然，初次下水时，那种陌生浮力环境下的失控感，让我一度非常不安，紧抓池壁一动也不敢动。当小伙伴让我松手试着让身体漂浮在水面上时，我内心极度抗拒，她再三保证一定从旁托着，我才终于离开池壁。但脚刚一离开池底，我就高度紧张、身体紧绷，没一会儿就开始呛水。如此就更加害怕，说什么也不愿再尝试了。但是小伙伴"恐吓"我，**如果不能克服对水的恐惧，这辈子都不可能学会游泳**。她说，只要身体放松，浮起来一点问题都没有。我当然不愿当一辈子"旱鸭子"，所以就在她的指导下继续尝试，想不到，真的很快就可以顺利浮起和站稳，不再需要外力的辅助。再后来，又根据小伙伴的建议练习手和腿的分解动作。

终于，几天后第一次集体游泳时，我已基本掌握分解动作要领，可以在浅水区独自练习了。熟练之后又开始学习手脚协调以及换气等，再往后就是每周坚持练习了。可是，到了从浅水区跨入深水区这一关时，难免又是一番内心挣扎和惶恐。好在在老师和同学们的帮助及鼓励下，我最终再次战胜了怯懦和恐惧。至夏令营快结束时，我已经可以每天傍晚享受在泳池里往返畅游的乐趣了，而在此之前这对于我是无法想象的。

学游泳的整个过程中，我收获了几点重要感悟：首先，**做任何事情最大的障碍就是自己内心的怯懦。不仅仅是学游泳，读博和做研究又何尝不是如此。**如果我在考虑读博时，被周遭那些善意的"提醒"和"忠告"吓破了胆，止步不前，那就没有机会体验现在正经历的酸甜苦乐，更没有机会结识这么多可敬可爱的老师和同学。虽然我目前仍在黑暗中艰难摸索，在泥泞中挣扎前行，但我相信光明就在前方不远处，到那一天我定能体会到破茧成蝶的极致愉悦，而这一段"炼狱"般的经历亦将成为我人生路上的宝贵财富和别样风景。

其次，三人行必有我师。如果学游泳时没有大家的耐心指导和鼓励，我不大可能三个月就学会。做研究同样如此，老师和师兄师姐们在分享经验时也都曾反复强调，**做研究时要虚心地向身边的老师和同学求教。**一味埋头苦学、不与外界交流，很容易陷入低效甚至无效的漩涡而无法自拔。

最后，学会分解目标，化难为易。学游泳时，小伙伴将连续的蛙泳动作拆解成手部和腿部动作，让我先分开练习，待熟练后再协调整合。若非如此，从一开始就学习"手脚并用"只会让我更加"手忙脚乱"，反倒不易学成。于读博士而言，每每想到顺利毕业和找到理想的工作需要发表文章的任务时，我就压力倍增。但是，如果**将这个总体目标分解至每学期甚至每月、每周需要完成的小任务，那么每前进一小步的成就感会形成驱动前行的强大的内在动力，跬步最终也必能积至千里。没有人生来就擅长做什么，所以持之以恒地下苦功吧！**

2016 年 1 月 14 日

作者简介：王凤玲（wangfengling2015@qq.com），2014 年进入武汉大学经济与管理学院读博士学位，专业为市场营销，师承张广玲教授。

周南感言：孔子曰："吾尝终日不食，终夜不寝，以思无益，不如学也"（《论语·卫灵公》）。咬牙坚持，就有望到达终点。祝贺凤玲学会了游泳，从今以后，再没有人敢叫她"旱鸭子"了。触类旁通，她读博和做研究的成功亦指日可待。

1-15 坚持，梦想总会实现

王 进

作为两个孩子的父亲，接近不惑之年有机会来到武汉大学攻读市场营销学博士，无疑是幸运的。虽然带着研究问题，"回炉"读博，但毕竟是转了专业，其中的压力也许只有自己能体味。

刚入学那阵子，导师寿志钢教授与我商量研究问题，确认研究方向。寿老师说**有些研究问题很有趣，也很有实用价值，但研究不一定能做得出来，需要有理论支撑。**或许这就是周南老师说的"不离主流"吧。

许多发表在著名刊物上的论文，通篇引经据典，让我好生疑惑：文章到底应该如何写，需要读多少文献。听老师们说："学术没有'大牛'，只有老黄牛"，"大牛"也需要一篇一篇地"啃读文献"。读博前只知道论文难写，不知道怎么下手，读博后才依稀明白如何真正搞学术、做学问，对读博的压力也开始有了初体验。阅读文献也当然成了第一要务。

刚开始读英文文献时，貌似每句、每段都能理解，可读完整篇文章对理论、模型、方法和结论还是一无所知。有个物理学博士生告诉我，当看够100篇文献时，就基本可以尝试写文章了。100也许不是确定的数量概念，但大量的文献基础肯定是必需的。想想未来需要阅读的文献，**当初雄心勃勃想读博，现在看来真是无知者无畏。不过，大龄博士生能够做到坚强而且必须坚强，千里之行，始于足下，路会越走越宽。**

入学不久，就是国庆。妻子打电话说岳母住院，孩子们也想我了。当时长女读幼儿园中班，幼女刚满周岁不久。爱人带着孩子们暂住娘家，本无回家计划的我接到电话后立即网购回家的车票。我带着幼女去幼儿园接长女，刚进园门几步就远远听到长女在叫我，看她那高兴劲儿，心里是满满的幸福。晚饭时，爱人说，自从我去学校后，孩子们从没这么开心过。我本科毕业做远洋船员时，一次我们的船在土耳其伊斯坦布尔的博斯普鲁斯海峡撞岸，船未完全修复却继续航行，在南海中心遇到台风且离台风眼很近，经历了生死考验。这场台风和后来的职场"台风"，让我对很多事都能淡然处之，但听到爱人如是说，心里还是很愧疚。

自有小家后，习惯了被依赖。现在**被依赖的人却需要长期离家，对妻子和女儿们的亏欠成了我最大的压力，比论文的压力还要大。尤其是每次女儿问我何时能回家时，总是隐隐地难过**，有人说女儿的成长最需要父亲的陪伴，我不在家也许是女儿们成长过程中的缺陷。现在每次回家，短期便不带电脑，在家时陪伴妻子和女儿们，她们的陪伴让我尽享天伦之乐，也会带她们回农村看望太爷和爷爷奶奶，还有她们喜欢的"皮皮"（我家的狗），呼吸农村的新鲜空气。在家时间较长时，偶尔也会看看文献，思考研究模型和接下来的安排。

身边年轻的同学与我相比，时间可能比我多，也不会像我这样在家时几乎不问学术。**年轻真好，我只能羡慕。不过，我知足并感恩一切。研究，在路上。坚持，梦想总会实现！**

2016 年 2 月 27 日

作者简介：王进（wangjin121x@126.com），2014 年至今在武汉大学经济与管理学院读博士学位，专业为市场营销，师承寿志钢教授。

周南感言："用之则行，舍之则藏"（《论语·述而》）。王进"回炉读博"，一直思考如何"不离主流，不随大流"，将多年的工作经验与理论接轨，做有实用价值的学术研究。去年夏天，在香港城市大学参加研究"夏令营"时，他在一篇学习心得里写道："不能一味重复和咀嚼他人的东西，阅读后有自己的静心思考，才能有创新。"现在，"老黄牛"已经慢慢进入学术轨道，两个可爱的女儿也一天天在长大。每日三省，水滴石穿，聚沙成塔。祝王进早日毕业，家庭团聚。

1-16 一位"门边妹"

王 璐

作为一个正在"火坑"中挣扎的博二学生,还没有拿得出手的成果。但周南老师说:所有的历史都是现代史,现在有感触,写起来就会很快。所以,这是一个还没有成功经历的故事,但却有很多由"失败经历"产生的反思,希望可以为同样还在火线上挣扎的博士生们提供反面教材。

我的学术生涯(失败经历)开始于中南财经政法大学电子商务专业读研时期。那时连 IV、DV、CB 是什么都不知道,直到上了刘新燕老师的专业课,才了解了一些入门知识。同年,陈志浩老师给我们上网络营销课,年底正好赶上中国地质大学(武汉)举办的国际电子商务会议投稿时间,陈老师便要求我们写一篇投过去试试看。由于是国际会议,都是英文投稿,再加上对研究方法不了解,更谈不上什么理论素养,因此时间对我来说非常紧迫。那时完全是个"门外妹",但干劲十足,从产生想法到完成写作只用了一个多月的时间。一方面系里的老师们都帮忙提出宝贵意见和建议,另一方面从网上抓数据,其间,还看了徐淑英等老师主编的《组织与管理研究的实证方法》和一本专门介绍实验方法的书来狂补基础知识,最终确定用自然实验法。更出乎意料的是,得了"最佳论文奖"并被推荐给一本 SSCI 期刊。更出乎意料(情理之中)的是:被拒了!心里的失落不是一点点。之后我才发现,认识到**"被拒乃学界常事"是保持良好科研心态的第一步,它可以让我们不再自我设限、害怕失败,反而敢于踏出每一步。**

后来进入武汉大学经济与管理学院读博,成为黄敏学老师的博士生。**一年半的时间,我从"门外妹"变成了"门边妹",这个过程实际上是由一场场别开生面的自我拉锯战组成的。**由于之前的"失败经历",我与学术之间从"蜜月期"陡然进入了"磨合期",我开始觉得自己选择了一条异常艰难的路,变得小心翼翼。虽然在黄老师的指导下已经写好初稿,却迟迟不敢下手去改。总是告诉自己,再等等,再读读文献；再等等，再学学方法；再等等，现在还不适合投稿……就在"再等等"的自我逃避中，等来了更多的自我否定、老师失望的眼神和同门论文的百花齐放，而我在这种内外夹击的情况下，越来越痛苦和焦虑。

黄老师与我们分享的一篇文章"做科研减少痛苦/保持快乐的一些方法"里提到，**"不去做"是科研痛苦最重要的来源**，每当我们想开始做一件重要的事情时，"抗拒"便会跳出来，用各种我们意想不到的方法和借口让我们"不去做"。我才深深地意识到，那些我认为的"谨慎小心""精雕细琢"，都是"抗拒"的化身。后来，每当我想要"不去做"时，都会再仔细分辨，是不是"抗拒"又跳出来拖我后腿了？然后告诉自己：不要等待！现在就是行动的最佳时间！（Don't wait! The time will never be just right. —Napoleon Hill）虽然黄老师一开始就一遍一遍地督促我：去做！不要等！要快！但我还是固执地和老师、和自己进行拉锯战，因此浪费了大量时间。不过我仍感激这段经历，因为有时候再多的循循善诱，都比不上现实的一个巴掌响亮。有了这段经历，我才能时刻保持与"抗拒"作斗争，并把它刻进骨髓、融入生命。

在调整心态的同时，我开始了第二篇论文的写作，算是找到一点感觉，摸到了门边。之前的**文章只写一次便投，能中是"天意"，不中才是"地法"**。直到现在也是，文章放半个月再捡起来看一看，总是佩服自己怎么可以写得这么烂，不由得对黄老师心生怜悯。然后再根据老师的建议和新读的文献，进一步修改论文。这个过程很漫长，我还曾打趣说：**童话里都是骗人的，山的那边、海的那边没有蓝精灵，山的那边还是山，海的那边还是海。**

虽然如此，这种痛苦还是不能和"不去做"带来的痛苦相比较：一个是"向前看"流下的泪，一个是"回头想"流下的泪。**过去无法改变，未来却值得期待。**

2016 年 1 月 8 日

作者简介： 王璐（yanxundo@163.com），2014 年至今在武汉大学经济与管理学院读博士学位，专业为市场营销，师承黄敏学教授。

周南感言： 博二生王璐说自己是个还在火线上挣扎的"门边妹"。外行发外功，内行看门道。我觉得，她已经看到一点"门道"了。2015 年夏天，她在香港城市大学商学院做研究助理，在"夏令营"发言时就已常带着哲学意味，令老师和同学们刮目相看。"过去无法改变，未来却值得期待。"期待什么呢？"善出奇者，无穷如天地，不竭如江河"（《孙子·势篇》）。

1-17 世道唬人后退，生活逼人前进

王伊礼

一直以来，我都是被生活逼着往前走，来武汉大学读博士也是被生活逼出来的。在众多博士同学中，我算得上是最"资深"的博士生之一。过去的十年里，我历经了从广州到武汉，从武汉到石家庄，从石家庄到南宁，再从南宁到武汉的生活轨迹。每一次辗转，主观上都是为了过得更轻松，但客观上却是越来越不轻松，选择回武汉读博士让我对这一点体会得尤为深刻。我渐渐明白，**这个世界从来没有一份工作是"钱多、事少、离家近"。同样，也没有任何一个好的研究成果是"用时短、见刊快、期刊优"。**环顾四周，概莫能外，学术之路无捷径可图，唯孜孜不倦、上下求索。

很多博士生在受挫或焦虑时都曾设想：随时选择放弃，随时就可以生活得更轻松，那我们为什么还要努力呢？我的答案是：为了在自己选定的人生道路上遇见更好的自己。学术好比人生，窃以为矢志于学术的博士生在整个学术生涯中大体上会经历三个阶段。

第一个阶段是"而立"，要经历一轮"折腾"。博士一年级的课程相对集中，这些基础课程是读懂别人的文章、开启自己的研究不可或缺的一环。一群有志于学术的"新人"在学识渊博的老师们的带领下，蹒跚学步、牙牙学语，望着眼前神圣的学术殿堂心生向往，从读完第一篇英文文献到确定初步的研究方向，从展示第一个研究计划到发表第一篇学术文章，直到完成博士论文，通过论文答辩。这意味着我们即将进入某所高校或研究机构，独立开启自己的研究，是谓"而立"。

第二个阶段是"不惑"。经历博士阶段诸如是从现象到理论还是从理论到现象之类的困惑后，进入工作岗位后还来不及细细回味博士阶段的酸甜苦辣，就开始了**新一轮的"苦难"**，申报各种课题、指导学生写论文、照顾老幼的生活起居等一系列组合拳向你迎面袭来。你无处可躲，唯有迎难而上，博士阶段学习的投入程度决定了这一

阶段学术生涯开展的深度和广度。在拿到最初的几个重要课题后，我们不再耿耿于怀于某篇被拒的得意之作或失掉某个信心满满的课题，此刻我们犹如驶出港口的小船扬帆前行，有了确定的方向，明确了前行的航速。

第三个阶段是"耳顺"。还坚持走在学术道路上的人此时相当一部分已经是教授或专家了，当下工作的重心逐渐转移到指导自己的学生和评阅圈内的文章上，摆脱最初的"评判的眼光"后，开始慢慢变得**"无中生有"**，比如：在众人眼里乏善可陈的研究，他却能看出文章背后作者的求知欲；文章逻辑混乱，他却能读出其立意的新颖；文章毫无创新，他却认为文笔尚可。

此外，还有极少的人能够达到更高的阶段，即**第四个阶段"随心所欲而不逾矩"，达到这种境界之人所做的研究"宽泛""杂乱"，**看似天马行空、无所不包，不同的人理解起来参差不齐、读来见仁见智，然确是大道至简、老妪能解，其文章立意深远、道理朴素、合乎情理，让仅在小范围内传播的学术研究穿上寻常人家的外衣在圈外广为传播。"白描"是对这种研究的最好注脚。当然，这种境界甚少有人能够达到，然而我相信，当我们愈趋近这种境界时，我们的人生会愈喜乐、愈有意义。

臻于至善。

2016 年 1 月 16 日

作者简介：王伊礼（5324102@qq.com），2014 年至今在武汉大学经济与管理学院读博士学位，专业为市场营销，师承黄静教授。

周南感言："循序而渐进，熟读而精思"（宋·朱熹：《读书之要》）。与他的博士同学相比，伊礼见多识广，大家都说他名如其人，谦谦君子，温润如玉。看到世道唬人后退，生活逼人前进，为了将来能更好地应对博士后"不惑"阶段新一轮的"苦难"，伊礼正格外努力地应付读博"而立"阶段的大"折腾"。生有涯，知无涯，无捷径可图，唯孜孜不倦，方能"在自己选定的人生道路上遇见更好的自己"。

1-18 "读博"和"赌博"

伍 健

记得有一次在电脑中键入"Du Bo"(读博),出现的却是"赌博"二字,当时甚不以为意。回头看,"读博"真的像"赌博",很多博士生都有这种感受。因为**一旦选择读博,就意味着"赌"上了几年的青春,还"赌"上了我们未来要走的路**。如何将路走好成为博士生们面临的最大挑战。

博士生圈子里流传着一张图:读博前他是一个阳光帅气的男孩,她是一个优雅美丽的女子;而博士毕业时他成了秃顶的"大叔",她也成了不加修饰的"阿姨"。这张图有些夸张,但读博岁月也硬是将我从"二眼仔"变成了"四眼仔"。读博要"熬","熬"就是放在锅内翻来覆去地煮,用来形容读博生活再贴切不过了。所以,**"静心,坐得住"是一个博士生应具备的最基本的素质**。"熬"还体现在对未来的茫然上,博士生往往处于"自我否定—若有所思—被人否定—似见曙光—再被否定"的循环中,而作为故事主角的自己却不知道剧情会如何发展,这就是"熬"。但正是这种"熬"让我们夯实了基础、清晰了方向,日臻向一个成熟的学者靠近。

我的博士生活,从"熬"开始。虽有痛苦、失落、迷茫,但也有惊喜、收获和感悟。最可喜的是,每个阶段我都能很明显地感知到自己的成长和思想的成熟。

刚硕转博那会儿,我有着宏大的理想和"初生牛犊不怕虎"的勇气。现在看来,那不过是一股傻劲罢了。当时满脑的"我能",没认真思考过"我为什么能",因此也就这么"任性"了一把,"毅然"走上了读博这条"不归路"。

正式进入博士生阶段,猛然发现其实"我不能"。因为逐渐的"知"而发现自己"无知"。原来做研究、写文章并不是我想的那样。此时,脑海中充满了迷惑:我想做什么?我能做什么?我该如何做?……与此同时,自己"千辛万苦"熬出来的文章初稿也被批得体无完肤,基本得推倒重来,难免有些消沉。于是有那么一段时间,我有些悲观，并开始怀疑做研究的意义和价值。直到 2014 年秋天，一次在武汉东湖游学，周南老师告诉我，大多数博士生都会经历这个阶段，而且人在不同的阶段有不同的目标。当年他的导师对他说：你要打好基础，积攒足够的力量，才能顺利毕业。我的导师田志龙教授说，毕业后，得先想办法生存和立足，之后才可能真正做自己想做的有意义的研究，这是一个过程。于是释然。

接着，我进入了迷茫后的坚定，发现其实"我好像能"。这一阶段奉行的原则就是"缺什么补什么"，于是开始系统地看文献、学方法。虽然离真正的"懂得"还有较远的距离，但是也算小有所获，逐渐收获了"思考"的能力。

如今，逐渐转变为"我可以能"，多了几分淡然，少了几分焦躁。因为**有了前期的原始积累，我逐渐能够发现有意思的研究方向，独立地构思研究，并完成文章的撰写**。虽然所想、所写依然被批，但能感觉到自己已经在路上了。

读博苦吗？答案是肯定的，有时苦到想哭。古人云，忆苦方能思甜，我们不能因为读博的苦而忽略了因所感、所悟、所得带来的甜。或许，只有"苦"才能"熬"出"我能"，将"博士生"变成能够为社会作出贡献的"博士"。

网络流行语称"自己选择的路，哭着也要走完"，而我说"自己选择的路，无论如何都要走好"。如果说"读博"是"赌博"，那我们也要拿出必胜的信念、向死而生的勇气，将失败的概率降为零。我们也终将从缓慢蠕动的幼虫，幻化为美丽飞舞的彩蝶。既然选择了远方，就要风雨兼程；**既然选择了"读博"，就当迎难直上，用勇气、执着和智慧推动自己向真理靠近一小步**。

2016 年 1 月 16 日

作者简介：伍健（lewis_five@yeah.net），2013 年至今在华中科技大学管理学院读博士学位，专业为工商管理，师承田志龙教授。

周南感言：自古英雄出少年，满腹经纶勤攻读。伍健虎跃龙腾，原来是被放在火上"煎""熬"出来的。小伙子已经在路上，并且选择了远方，相信他定会风雨兼程，"推动自己向真理靠近"。

1-19 与其抱怨，不如努力

肖振鑫

从 2014 年 9 月开始博士阶段的学习，不经意间已过去一年又半载。作为低年级的博士生，我仍在科研和学术的道路上苦苦摸索，处在砥砺前行、需向他人不断学习的阶段。将自己读博至今的些许经历和感悟与同辈分享，兴许在你们遇到类似的疑惑和困境时，我的一些浅识能给你们以参考和借鉴。

少年辛苦终身事，莫向光阴惰寸功。 我是稀里糊涂地选择了读博，并没有像很多人那样能未雨绸缪，谋定而后动。我深知自己输在科研起跑线上，这种担忧源于我在科研理论、研究方法上的认知欠缺以及亟待提高的英语能力。为了弥补自己的不足，我只能以更多的努力来弥补以前浪费的光阴。2015 年 9 月，来到香港加入香港城市大学-商学院西安交通大学管理学院联合培养博士研究生项目，导师董婥嫣建议我在学习香港城市大学的课程和参加讨论会的同时，多旁听香港科技大学、香港大学等的相关课程。最让我感慨和震撼的是一起上课的**很多同学，基础扎实、学习能力强，却仍然求知若渴，对每一项新技能的提升都怀有饱满的热情。他们付出的努力远超出我的想象。** 我曾想当然地以为自己在科研中付出了足够多的努力，并时常为自己的小进步而沾沾自喜，或为小挫败而怨声载道。这些优秀的同学给了我很大的刺激：当我们从自己的世界中抽离出来，环顾四周时，会发现**最要命的事情不是别人比你优秀，而是比你优秀的人比你更努力！**

心无旁骛，水滴石穿。 从我的亲身经历来看，博士生时常苦于自己的研究没有进展，从而产生焦虑、浮躁、痛苦的情绪，但同时却又放任自己沉浸于这种情绪之中，因此更加不愿意做事，进而产生更大的负面情绪乃至陷入抑郁之中，最终步入一个恶性循环的窘境。尽管我们深知时间珍贵、精力有限，却仍不经意间将其浪费在自我消耗中。如何从这个恶性循环中挣脱出来？我认为是：接纳之，忽略之，改变之。首先从内心承认自己所处的困境，这是失望而远非绝望。其次，**专注当下，忽略那些暂时无法达到的科研目标**，忽略那些想要千方百计靠近的科研指标，今天仅仅是今天，只要能按计划阅读，按计划实验，今天便是成功的。最后，"专注当下"的长期坚持，会带来心理情绪的稳定和智力水平的提升，再去考虑自己的科研目标便能拨云见日。总之，不停地暗示自己：你最大的问题在于，书读得太少，而想得太多！与其抱怨，不如改变。

恰同学少年，风华正茂。一路上，我们不断被告知博士研究过程的艰辛和痛苦，必须经历磨难才能真正迈入科研的大道。的确，我在这一年半中确实感受到科研的枯燥和长期坚持的疲惫，但也并没有"传说"中那么"妖魔化"。没有哪种工作是容易的，我想科研与其他任何工作并无不同，这只是我们在这个阶段选择的经历和努力的方式。我们**不要将自己臆想为苦行僧，不要欺骗自己去沉浸于一种自我惩罚与牺牲的感动中**，逼迫自己放弃运动和社交的时间，让自己苦苦挣扎于低效率的学习中，进而使自己处于"失眠—学习低效—时间战—学习效果差—焦虑—失眠"的恶性循环中，到头来只会磨灭自己对科研的兴趣、丧失自信心，甚至失去健康。

生活是一面神奇的镜子，反射我们内心所有的正面和负面情绪，当我们不停地暗示自己生活糟糕、科研枯燥时，我们真的会"得偿所愿"。而如果我们能多从生活的缝隙中瞥见阳光，多与开朗积极的人共处，抛弃那些先入为主的负面想法，那么生活便会反馈给我们以更加正面的结果。科研与生活一样，我们需要将其作为长期的事业而努力奋斗！

2016 年 3 月 9 日

作者简介：肖振鑫（xiaozhenxin@stu.xjtu.edu.cn），2014 年进入西安交通大学管理学院读博士学位，专业为市场营销，师承高山行教授；2015 年 9 月加入西安交通大学管理学院–香港城市大学商学院联合培养博士研究生项目，师承董婠嫣助理教授。

周南感言：年轻时读到"今朝有酒今朝醉，明日愁来明日悠"的诗句，理解是"只顾今天，不管明天"。现在的理解变为"努力当下，保持乐观"。振鑫提醒自己，不要"书读得太少，而想得太多"，要保持平衡，"多从生活的缝隙中瞥见阳光"。我看他经常运动，篮球打得不错，游学上笔架山时步伐轻快，能走在许多人前面，就知道他"有希望"。

1-20 第一件好事还是读书

解尚明

我从小就喜欢读书。读书带给我很多乐趣。更幸运的是,我总遇到良师,他们对我的启迪远远超过了读书本身。

2012年,年过不惑,我加入香港城市大学商学院-复旦大学管理学院联合培养博士研究生项目,希望攀登一个新的高度。入学时,郝刚老师对同学们说,**老师与同学互为因果**。她相信,这段求学的经历,大家将会记一辈子。

吕长江老师的会计课"颠覆"了大家的固有认知。一是我没有想到会计课可以讲得如此激情澎湃;二是他通过对家族企业传承和股份制企业的比较,得出家族企业优于一般股份制企业的结论。与现代企业管理的一些观念相比,这个结论很不同。

从课上到课外,从论文选题到开题,从清晰到迷茫,从恢宏到细微,复从迷茫到清楚,大家激烈地争论。学习和研究变得更有趣,我不再轻易否定某个观点,并开始尝试用一些新的视角去思考问题。

有些教授让我想起民国时代的"先生"。

周南先生出生于20世纪50年代,曾下乡插队,上工农兵大学,去美国留学,在加拿大的一所大学获终身教职,最后还是回到中国香港。无意中,我读到他写的书《要钱还是要命——〈道德经〉的启示》,遂与先生结缘。最难得的是,每次向他请教,他都说:"我们互相学习。我要向你们学习才是。"我曾和先生一起行走香港的笔架山,边走边谈。他说,这才是游学。那一次先生开出的书单是《乡土中国》。他喜欢的阴阳哲学对我产生了深刻的影响。我甚至受他的影响而开始跑马拉松,跑在路上,收获的是学术以外的生命感悟。

苏晨汀先生的经历和周南先生相似。他给我印象最深的一句话是:"写好一篇文章,要从写好每一句话开始。"苏先生学贯中西,诲人不倦,游历世界而心系祖国的进步，让人心生敬意。周先生和苏先生后来都成为我的导师。我的第三位导师是平易睿智的范秀成先生。我研究青岛海景花园酒店的"家文化"，我们同去调研。范老师从服务营销学的角度，耐心而深刻地剖析，让我茅塞顿开。在论文写作的过程中，我时而迷茫。三位老师不断的鼓励，让我常惶恐不安，恐辜负了他们的期望。他们对海景花园酒店的企业文化赞叹不已，其间，才懂得了先生们关注的是，如何发现中国人自己独特的管理哲学和实践。他们希望我们能领会东西方智慧，并在自己的企业和项目中实践，走出一条自己的管理之路和学术之路。

与先生们的接触，**使我每每想到陈寅恪先生"自由之思想，独立之人格"的言教**。三位导师性格鲜明、追求真知、谦虚却不妨碍自信，引发我太多的感悟。先生们不仅是我的论文导师，更是人生导师。他们的低调和严谨、惜时如金的目标感和计划性，无不潜移默化地影响着我。相聚时短，长存感恩，书里书外，学术路、人生路所获所感甚多。师生之情，如高山流水，映照今生。

2016 年 4 月 19 日

作者简介：解尚明（Xie@gxtndc.cn），广西天宁集团董事长，2012 年加入香港城市大学商学院–复旦大学管理学院联合培养博士研究生项目，师承周南教授、苏晨汀教授和范秀成教授。

周南感言："数百年旧家无非积德，第一件好事还是读书"（商务印书馆元老张元济语）。如果将人生分成两个阶段，总的来说，第一阶段更关注能做的事，第二阶段更关注该做的事。比较而言，前者与小我或"钱/术"有关，后者与大我或"命/道"有关。前者重学功夫，靠言传多；后者重修心性，靠意会多。每次我和尚明见面，我们谈得最多的是读好书和悟道。关于他跑马拉松的体会，请参阅我的上一本随笔集：《佛光山的星巴克——〈道德经〉的启示》3-18 香港：动养形，静养神。

1-21 一趟艰难而旖旎的学术之旅

熊 琪

2011年9月,我踏上了硕博连读的学术旅程。无知的我以为,硕博连读只是继续深造,如本科阶段般努力就可做得很好,但事实并非如此。

入门第一关是开发决策型教学案例。我的导师田志龙教授告诉我们,**"做研究不可闭门造车,要从企业实际问题出发"**。我认为这不仅是培养实践思维,也是培养学生的研究兴趣。一方面,在案例写作过程中,要选取企业关键决策点,并且要能将各种可能的决策分析到位。这需要积累大量的行业资料、企业信息和理论知识才能完成。这个过程使得我们学会从企业决策者的角度去发现问题、思考问题和解决问题。另一方面,我觉得深度访谈十分有趣,可以与不同经历的企业家、经理人打交道,还可以听到不同的故事和思想,增长见闻。在田老师的指导下,教学案例完成得比较顺利。可是,这仅仅是一个简单的开始。

我研究选题的产生有些机缘巧合。田老师刚好拿到一个关于跨文化沟通的中英合作项目,我顺理成章地参与到这个项目中。但是,由于这个主题并不是田老师的主攻方向,所以我的艰难逐渐显现:浩瀚的文献,不知突破点在哪里;研讨会上,师兄师姐们都在探讨战略管理方面的文献,而我探讨的是组织行为学甚至语言学的文献;师兄师姐们可以相互推荐论文,而我只能默默地自己下载论文阅读。作为一个初学者,我非常羡慕他们,也觉得自己有些"格格不入"。在处理访谈数据时,**我感到自己理论知识匮乏,同时又缺乏把现象提升到理论的思想高度**。曾经一度,我在继续做这个项目还是转做田老师自然科学基金课题的选择中徘徊。田老师鼓励我说,哪个课题都不容易做,都要踏踏实实地扎下去。直到在《管理学报》上发表第一篇学术论文,我才找到一点做学术的感觉。当我开始写第二篇论文的时候,不知不觉发现之前研讨会上旁听师兄师姐们探讨的理论对我有非常大的启发和帮助,我把理论与新的主题结合，写作时就顺利多了。

在田老师的引导下，我逐渐踏上国际化道路。田老师最初给我定下的目标是参加美国管理学会（AOM）年会。由于我们主做案例研究，因此我完全没有信心把情境和大段的文字用英语交代清楚。这一年，文章的确被拒之门外。田老师让我继续修改，我问可否把文章交给论文编辑修改？他一口否决了我的提议，"**未来的博士都是在国际化平台上竞争。你首先得靠自己的力量跨越英语这道坎**"。回头看，当时第一稿英文水平太差，估计交给论文编辑修改，也于事无补。于是，我重新阅读领域内的英文论文，学习优秀刊物上论文的结构，积累学术用语和句型，然后艰难地重新修改论文。一番努力之后，论文终于被2013年的AOM年会录用。

正是在这次年会上，我邂逅了昆士兰大学（University of Queensland，UQ）商学院的朱云霞老师，我们的研究领域和研究方法非常接近，所以回国后仍然保持联系。2014年是幸运的一年，暑假去香港城市大学做研究助理，结识了一群有思想的"夏令营"营友，大家积极为我的研究"出谋划策"；年底，我去昆士兰大学进行短期访问，朱老师在理论、英文论文写作和逻辑思考等方面给了我巨大的帮助。我们合作的英文论文被2015年的AOM年会录用。该论文目前在SSCI期刊的评审中。

读博士是对自己全新的挑战，不仅是学习知识，而且对自身的独立性和批判性思维能力都提出了更高的要求。我还在学术道路上艰难地摸爬滚打、匍匐前进，但是有良师益友和那么几道旖旎的风景伴我同行，我非常感恩！

2016年1月20日

作者简介：熊琪（xiongqi1224@163.com），2012年至今在华中科技大学管理学院读博士学位，专业为工商管理，师承田志龙教授。

周南感言：山重水复疑无路，柳暗花明又一村。熊琪读博低潮时曾在给我的电子邮件里说："博士二年级是最痛苦的一年。"针对她的感受，我提了几个建议，其中包括培养逆商（Adversity Quotient，AQ）——面对逆境的意志和能力（请参阅周南：《佛光山的星巴克——〈道德经〉的启示》1-14 博士二年级最痛苦？）。有田志龙老师指导她"从企业实际问题出发"做研究（为实），又有朱云霞老师在理论、英文论文写作和逻辑思考等方面给予她帮助（为虚），她走出来了，现在"对自身的独立性和批判性思维能力都提出了更高的要求"。她感恩良师益友们，我觉得，最需要感谢的是她自己。功夫在身，前途有望。

1-22 坚守、坚持和舍弃

许销冰

从 2005 年到 2016 年,一趟趟 T31 列车见证了我 11 年的北上求学路。列车隆隆,南来北往的陌生人聊着各自的职业和人生,这也让我对自己的职业和人生有了些许感悟。回顾读博四年,我想用几个关键词概括:坚守、坚持和舍弃。

读博求学坚守的是做学术的心境。2011 年秋,我即将硕士毕业,并顺利收到某知名互联网公司的录用通知。某天突然接到郑毓煌老师的一个电话,告知我被清华大学经济与管理学院市场营销系录取为 2012 级博士生。纠结了整整三天,或许是出于名校情结,或许是内心不愿意过上班族程式化的生活,最终我选择了读博。很多清华大学经济与管理学院的博士毕业生最后都没有选择科研作为自己的职业,而是进入更有"钱"途的金融、互联网行业,或者是"光耀门楣"的政界。而我从选择读博开始,就坚定了学术立命、科研求职的理想。转眼四年过去,我即将毕业,在求职简历上,我这样写道:"我的博士四年只做了一件事:踏踏实实做研究。"即使我第一篇论文被多个 SSCI 期刊拒稿之后,我也从未动摇这一信念。尽管我不完全相信"付出总有回报",但我还是坚信"付出情况下回报的期望显著高于不付出情况下回报的期望"。

坚持的是一丝不苟的学术逻辑。学术逻辑是指做学术研究所秉承的态度和方法。我是一个实证主义者,我尊崇波普尔所认为的科学发现的逻辑,即提出可证伪的学术命题,而后提供支持该学术命题的证据。前一段时间,知名主持人崔永元在美国录制的针对转基因的纪录片,引起社会的广泛关注。片中,崔永元引用了多位美国学者的观点,来"佐证"其研究结论。然而,从科学逻辑的角度,首先,任何个人的"观点"都是不可能作为一个学术命题的证据的,这也是新闻纪录片和科学研究的一个重大差别。其次,在该纪录片的开头,一位名叫南希·斯万森的大学教授,展示了一张

"草甘膦使用量和疾病相关性"的关系图,两者的相关性高达 0.96,试图以此来证明草甘膦的过量使用是这些疾病的元凶。然而,从学术逻辑的视角,高相关性并不意味着必然的因果关系。上述例子说明了媒体在"提供支持该学术命题的证据"这一环节常犯的错误。而对社会科学的研究者而言,更难的实际上是"提出可证伪的学术命题"。初级研究者往往会通过文献来苦苦搜索研究问题,尽管这是一种可行的方法,但这样的方法往往会禁锢我们的思维,难以在理论上作出足够的贡献。研究者一定要培养自己观察生活、思考生活并将其抽象为理论的能力。这个过程实际上是一个"归纳"的"非科学"过程,但对实证主义者而言却不可缺少。

舍弃的是一步登天的野心。也可能是读惯了顶级期刊的论文,我们总是以在这些期刊上发表文章为目标。有目标并不是坏事,就怕"心比天高、好高骛远",却失去了"由浅入深、循序渐进"的过程。老子云"合抱之木,生于毫末;九层之台,起于垒土;千里之行,始于足下"。**作为初学研究者,通过一两个研究项目进行锻炼是很有必要的过程。**它可以让我们熟悉从想法的产生、假设的推演、研究方法的选择、论文的撰写到期刊的投稿、文章的再修改等一系列过程。如果一开始就盯着那些顶级期刊,可能博士都要毕业了,一个具有顶级期刊潜力的想法都还没产生,更失去了在一个完整的项目中学习的机会,可谓得不偿失。在经历过一两个研究项目后,就可以慢慢提升对文章质量的要求。要实现这个目标,想法的质量至关重要。《论语》曰:"取乎其上,得乎其中;取乎其中,得乎其下;取乎其下,则无所得矣。"初级的研究者对想法的潜力往往缺乏判断,这个时候就需要我们更多地借助资深研究者的判断。如果得到他们的认可,那基本上就可以着手进行下一步的研究了。

我即将在 2016 年夏天博士毕业并走上大学讲台,除了做好研究,这一辈子又多了一件事:认认真真教书。

2016 年 2 月 20 日

作者简介:许销冰(xuxb.12@sem.tsinghua.edu.cn),2012—2016 年在清华大学经济与管理学院读博士学位,专业为工商管理,师承陈荣副教授。

周南感言:"小荷才露尖尖角,早有蜻蜓立上头"(宋·杨万里:《小池》)。销冰前年来香港城市大学学习过三个月。小伙子好学、用功,每次研讨会总要提问。转眼他就要毕业了。提些希望?还是用同一个诗人的诗句吧,"接天莲叶无穷碧,映日荷花别样红"(宋·杨万里:《晓出净慈寺送林子方》)。

1-23 我读博成长的四个阶段

闫泽斌

人最大的困惑莫过于不知道路在何方。这篇随笔把自己攻读博士的学习经历分享给更年轻的博士生们,期望能帮助他们拨开弥漫在读博求学过程中的迷雾。

我为期四年的博士学习总共经历了四个阶段:学习方法、熟悉理论、撰写论文和独立选题。

第一个阶段,学习如何处理数据。刚入学,导师杨治教授就给了我一个世界银行关于中国投资与创新环境的二手数据,让我处理。我首先要整理数据结构,然后构造变量,最后选择回归方法。我花了很大的精力才搞懂计量经济学原理并掌握统计软件代码命令。除了在自己所在的学院上方法课之外,**我还经常到经济学院"蹭"计量经济学的课**,讲座中经常围绕研究方法提问题,杨老师也不厌其烦地让我把写好的代码发给他检查。在这一阶段,我基本上掌握了研究中常用的计量方法,积累了处理二手数据的经验。

第二个阶段,学习如何厘清理论的发展脉络。当时学习的是组织间关系管理的理论。这一部分的理论很"乱",很多概念都比较接近。杨老师说,不同的概念来源于不同的流派,对应着不同的理论。于是,**我花了很多时间,才把不同流派的来龙去脉理清楚**。理论熟悉后,下面的困难就是如何找文献来支撑你的假设推理。这个时候,我还需要梳理相关文献,于是我把文献及其结论整理成表格,进而掌握自己研究主题下的**文献是怎么对话的**。在这一阶段,我基本上熟悉了常用的几个理论,逐渐形成了自己阅读文献的方法,培养了写作时引用文献的习惯。

第三个阶段,学习如何撰写论文。同样的研究结论,不同的写法,最终发表的期刊的水平可能是完全不同的。这一阶段,我将重点放在模仿顶级期刊文章的写作方法上。我把写得好的文章,拿过来反复阅读,后来发现仅靠阅读还无法理解作者写作的妙处，于是我开始抄写文章，边抄写边体会。另外，我也会在各种学术讲座上，提一些关于写作方法的问题。比如，引言会涉及理论贡献，讨论部分也会涉及理论贡献，那么这两个理论贡献的写法有什么不同呢？我比较喜欢提问题。按照周南老师的说法，我是个"不怕死的"。我觉得讲座中的提问环节，是解决心中困惑最好的机会，演讲者针对你的提问给出的建议会让你少走很多弯路。

第四个阶段，学习如何找到有价值的选题。先前的研究都是导师的想法，自己怎样才能产生有价值的想法呢？我最大的收获仍源于在讲座中的提问。我会参加各种讲座，战略的、人力资源的、消费者行为的……而且都会围绕如何选题去提问题。比如，有一段时间，由于对如何将有趣的现象转化为有趣的研究问题比较困惑，我在每个讲座上都会问这个问题，而且是刨根问底地问，直到觉得自己似乎找到了答案才停止。有时候困惑就像一张窗户纸，无论自己怎么想也想不明白，反而他人的一两句话，这张窗户纸就被捅破了，瞬间豁然开朗。

博士学习的每个阶段都面临不同的困难和瓶颈，用杨老师的话说就是，**哪个博士生毕业时不"掉几层皮"**。只要在成长，就会遇到困难和瓶颈，**克服困难的过程，也就是成长的过程**。前一段时间，与杨老师聊到一个有趣的现象：刚读博的时候，杨老师把要研究的问题、所用到的理论和方法都告诉我，我只是去执行，自己也没什么想法；慢慢地，我开始与杨老师讨论一些计量方法的问题，结果都一样：杨老师是对的；再后来，我会向杨老师问一些诸如相近构念的区别之类的问题，"争论"一些假设逻辑，我发现，杨老师有时不再给我答案了，而是让我把相关的文献梳理一下，然后再讨论。进入四年级后，我发现，我和杨老师讨论的场面越来越激烈，有时简直就像"吵架"，他很难轻松地说服我，而且有时他会"不情愿"地接受我的观点。这些也许就是我博士阶段有所成长的印迹吧。

2016 年 1 月 16 日

作者简介：闫泽斌（zebinyan@hust.edu.cn），2012—2016 年在华中科技大学管理学院读博士学位，专业为工商管理，师承杨治教授。

周南感言："书到用时方恨少，事非经过不知难。"泽斌坚韧，有毅力，不怕"掉几层皮"，更"不怕死"，还敢跟导师"吵架"，因此"上了路"。比泽斌更年轻的博士生们，希望这篇随笔能帮助你们拨开弥漫在求学过程中的一些迷雾。

1-24 运动给我精神陪伴

于 雪

我正在"最痛苦的博士二年级"挣扎，尚没有研究成果，但能分享一些关于运动的心得体会，这样也不枉我 2015 年夏天在香港城市大学做研究助理时拿过的"夏令营""最佳游泳进步奖"。

刚回来那会儿，同学问我有什么收获，我总是兴高采烈地说："我会游泳啦！"在香港城市大学三个月，虽在学术上也收获了很多，但是我打心眼里觉得，学会游泳才是最大的收获。

学游泳起初是因为周南老师"警告"过，学不会不准"毕业"，后来则是因为上了瘾。从图书馆到游泳池只需要几分钟，下午四点半过去游一个小时几乎成了"必需的"项目。学游泳的每一次进步都表明学会了一项新技能，或者有了一个新突破：学会了先在水中停住，然后才敢离开池边，学会了泳姿才能在水中移动，学会了换气才能持续前进。当适应了浅水区，成功突破对深水区的心理恐惧这一最大的障碍之后，就可以游 50 米全程了。学习游泳的过程中，**对游泳技巧的不断学习和对心理障碍的突破，也对我的学术研究起到了鼓励的作用**。那时，我正在写学术生涯中的第一篇论文。虽然什么都不清楚，但还是决定动手写。**有时觉得自己想清楚了，写的时候才发现根本就没有，甚至想要放弃，可想起第一次奋力游过深水区时的情景，又激励自己慢慢理顺想法，坚持到最后。在设定游泳目标的同时，我也会设定每天的工作量目标，继而努力实现这一目标。文章初稿得以完成，要感谢游泳的陪伴。**

笔架山留下了我们的足迹，更留下了与老师和同学们一边行山一边聊学术的欢声笑语。通过行山，我们的气色明显变得更好了，这或许是得益于笔架山龙脉的灵气。周老师的《佛光山的星巴克——〈道德经〉的启示》一书中有一张从笔架山上俯拍香港全景的照片。这张照片的拍摄过程，对我来说是段神奇的经历。当时周老师出差，我们一周一次的游学活动取消了,但我还是决定跟伍健同学去行笔架山。从学校出发还是蓝天白云、阳光普照,到山顶的时候就看到对面中环的天空仿佛破了个洞,竟然在下雨。这是我第一次远远地看着天空下雨,非常奇妙。随着乌云渐渐散去,天空忽然就出现了彩虹,让人兴奋极了。我们拍了好几张照片,其中就包括书中选用的那一张。我在感叹大自然神奇的同时,也为自己选择坚持游学感到庆幸,感觉是上天给我的奖励。这段小小的经历一直激励着我克服惰性,去做自己认为应该做的事情。

回到武汉大学,没有了游泳池和笔架山,我开始跑步,到了 11 月,终于能一口气跑 10 公里。虽然离半程马拉松还差很远,但我仍然为自己的进步感到高兴。一个小时,从慢慢进入状态,到疲惫,到机械运动,感觉很漫长。常常跑到 6 公里时就已经开始进行思想斗争:已经运动不少了,今天先这样吧;不行,一定要完成!然而,当听到手机运动软件提示达到 10 公里时,过去一个小时的疲惫和纠结都一笔勾销。跑完了,没有摔倒,没有抽筋,我享受这样的过程!**尽力做一件事,内心有所收获**,就像村上春树说的:"我毕竟是一个长跑者。对于我这样的跑者,第一重要的是用双脚实实在在地跑过一个个终点,让自己无怨无悔:应当尽的力我都尽了,应当忍耐的我都忍耐了。"

不管是游泳、行山还是跑步,在带给我身体健康的同时,更给了我精神上的鼓励和陪伴。读博的过程着实不易,要坐得住,还得经受精神的煎熬,是一段非常耗时耗力的长跑。但是往前看,**只要不耽误锻炼身体的时间,路就会越来越宽**。

2016 年 1 月 14 日

作者简介:于雪(yxcassie@gmail.com),2014 年进入武汉大学经济与管理学院读博士学位,专业为市场营销,师承汪涛教授。

周南感言:荀子说:"吾尝终日而思矣,不如须臾之所学也;吾尝跂而望矣,不如登高之博见也"(《荀子·劝学》)。于雪发现:适当运动能够开阔思维,减少压力,有益于身心"增值"。心情放松了,注意力集中了,工作效率高了,一点时间也不浪费。荀子继续"劝学":"故不登高山,不知天之高也;不临深溪,不知地之厚也;不闻先王之遗言,不知学问之大也。"于雪因地制宜,下到水中,上至山顶,又回归路上。她跟我说过,找到运动作为"精神陪伴"后,博士生活变得不像许多人想象中的那么"糟糕"了。

1-25 选择直博的"偶然"与"必然"

余伊琦

从 2015 年 7 月收到北京大学光华管理学院直博的通知到现在,已经半年了。本科三年级决定直接攻读博士学位是个有点"疯狂"的决定,至少对我来说是的。

从小到大成绩都不错,但从来都不是最勤奋好学的学生。一直热衷于各种文艺活动,喜欢当"老大"——组织各种聚会或者带着班上的同学疯玩瞎闹。上大学后参加了学生会、社团、公益组织:樱花节时守校门收门票,120 周年校庆典礼当管理人员,投简历找实习机会,挤过深圳上下班高峰的地铁,到贵州、湖南山区的高中当了两个暑假的志愿者……而对于学习,我则是能"偷懒"就"偷懒",选择性地听课,考前刷题背书,曾经一度沦为"高数有什么用呢,难道我买个菜还要用对数吗"的"务实"主义者。

一切的转变,从大三开始。

出于兴趣,大三分专业时选择了营销。记得第一次读《消费者研究杂志》(*Journal of Consumer Research*,JCR)上的论文,点燃了我的好奇心,走在路上、吃饭时和睡觉前都在想那篇文章;记得第一次参加学术讲座,听周南老师讲"天、地、人"和"学者永远都是小学生",也记得听苏晨汀老师、李杰老师、陈建清老师生动有趣的学术报告,看到老师们讲到自己的研究时两眼放光的样子,被他们谦卑平和的心境和孜孜不倦的热忱打动。潜移默化中,我越来越认同营销学者们在做的事情,也感受到了研究的无限魅力。

读论文很有趣,听讲座很有趣,但当自己开始尝试着去"做"一篇论文时,一切就没有那么理想主义了。当时是一门课的课程论文,老师要求我们从头到尾体验一下通过做研究写出论文的过程。我的想法来源于 JCR 上的一篇论文,我在原文的基础上,加入了一个自变量和原自变量对因变量起到交互作用。把理论框架建立后开始设计实验，因为觉得在网上用问卷星或者去图书馆发问卷有些混淆因素不好控制，所以决定自己召集受试者找教室做实验。

前期准备工作做好后，先是找自己班的同学作了下测试，发现结果不太理想，于是再修改，问老师的意见，找同学作访谈看看问题出在哪里。最终定下来后，就开始到处找实验的"小白鼠"。整个过程充分**发挥"胆大，心细，脸皮厚"的营销精神**，室友、原来部门的学弟学妹都被我"抓"来当受试者。我记得那段时间自己掏钱打印资料、给受试者买糖果、借教室。实验做完了，数据录进去，结果也算理想，看到 p 值显著时，真实体验到了学术带来的兴奋和成就感。

大三下学期准备被"推荐免试"，找系里的老师写推荐信，从我的班主任柯丹老师开始，老师们都二话不说，给我最大的支持和帮助；也一直受到师兄师姐们的各种"助攻"，借研究生的方法书、咨询"推荐免试"经验、提前了解研究生的生活。参加 7 月份北京大学市场营销专业的夏令营后顺利被录取，成为全国录取的三名直博生中的一个。在犹豫要不要选择直博时，我向曾伏娥老师请教。曾老师说得最多的一句话是："看你真正喜欢什么，想要过怎样的生活。"我越来越觉得，**我喜欢阅读和思考的过程，喜欢和别人交流想法时碰撞的火花，喜欢不断挑战自己……最喜欢结束一天的图书馆生活后，听着喜欢的音乐慢慢走回宿舍时内心的充实和平静**。

回想这一路的心路历程，**读博对我来说是"偶然"，但又是必然**。"偶然"是因为一次次的幸运和眷顾，"必然"则是内心最深处对真理的那份好奇心和热爱。启程之际，愿不忘初心。

2016 年 2 月 6 日

作者简介：余伊琦（ezzyyu@126.com），武汉大学 2012 级本科生，已被"推荐免试"至北京大学光华管理学院企业管理（市场营销方向）直博，2016 年秋入学。

周南感言：士别三日，即更刮目相待！一天，柯丹发微信给我，说她带的本科毕业班的学生余伊琦被保送去北京大学直博。我和她一样激动。我们立即商定，约伊琦写一篇随笔谈谈感想。伊琦对我说，她读博的目标是"做一流的学术"。我的看法是，扎扎实实地做扎根于中国文化与思想的研究。祝贺伊琦，起帆了！你的这篇随笔，立此存照。

1-26　学术的终极价值反思

袁靖波

2013年秋,我从工作了六年之久的华为辞职,进入武汉大学攻读博士学位。很多老师和同学好奇我为什么辞职,其实我并非不喜欢商界;相反,我很喜欢商界的企业家精神、动态思维和锐意进取的豪情。在六年的工作中,我从进出口业务做起,慢慢做到项目财经经理(华为公司特有称谓)、公司级项目的全球推行经理,负责公司一些管理变革的全球实施,跑遍了西欧国家和中国的十多个省份。在这个过程中,我的心情渐渐从烦躁趋向平静柔和。刚入职时,各种程序化的工作任务让我感觉自己的管理知识派不上用场。后面的三年,我开始负责一些项目的管理,并拥有一些业务决策权,逐渐对华为产生了归属感,开始思考是否真的要在这里奋斗一生的问题。记得有一次我向一位总部领导汇报项目进展,当时项目面临诸多困难,大家情绪低落,为了得到理解并寻求资源支持,我以管理理论的计划、组织、沟通、控制等四个步骤为陈述框架,详细汇报了项目的客观困难、解决措施和预期结果,整个会场都静了下来,领导和同事都很感动,后续的工作也逐渐顺利起来。那一年,我的年终绩效考评为A,得到了部门领导和同事的普遍认可。

上述经历开始触发我思考管理学理论的意义。当时的部门为了让员工补充一定的微观知识,会让秘书定期买一些书给我们看,不少人都把那些书束之高阁,我却被那些书深深吸引了,因为那些书都是世界500强公司的业务骨干或基层经理编写的,逻辑清晰、语言流畅,我在办公室利用业余时间很快读完了那些书,并在书上做了很多笔记。这些点滴的积累,触发了我梳理并掌握管理学知识的极大兴趣,但是,**在企业工作,思考只能是业余的事情,因为大部分时间要奔走于各个会场,做很多的协调和沟通工作**,这让我有点苦恼。一年之后,我考上了武汉大学的博士研究生。

刚入学界,学术与实践的隔阂让我措手不及,在多个场合我听到不同的教授几乎一致的声音:"要有学术语言""理论价值比实践价值更为重要",等等。带着这些疑问,我去请教一些在商界做得不错的朋友,并下载一些学术文章给他们看,他们的反应也很一致:"中间的实证看不懂、开头和结尾没意思""为什么花那么大的篇幅和功夫,只证明了一个妇孺皆知的道理",等等。印象深刻的还有一次,在武汉大学举办的一次营销学国际会议上,武汉大学营销与旅游管理系的校友王学海博士发言,讲到其公司从最初的发展壮大到今天的举步维艰,深感目前的商业书本知识无法应对激烈的竞争,并向在场的广大学者请教,结果却是应者寥寥。我当时十分困惑,为商界和学界的沟通现状深感忧虑。

这种矛盾让我痛苦了很久,但我没有那么多的时间去犹豫。我的导师曾伏娥教授从美国回来之后,对我耐心指导,鼓励我**先按照学界的范式开始做研究,逐渐去感悟学术的价值**;进入二年级之后,我有幸获得了去香港城市大学做研究助理的机会,与周南、苏晨汀等教授以及同学们的交流进一步拓宽了我的学术视野,我逐渐意识到,**学术、实践、生活是一体的**,需要用慧眼去挖掘、用汗水去浇灌;进入三年级,我来到美国参加博士研究生联合培养计划,中西学术的交汇让我耳目一新,并认识到自身更多的不足。一路走来,庆幸有各位良师益友相伴,收获颇多,慰藉了我读博的初心。

我坚信,**一定有一种文章,既遵从学界的规范,又能让商界叹为观止、深受启迪**。而且这种文章会越来越多。**商科属于显学,是经国济世的学问,作为青年一代,有责任审视学界与商界的融合问题,以终为始,追本溯源,思考商学院的终极价值,并在此基础上链接宏观与微观、贯通东方与西方**。去年,武汉大学营销与旅游管理系办公楼门前摆了一块新石头,上书八个字"驰骋市场,营销天下",我认为,**这是一名管理学者应有的境界,以驰骋的姿态前进,把自己交由市场检验,心系天下,纵横四海,不回头**。

2016 年 2 月 16 日

作者简介:袁靖波(augusdus@163.com),2013 年至今在武汉大学经济与管理学院读博士学位,专业为市场营销,师承曾伏娥教授。

周南感言:"世事洞明皆学问,人情练达即文章。"为什么企业界对学术界许多公认的好文章不闻不问,甚至视之无物?学术界的一个大问题是,自己是个市场,有人坐轿,有人抬轿,自食其力,自得其乐。可以生存,何问价值?我们需要更多人像靖波这样,勇于思考商学院的价值,"把自己交由市场检验"。否则,商学院将如何长存?

1-27 内因与外因

张 健

作为一名在读博士生,最近这两三年里自己的进展并不顺利,究其原因,一个重要的方面,在于**自己之前的学习习惯和方法,或许适用于学习有确定结果的知识,但不一定适合像读博这种较为开放的学习过程。**

读博以前,我上学一直比较顺利,经常能名列前茅,也许正是这样的顺境,掩盖了一些问题。刚上本科时,我回顾之前的学习经历,一度以为是自己的自学能力足够强,无论什么样的老师来教,我都能考好。大一、大二的数理基础课,似乎又在强化自己这方面的印象。但到了博士阶段,我甚至有过强弩之末的感觉,这中间到底出了什么问题呢?

外因是事物发展的必要条件。我所忽视的,正是外因的作用。重新审视中学和小学时的学习经历,即使我自己看书能明白一些知识,但老师们的经验要比我丰富得多,一些易错、易混淆的知识,如果不是老师提醒,我很可能要错几次,撞上南墙之后才能发现问题,所以,认真听讲是一种事半功倍的学习习惯。外因还体现在家庭与学校的物质条件上。上小学时,我是在山区一个国有企业的子弟小学就读,一个年级只有三十多个学生,虽然课本知识在老师们的指导下我可能没有落下多少,但到西安上中学之后,在很多方面我都缺少见识和经验。比如阅读课外书,父母对我几乎是倾其所有,终于在发了一笔过年加班费后,给我买了一套百科全书,这基本上就是我十岁之前所能看到的唯一的科普读物了,结果到西安一看,仅就天文学方面,同学们基本人手一套《小哥白尼》,更不用说在文学、历史方面的课外书上的差距了。再认真反思的话,外因在事物的发展过程中,不仅不可缺少,有时甚至起到非常重大的作用。

2015年秋,我有幸从西安交通大学来到香港城市大学交流学习。两所学校同为海内外名校。就学习环境而言，可谓万事俱备，只欠东风。这东风，就是我怎样结合这些外因，来影响自己的内因。

目前的一个困难是我应该怎样修正自己的学习方法。过去那些年里，我作为"好学生"，为了所谓"好学生"的面子，总是尽可能地自己解决问题，从不示弱于人。可是，我的能力毕竟有限，现在我所遇到的问题，是我个人的能力不足以解决的。我需要在老师、同学的面前，暴露出自己的问题，因为只有正视问题方能解决问题。像同门的沈璐师姐，在时间安排与学习自觉性上，就非常值得我学习。

最近几个月的另一个感觉是，如果不能把手头的学习搞好，很多学习之外的事情，也没有办法安排出时间去做，如此恶性循环，自己的压力也会越来越大。想要跳出来，关键的问题，还是要提高自己的学习效率，然后才有可能劳逸结合，回到正轨上来。

最后，谈谈信心。之前的几个月里，我自己的信心确实有过动摇，要解决问题，**当务之急是重新树立起信心**。此外，时光飞逝，我所需要做的，就是把心中所想落实到行动当中，日知其所亡，不断进步。

2016 年 3 月 1 日

作者简介：张健（sxzj.2@stu.xjtu.edu.cn），2012 年西安交通大学管理学院硕博连读，专业为市场营销，师承庄贵军教授，2015 年加入西安交通大学管理学院–香港城市大学商学院联合培养博士研究生项目，师承苏晨汀教授。

周南感言："君子独立不惭于影，独寝不惭于魂"（《晏子春秋·外篇八》）。张健觉得自己"之前的学习习惯、学习方法适用于学习有确定结果的知识，但不一定适合像读博这种较为开放的学习过程"。看了他的反省，我拍手叫好。"当务之急是重新树立起信心""把心中所想落实到行动当中"。张健加油，一天迈出一小步，一年前进一大步！

1-28 女·博士

郑斯婧

2014年，我上了一堂很有意思的博士生讨论课，主题是：如何平衡工作和家庭（How to balance work and family）。授课老师提前发了电子邮件，信誓旦旦地说他会请一些院里的年轻老师来给我们讲讲经验。到上课的时候，他非常郁闷地说，他请到了三位助理教授，都是年轻有为，获得终身教职指日可待，但都是男的。这几天他绞尽脑汁，翻来覆去，终于联系到三位优秀的女老师，但一个在怀孕，随时临产；一个在国外交流，短时间内回不来；一个与她上课的时间冲突，不知道能不能来。大家纷纷表示理解，课程照旧，讨论依然激烈，圆满结束。但我当时满脑子想的就是一句话：**做女人难，做博士难，做女博士难上加难。**

为什么难呢？和几个好朋友讨论后，我得出了一个很有趣的结论：**很多时候我们所谓的难不是"女"博士的难，而是"博士"的难。**女老师可能因各种原因不能来，而男老师也可能因为照顾家庭、出国交流、时间冲突不能来，但女性的样本较小，所以表象就被放大了。龙应台写过一篇文章，说她被发现是个"女人"后，"突然间，我不再是教授，而是女教授；不再是作家，而是女作家；不再是博士，而是女博士。总之，被人发现真身后，我就不再是个'人'，而是个'女人'"（龙应台《自白》）。资中筠也感叹，"每次开会，形单影只，同性寥寥"。这真是一个令人费解的问题，为什么中国女性在普遍接受了良好的教育后，却有了社会评价和自我认知的双重退步呢？

社会向前发展，体力要求的降低会促进男女的平等，这是个不争的事实。然而，科技易变，意识形态难变，反而有可能会倒退。传播学中有一个理论叫"沉默的螺旋"（Spiral of Silence），说的是如果人们觉得自己的观点是公众中的少数派，他们将不愿意传播自己的看法。于是，少数派的声音越来越小，多数派的声音越来越大，形成一种螺旋式上升的模式。**"女博士"的难在于"男女平等"的意识不到位，或者还**

没有我们想得到位。前几天我和一个美国朋友聊总统大选，无意中我说"希拉里是个女性"。他反问我"那有什么关系？"我想了想，确实没有不妥，便赶紧转了话题。看到他一个五大三粗的男人为希拉里辩护，且不说政见对错，其中多年延续下来的平等精神就令人动容。

有人说，我们不能改变社会，只能改变自己。我却觉得，如果我们改变不了社会，就更不能改变自己。 勒庞（Gustave Le Bon，1841—1931）在《乌合之众：大众心理研究》（*The Crowd: A Study of the Popular Mind*）里说，群体的逻辑理性有时是非理性的。群体热衷于绝对化，因为基数庞大而造成道德上的无所忌惮。由此推演，**"女"博士的概念不是博士带来的，而是社会的"大逻辑"造成的。** 如果大逻辑有问题，是不是我们也要改变自己正确的逻辑而适应社会呢？并不见得。控制自己难不难呢？难。但是应不应该呢？应该。因为我们争取的不是女权，而是人权；不是职责的平分，而是职责的划分。当然，在从"女博士"到"博士"的路上，迷茫困惑是必然的，思考沟通是必然的，推翻现有的秩序到达新的秩序也是必然的。幸运的是，我们左边有优秀的女性学者（像刘瑜、资中筠、龙应台）给我们指路；右边有父母、先生、导师为我们保驾护航。逆流而上，挫麟又如何；换清明，整困囿，止于至善。

所以，在学术这座巍峨的大山上，有男博士，也有女博士，我们互相独立、相互欣赏，**自由地发挥潜能，平等地输出天性。** 正所谓：道有阴阳，阴中有阳，阳中有阴，方为大和谐。

2016 年 3 月 13 日

特别感谢： 蒋鑫，Iris Lu，朱潇璇，金秋萍

作者简介： 郑斯婧（lailazheng@gmail.com），2012 年至今在香港城市大学商学院读博士学位，专业为市场营销学，师承杨志林教授。

周南感言： 本文的标题有意思，"女"和"博士"中间加了个"·"，到底是分还是合呢？"女"和"博士"，分者或说一个先天，一个后天；合者或说一个"天"生成分多，一个"人"生成分多。用英文说，是"Nature"和"Nurture"的关系，可分不可离。若将"女博士"看成"天人合一"，"为什么做女博士难"就是个天人感应的问题。男女是否平等，事实胜于雄辩。在"女博士"到"博士"的路上，我赞成斯婧的看法，男子有才，女子亦有才，现有的秩序必须进步到新的秩序，否则，就是天人分离。

1-29　当头一棒，慢慢开窍

朱文婷

趁着读博进行时，感受仍真切，我想和大家分享一些心得体会。

我在武汉大学读硕士学位时，导师是寿志钢教授，在他的指导下，我学习了如何搜索、阅读文献，建立理论模型，进行研究设计和数据分析。硕士阶段的这些训练为我攻读博士学位打下了扎实的基础。

2012年9月，我进入香港城市大学攻读博士学位，研究方向是营销战略。因为硕士阶段的学习太顺利，我非常兴奋地开始了博士一年级的"蜜月期"（"不知道自己不知道"），直到2013年7月我在徐州召开的首届中国市场营销国际学术年会（CMIC）上第一次作学术汇报。清楚地记得那是个炎热的下午，我的导师苏晨汀教授坐在观众席上，竖起大拇指鼓励我不要紧张。但我的心是慌的，因为我准备得相当不充分，没有预演一遍。果不其然，我讲得结结巴巴。当时真想找个地洞钻下去，一篇得到苏老师认可的模型因为我拙劣的表达和不充分的准备而黯然失色。那时，我才意识到，**讲故事的能力无疑是这个行业最重要的技能之一**。会议结束后，苏老师点评我们系每位同学的表现，轮到我时，他只说了一句"Catch up"（继续加油）。犹如当头一棒，我开始反思自己这一年来的学习态度。

紧接着，我开始了博士二年级的生活（"知道自己不知道"），疯狂地看文献。那个时候，谈不上喜欢科研，只是有了危机意识，觉得自己就是全系最差的学生，不想再让老师失望。我积极地定期和苏老师、寿老师以及仲为国师兄讨论模型，有目的地翻阅文献，做得最多的是文献综述。有压力才有动力，有付出就有收获，第二年暑假我顺利通过了博士资格考试（香港城市大学是第二年才考资格考试）。

为了丰富自己的简历，博士三年级时，在王剑峰老师和苏老师的推荐下，我在伊利诺伊大学厄巴纳-香槟分校交流了一个学期，主要是旁听课程。以前只看到北美名校毕业生的光环，近距离接触后，我被他们的勤奋深深触动，体会到苦读文献是博士生活的常态。**我要求自己每天看完课程阅读清单上的文章才去睡觉，虽然过程煎熬，但一个学期下来，自己对战略理论的起源及发展有了更加全面的认识。熟练掌握理论的好处直接体现在之后阅读文章的速度和对模型的理解力上。**

随着文献的慢慢积累，以前不懂的地方似乎渐渐开窍了，在与老师、师兄、师姐的讨论中也有了更多自己的想法。因为熟悉，开始有了些自信。而那萌生的一点点自信让我开始觉得自己的双脚终于跨进了学术的这道门，对科研的兴趣也愈加浓厚。**以前被动地学变成了现在主动地学，以前所认为的苦渐渐转化为求知的悦，也越来越"知道自己不知道"。**

"痛并快乐着"是白岩松的名言。以前我对这种状态实在费解，既然感觉痛又怎能心生喜悦，但通过读博这近四年的修行，现在我对这五个字有了不一样的解读。**人只有经历过阵痛才能成长，而正是成长的喜悦才让一切的努力变得有意义。**作为学术上的"菜鸟"，非常感谢两位恩师、系里的老师以及师兄、师姐对我的帮助，我会脚踏实地，学思并用，培养做研究的独立性，相信小树苗能快快长成大树。

2016 年 1 月 18 日

作者简介：朱文婷（zwt0322@gmail.com），2012 年至今在香港城市大学商学院读博士学位，专业为市场营销学，师承苏晨汀教授。

周南感言：元朝诗人程端礼说过"劳于读书，逸于作文"。看出文婷成长了。十年树木，百年树人，你以后也会像你的导师们一样，热情、严谨地治学。因为勤学，慢慢开窍，所以进步。

第2部分

看山不是山,
看海不是海

2-1 脚踏实地，继续努力

白 璇

博士毕业虽然已经一年半了，但读博期间的点点滴滴依然历历在目。

那之前，在西南财经大学攻读硕士学位期间，在李永强教授的帮助和指导下，我对学术研究产生了浓厚的兴趣，并积累了一些研究经验，包括文献阅读、文章撰写和数据分析等。

2011年9月，我进入香港城市大学商学院市场营销学系读博。学习是"痛并快乐着"的。"痛"从第一次大量阅读英文文献和撰写英文文章开始。在导师李娟教授的指导下，我第一次参与一个关于企业社会责任的学术项目，由于是第一次撰写英文论文以及英文水平有限，自己无法将想要表达的意思直接用英文表述，文章中每一句话的撰写都需要参考其他文章的表述，写作速度非常慢。而在最终完成了论文初稿提交给李老师修改后，李老师对文章从引言到结论部分的每句话都作了修改，反馈给我的文章是一片红色的修订和批注，当时的自己感到非常沮丧和失望。紧接着是一轮又一轮"痛"的修改过程。无数次垂头丧气和不知所措以后，问题一个接一个地被解决，逐渐看到了进步的"喜悦"。然而文章初稿的完成只是一个开始，紧接着是投稿后接到拒信和评审人反馈意见后新一轮的"痛改前非"。**随着学术经验的不断积累，我对"痛"的承受能力越来越强**，在接到拒信和审稿人负面的评价意见后也变得冷静，虽然修改的过程会遇到很多难题，但是当这些难题被一一解决后，我们得到的喜悦会让这些"痛苦的"修改过程变得有价值。痛就是这样并着快乐。

在博士就读期间，我的时间相对自由。正是由于自由时间多，使得我在平常工作时效率较低，从而需要在晚上或周末加班工作。给自己的感觉是"我很忙"，连周末都还要想模型、改文章。其实，**现实情况可能是工作时间效率低，必须用非工作时间去完成任务**。这是我一直在努力克服和解决的问题，之所以将感受写在这里，是为了提醒自己和有同样问题的博士生们去正视及解决这个问题。

另外，分享一下自己对平衡科研和生活的一些观察，希望各位同仁**注意锻炼身体，身体健康才是科研之本**。在香港城市大学，我们不仅总在办公室看到周南老师，还老在泳池中、山路上、体育馆里碰到他。周老师总是精神抖擞，我想与他注意运动有关。

我感谢老师们带我走上学术道路。我会脚踏实地，继续努力，实现梦想。

2016 年 2 月 11 日

作者简介：白璇（mkbaixuan@gmail.com），西南财经大学工商管理学院讲师，2011—2014 年在香港城市大学商学院读博士学位，专业为市场营销，师承李娟教授。

周南感言：看着一个又一个年轻人逐渐成长为成熟的"人"：从"识字的人"（地），到"有学问的人"，再到"有思想/智慧的人"（天）。2011 年夏，我参加在中山大学召开的 JMS 会议时，白璇告诉我她已被香港城市大学录取读博。转眼，我主持了她的毕业论文答辩。现在，她已回母校西南财经大学任教。两位李老师带她走上了学术道路，她将"脚踏实地，继续努力，实现梦想"。"青山绿水好宽广，春风送我回故乡。"

2-2 科研是一场修行

白 寅

2009 年我拿到管理学博士学位，比较顺利地成为天津大学的讲师。也就是从那时起，中国内地高校开始大踏步地国际化。短短几年，多数"985"高校的管理学院已经只招"海龟"（海归）了，甚至只招国际顶级大学的博士。商学院对师资的考核标准也水涨船高。作为一只"土鳖"，我这几年的生活可谓挣扎，只能说暂时还没被淘汰。在这里跟大家分享一下自己是怎么活下来的。

尽管如今国内顶级管理学院对博士生的培养方式是与国际接轨的，但不得不承认，我读博时接受的训练是不够的。其间，我曾在密歇根大学交换一年，当时的确见识到了美国对博士生的高要求，却只因自己的懒散和愚钝，没有给自己那么大的压力。不过，**欠下的"债"总是要还的**。入职以后我没有很好地凝聚研究方向，教学任务又很重，整整三年一篇像样的文章也没发出来，唯一聊以慰藉的就是拿到了一个国家自然科学基金青年项目，勉强完成了与学校的第一期合同。当时非常有挫败感，没有科学问题，没有数据，惶惶不可终日。

无助中，我找了在美国时结交的一位朋友。他科研做得很好，在他的启发下，我先从比较熟悉的教学场景中找到研究问题，收集了学生数据，写了两篇论文，一篇发表在 SSCI 期刊《高等教育》（*Higher Education*）上，另一篇两年后也发表在一个 SSCI 期刊上。虽然依现在的眼光来看，这两篇文章还很稚嫩，但在这个从 0 到 1 的过程中，我经历了困惑、苦恼、兴奋与释然，找到一点点科研的感觉。

不得不说，**科研是一场修行，辛苦快乐都在其中。合作是我的救命稻草，也是良药**。后来，我陆续发表了几篇 SSCI 文章，都是与人合作完成的。在合作过程中，我的**思路不断开阔，人也渐渐自信起来**。2014 年，我在香港浸会大学访问时，认识了很多良师益友。大家思想碰撞、资源共享，写论文的点子也越来越多。在合作中，我进一步凝聚了研究方向,并且养成**每天读文献、写论文的习惯**,读写和运动几乎填满了我的整个生活,仿佛重新又读了一次博士。在读、写、讨论以及投稿和修改的过程中,**我不停地挑战着自己的脑力、体力、耐力和排除外界干扰的能力,仆仆风尘,却甘之如饴。**

如今,我对自己提高了要求,遇到的困难自然也更大,相信自己在修行的路上会越走越远。好在**路的尽头收获的不单是活着,还有智慧。**

2016 年 3 月 8 日

作者简介:白寅(baiyin@tju.edu.cn),天津大学管理与经济学部副教授,2006—2009 年在天津大学管理与经济学部读博士学位,专业为管理科学与工程,师承刘金兰教授。

周南感言:"尽信书,则不如无书"(《孟子·尽心下》)。白寅先在比较中看到自己的不足,然后在合作中不断挑战自己,所以进步快。他前年来香港浸会大学访问期间,我们常一起上笔架山游学。一次交谈中,他说:"《茶花女》中有句台词:'你一开口,便暴露无遗。'"我感觉到他很强的求知欲涌动在心里的力量。每次越近山顶,他好像劲头越足。与高手过招,武功步步高。"不单是活着,还有智慧。"

2-3 多一份平和,少一份犹豫

才凤艳

读博不易,慎重选择。 我在武汉大学读硕士时,二年级之前,从没有想过要读博,只是乖乖地做着我觉得应该做的事情。跟着黄敏学老师读文献,积极地参与讨论、调研,想着如何完成自己的毕业论文。不知从什么时候开始,我似乎已经慢慢地开始喜欢这个过程。就凭着这点儿喜欢的感觉再加上严峻的就业形势,我走上了读博之路。然而,当我真正开始读博的时候,却发现这条路远没有我想象中的那么美好。现在想来,或许在最初的时候就应该仔细地想清楚自己为什么要读博,读博不是一个退路,而应该是一个积极的、主动的选择。

不要彷徨,坚持到底。 博士的第二年是我最彷徨和苦闷的一段日子。我开始怀疑自己选择走这条路是不是正确,开始怀疑自己是否真的喜欢做科研,开始怀疑自己费尽力气鼓捣出来的那一点儿研究结果根本就是一堆垃圾,没有任何用处。这样的彷徨和学业的压力,让我有半年的时间经常处于失眠的状态。有一天,在和黄老师通电话的时候,我提到了上面的那些"怀疑",像以往一样,他没有讲很多道理给我听,只是告诉我"你已经上了这条船,现在想要跳下来,可能会更惨"。从那天起,我意识到自己已经没有退路了,无论怎样都要坚持下来。没有了犹豫和彷徨,很多事情似乎变得容易起来,我特别感激黄老师当时的那番话。有时没有了退路,或许更能勇往直前。

珍惜机会,心无旁骛。 曾经的那些辛酸和苦闷,终于有一天我们可以笑着讲出来,但是读博期间却是我们不可多得的可以心无旁骛地读论文、写论文的日子。我工作之后最深的一个体会就是自己做研究的效率降低了。备课,教书,批改作业,开会,写申请书……这些日常的工作客观地存在着,每日在教课和做科研两个模式之间切换,总是会分散精力和时间,因此特别怀念那些坐在香港中文大学图书馆里,一整天看论文、设计实验的日子。

不要抱怨，学会感恩。我读博时的导师是许敬文老师和沈浩老师。作为沈老师的第一个学生，我是幸运的。他手把手地、反复地教我如何设计实验，如何汇报实验结果，如何写文章，甚至教我如何设计演示文稿。这些事情从前看起来那么的琐碎，甚至有些令人讨厌，如今却是我最为宝贵的财富。许老师于我而言更像一个严父。读书期间，他在学术上的严谨一度让粗心的我又敬又怕，然而他总是能站在最关键的路口上给我指引：论文遇到瓶颈的时候，他教会我要如何理顺自己的逻辑；找工作焦急的时候，他教会我要自信地表现自己；初到职场的时候，他告诉我要学会独立。**如同孩子总是不能理解父母一样，做学生的总是搞不懂老师是怎么想的，但是不要抱怨，因为终有一天，我们会理解父母和老师的良苦用心。**希望那些看了我的"苦水"的师弟师妹们今后的学术生活能够更多一份平和与坚持，少一份犹豫与焦虑。

2016 年 1 月 15 日

作者简介：才凤艳（fycai@sjtu.edu.cn），上海交通大学安泰经济与管理学院副教授，2006—2011 年在香港中文大学商学院读博士学位，专业为市场营销，师承许敬文教授和沈浩教授。

周南感言：韩愈在《师说》中说："古之学者必有师。师者，所以传道授业解惑也。"传道，授业，解惑，哪个方面最重要？凤艳提到的三个导师，哪个传道多、哪个授业多、哪个解惑多呢？按韩愈的说法，"道之所存，师之所存也"（意指哪里有"道"，哪里就有我的老师）。我看了凤艳的随笔半天，得出的结论是，她的三个导师，三个方面都做到了。他们既是学业导师，又是人生导师。凤艳自己成长了，也希望师弟师妹们"多一份平和与坚持，少一份犹豫与焦虑"。

2-4 从什么是"好"的服务说起

陈 可

作为一个研究兴趣集中于"服务营销"的青年教师,我常常思考这样一个问题:什么是"好"的服务?早在20世纪80年代,有关服务质量的文章和理论就已引起广泛的重视,但我仍然缺乏对产生这些成果的土壤——美国服务的直观认识。2015年8月,我前往美国做访问学者。**其间,有机会与美国的银行、学校、医院、保险公司、警察和政府等商业或公共服务部门打交道,感受到美国与国内服务之间的区别。**

拿我在美国银行接受服务的经历来说。刚到美国时,为了生活方便,我需要去银行开户。我去的这家银行当时顾客不多,一名类似于国内大堂经理的工作人员安排我在一个工作间外等待。大约七八分钟后,一位客户经理过来和我打招呼,把我引入工作间,与她面对面坐好。她开始询问我需要什么帮助。我说需要开一个账户,她把一些文字材料递给我填写,然后由她往系统里录入信息,最后打印出来由我签字。其间,我感觉到她有意和我攀谈,询问我的一些情况,包括从哪里来、做什么工作、工作感觉怎么样,等等。服务过程中出现过多种小状况,比如表格拿错了,漏了某些材料没有签名等。好几次我都在心里嘀咕"少说几句,抓紧时间把事情办完吧"。开好户后我看了看时间,30分钟过去了。从效率的角度,这样的服务经历简直糟透了。我不禁设想,在国内,如果银行按照这种服务效率,顾客每天一定要排很长的队,花费更多的时间等待,谁会在乎和银行员工交流得好坏呢。从专业的角度,我理解这位经理的行为,她是为了建立和维系客户关系,力图通过人际互动增强顾客对银行的信任,为实现顾客忠诚打好基础;从服务质量的维度看,她不仅看重响应(Responsiveness),更看重移情(Empathy)。可由于我已经习惯了国内办理业务时排长队,从而一心希望尽快解决问题的做法,**因此对于这种侧重于交流和体验的服务过程,还真不感冒。**

这样的经历让我重新思考什么是"好"的服务，运用文献中的服务质量研究框架去评价不同市场环境的服务是否合适？**不同的环境下，即使是同一类服务，顾客对好服务的要求也是不一样的，只有符合特定环境下的顾客需求，才是顾客心中的"好"服务**。记得周南老师来我们学校给大家做讲座时，说起管理研究中理论构建的"天、地、人"三要素。这是一个很有效的思考框架，同时强调了"天地"的重要性。"橘生淮南则为橘，生于淮北则为枳"，**源于另一时空的理论如何解释当下中国的管理问题，需要学者们仔细思考**。如果从当下的天地出发另起炉灶，我们需要面临巨大的挑战，且无法有效地参与国际交流。因此，"顶天立地"的要求为越来越多的学者所倡导。但这里的"天地"各在一方，因此**如何在以西方社会为背景构建的理论中，切实融入东方的"天、地、人"因素，并针对眼前的管理活动产生切实的启发，既是这种研究策略的瓶颈所在，也是其价值所在**。只有做到了这一点，我们才能更得心应手地以科研促进教学，实现教研相长。

我想，不论现在我们是否已经走在这条路上，这可能都是事业的要求。"好"并不唯一，但一定存在。

2016 年 2 月 4 日

作者简介：陈可（chenke@uibe.edu.cn），对外经济贸易大学商学院副教授，2002—2007 年在北京大学光华管理学院读博士学位，专业为企业管理，师承涂平教授和涂荣庭教授。

周南感言："Think Global，Act Local"（视野全球化，实践本地化）人人皆知，但永远不够，必须加进"Live Native"（生活本土化）才成天时、地利、人和（请参阅周南：《佛光山的星巴克——〈道德经〉的启示》2-14 承德：元朝一百年，清朝两百年）。陈可从学生时期开始，就对服务营销有独到的见解。他"身在曹营心在汉"，去了美国，看在眼里，放在脑中，心里想着如何"融入中国"，得出"'好'不唯一，合适就好"的结论。爱学习、好思考，真才实学。

2-5 小"青椒"初炼成

陈星宇

2014年夏天,离开了曾经非常热爱的互联网企业回国,我加入了深圳大学管理学院市场营销系,成为一名大学青年教师,"青椒"(前几年社会上开始流行的对高校青年教师的一种戏称)生活正式开始。

最初的转变很困难。由于我的博士专业是系统工程管理,之前的训练都是工程类训练,所以在市场营销系显得"非主流"。比较尴尬的一个问题是,当时有老师问我,你做的是市场营销哪个领域的研究?我半天都答不上来。因为我连市场营销分为消费者行为、战略和模型等几大块都不清楚。之后申报国家自然科学基金项目时,也是纠结了很久,到底是营销理论,还是消费者行为,抑或是网络营销?不过,这里要感谢我回国后碰到的每一个营销人,不管是前辈还是同为"青椒"的小伙伴们,他们都给了我莫大的帮助,把我从一个**潜伏在市场营销专业的管科"卧底"**成功地转变为**全身心热爱营销专业的营销人**。

我接触到的第一个老师是贺和平老师,还没见过面就给我排了两门课。由于各方面的情况都不太了解,我很担心,所以反复央求贺老师第一学期先不要给我排课。结果发现贺老师原来是一颗"软钉子",磨了半天,最后还是他成功说服我接了这两门课。他在电子邮件中提到的"干中学"打动了我。后来觉得,一来就上课其实是对的,因为总要迈出这一步,**越早迈出,适应得越快**。说到这里,还要提到张蕾老师和刘雁妮老师。我接的两门课中,一门是张蕾老师同样也教的营销案例分析,另一门是雁妮教的创业营销。她们在还未与我见面前就分享给我很多相关课程资料。因为有了这些资料,我的教课生涯有了一个很好的开始。

到管理学院报到那一天,我碰到了周志民老师。他是我在市场营销领域的青年教师导师。当时无比彷徨的我,提到了很多担心,比如上课、国家基金课题申请,等等。这些问题,他都**一一解答**,还分享了他自己上营销管理课的课件及国家自然科学基金申请书。虽然市场营销管理的本科和工商管理硕士（MBA）课程，我在国外都上过，但是自己教课还是很没底。拿到他的课件之后，我立马就觉得心里有数了。短短的会面之后，志民就动身去美国了，但这次见面却给了我之后在深圳大学教学和申请课题方面莫大的帮助。特别是他跟我提到了我所研究的方向在营销领域属于热点交叉研究方向，这似乎也给我吃了一颗定心丸。

当天，我还见到了刘雁妮老师与贺和平老师的"真身"——一个略显羞涩呆萌的"大叔"和一个热情大方的"菠菜女超人"。他俩向我介绍了深圳大学管理学院市场营销系愉快的氛围和有趣的轶事，让我对同事们充满了期望。一年半过去了，这里的生活**比我想象中还要开心，同事之间的氛围也是无比轻松和谐**。

谈到真正走进市场营销这个专业领域，还是要感谢周志民老师鼓励系里年轻老师参加 JMS 会议。我和小伙伴张宁、贾芳，还有贺和平老师一起参加了 2014 年 10 月在厦门召开的 JMS 会议。虽然我没有提交论文，但是因为有小伙伴们的引荐，还是认识了很多营销领域的专家和前辈，知道了大家如何做与营销相关的研究，更第一次明白了市场营销的领域划分、研究方法等，觉得收获特别大。等到第二年去西安参加 CMIC 会议及去上海参加 JMS 会议时，我发现自己已经是营销领域的人了。见到很多熟悉的面孔，大家过来跟我打招呼，说"你是深圳大学的陈星宇（Celine）老师吧，你的研究在市场营销领域很新、很前沿哦"。听后，我觉得特别开心，因为自己**终于在市场营销领域找到了自己的研究方向**。

面对陌生的领域与不确定的未来，我们难免会担心。但是，只要勇敢踏出第一步，就能看到更美的风景。我非常庆幸当时回国选择了营销方向，因为在营销领域，我不仅结识了很多志同道合的小伙伴们，更重要的是，走进这个领域，我感觉比以前更确定自己在高校、在学术界的定位与未来的职业发展。这应该是我回国最大的收获！

2016 年 1 月 27 日

作者简介：陈星宇（celine@szu.edu.cn），深圳大学管理学院讲师，2008—2013 年在新加坡南洋理工大学系统工程管理系读博士学位，专业为新产品创新管理，师承陈俊贤教授。

周南感言：家和万事兴，人多力量大。读了星宇的这篇随笔，我深深地感受到深圳大学管理学院市场营销系温暖的大家庭气氛。三生有缘，才能有共事的机会。既然做同事，就要互爱互助，一起发展。难怪星宇这么开心。

2-6 学着做,自己做,教人做

崔 楠

拿到武汉大学博士生录取通知书已是上一个"猴年马月"(2004年7月)了,如今的我算是一个老"青椒"。在过去的一个生肖轮回中,每隔三四年我就会经历学术生涯中的一次角色转换:从学生到教师、从教师到导师。读博士时,国内营销学研究正处于与国际主流研究范式接轨的转型期。如果不能成功转型,很可能就会被迅速淘汰。我对于博士期间要学什么、做什么并不十分清楚。幸运的是,此时恰逢周南教授推动香港城市大学商学院与武汉大学经济与管理学院开展学术战略合作。在导师汪涛教授的鼎力支持下,我成为系里第一位赴香港城市大学进行长期学习交流的博士生。至今我仍能回想起初到香港城市大学时,我所经历的那种震撼:和蔼又严谨的教授、友善又"挑刺"的同学、学术"大牛"的讲座、优越的学术资源……

在香港城市大学的这段珍贵经历使我真正适应了学术研究的道路。首先,**通过耳濡目染、交流探讨和学习思考,我开始真正了解"科学研究"是什么**。其次,**在窦文宇教授和其他老师的悉心指导下,我学习并掌握了多种实证研究的方法和工具**。等到工作后我才发现,**博士阶段乃是方法和工具学习的黄金时期**。更难能可贵的是,在香港城市大学学习期间,在窦老师、周老师、苏老师以及其他多位教授的指导下,我完完整整地经历了科学研究的整个过程:从研究构思、研究设计、实验执行、论文撰写、投稿、被拒、改投他刊、多轮评审、修改加补做实验,直到论文最终被管理学顶级期刊《管理信息系统季刊》(*MIS Quarterly*)录用,总共经历了四年多的时间。

博士毕业后,我比较顺利地留在了母校任教。留校三年后,仍不时在校园里被人以"同学"相称。这反映了那时的自己仍处在一个**由学生向教师角色转变**的时期。这个时期最大的挑战来自两个方面。其一,**要能够迅速胜任教学工作**。青年教师与博士生相比,一个主要区别是教学工作成了角色内行为。为了站稳讲台,青年教师需要花费大量的时间和精力去备课。尽管如此，头几年上课时还总是"战战兢兢"地。其二，**要能够有效地协调教学与科研工作**。入职后在教学方面的投入之大是我做博士生时没有料到的。我在头三年总共新开设了六门不同的课程。这样一来，个人的科研时间就被大大地挤压了。

尽管当时教学量的确很大，但**教学工作还是使自己的科研能力有了不小的提升。所教课程越多，就越不可能靠死记硬背来授课，从而培养了梳理思路和理清框架的能力；所授课程越多，知识面越广，知识体系也就越完善**，这对写基金申请书和论文都大有裨益；备课时需要广泛查阅最新的研究文献，**像庖丁解牛一样地解读文献，然后才有胆量向学生传授**，从而强化了文献阅读与理解能力；作为教师，还需要"说服"形形色色的听众来接受"我的观点"，从而练就了口才、胆量和信心，这些能力同样是做科研所必需的。

如今，除了食堂的大爷大妈，再也没有人称我为"同学"，我也开始指导硕士研究生了。刚带学生的时候，我觉得这不算什么事儿。过段时间才发现，原来**自己做研究和带学生做研究是两码事**。现在的我指导学生时还是很困惑：硕士生们做研究，从出想法、做实证、写文章到回复评审，大家说我在相当程度上还是一肩挑；有时看学生写的文章，恨不得把每个字都改写两遍；几乎所有的学生在与我讨论时都唯唯诺诺、缄口结舌……真是羡慕那些经验丰富的老师，为何他们指导学生如此省力，而我却步履维艰？有时我也在想，是如今的学生从事学术研究的动机、能力和机会，与我做学生时有了根本的不同，还是我仍没有掌握作为导师的诀窍？我仍没有答案。

从学生到教师再到导师的角色转变，实际上是学着做科研、自己做科研和教人做科研的转变。然而，与其说是角色的不断转变，倒不如说是角色的不断增多，因为实际上我一直是学生，努力当教师，不敢称导师。

2016 年 2 月 13 日

作者简介：崔楠（nancui@whu.edu.cn），武汉大学经济与管理学院副教授，2004—2008 年在武汉大学经济与管理学院读博士学位，专业为市场营销，师承汪涛教授。

周南感言："做"是不变，学着做、自己做和教人做是"变"，崔楠处变不惊，以不变应万变；以守为攻，步步为营。把握一个"做"字，长此以往，顺风顺水，日日告捷。如果崔楠不介意，我想继续称他为"同学"——"一同学习"。新老同学，一起"做"，一起"进步"——日日、年年"进一步"。

2-7 一段不忘初心的旅程，一次义无反顾的修行

丁 瑛

这几日静下心来回顾自己的博士生涯，许多的片段仿佛电影蒙太奇般闪现，欢笑、感恩、感悟一一涌上心头。如果要用一句话来概括我的博士求学经历，我想将之形容为"一段不忘初心的旅程"。还记得当年参加保研夏令营面试时，老师提问："（北京大学）光华管理学院的本科生毕业起薪都很高，你为什么要选择读博而不是工作？"我当时的回答即我心中所想：**希望创造更多的管理学知识，用这些知识帮助企业进行更好的管理和运营。**

这个信念一直支持着我走过博士旅程。旅程是辛苦的，荆棘密布。第一次读英文的学术论文，纵使花了七个小时却依旧似懂非懂；第一次做行为学实验，纵使努力准备依旧错漏百出；第一次在国际学术会议上用英文报告论文，纵使一字一句背下所有的内容，依旧紧张得手心冒汗。太多的第一次，**太多的挫折，所幸我一直没有忘记想要做学问的初心，学会了苦中作乐，沉下心来做研究。**尤其要感谢我读博士时的导师徐菁教授一路上对我的支持帮助和倾囊相授。读博旅程中，我去过很多地方：上海、广州、香港、东京、圣路易斯、巴尔的摩……有幸见到了许多营销领域的优秀学者，结识了一批志同道合的青年学子。那些师长的声音引领着我继续前行，那些同学的脚步鼓舞着我们彼此结伴同行、风雨无阻。

我相信有许多博士生正在经历这段艰辛的旅程，将来也会有更多的学子走上这段旅途。我给他们的建议便是坚持初心、勇往直前。唯有坚守心中对学术的追求和信仰，才能在遇到苦难和风浪时继续前行。只有坚持不懈，才能在终点处看到满园的鲜花和果实。电视剧《士兵突击》里有句台词**"不抛弃，不放弃"，也许是对于读博求学的最好注解。**

倘若读博是一段旅程，那么毕业后成为一名教师便开始了新的修行，这是"一次义无反顾的修行"。我于2014年年初从北京大学光华管理学院博士毕业，当时不知不觉间已在未名湖畔负笈求学了十个寒暑。之后我加入了中国人民大学商学院，终于如愿以偿地成了一名教师。工作是烦琐而又辛苦的，科研、教学、社会服务，每一项都不能掉以轻心。许多人会认为教师工作轻松自由且有寒暑假，殊不知我们只有上班时间，没有下班时间。任何时候只要一支笔、一本书，或是只要打开电脑，我们的工作便开始了。**熬夜改实验设计、除夕夜写论文，这些旁人无法理解的工作状态是我们的生活常态。**

作为教师，讲台上的一言一行都有可能影响学生的人生。为了践行我最初的信仰，毕业后我没有给研究生开课，而是选择站到MBA的讲台上。这对刚刚毕业的青年教师来说无疑是个高难度的挑战。我面对的是一批有着丰富工作经验的学员，他们当中的大部分人都比我年长。每一次上课前，我都会收集最新的营销案例，用时事热点问题作为引例，结合相关的营销学知识进行讲授。我相信**做学问的终极目标是使新知识能为企业所用，能帮助企业管理者更好地经营企业和营销产品。**勤能补拙，我的努力得到了学员们的认可，我也受到他们的喜欢。后来得知我在课上分享的一个小案例，已被一名学员运用到其公司最新的产品设计上，我感到甚是欣喜，似乎所有课前看不到的备课功夫都有了意义。

感恩那段不忘初心的读博旅程，给了我继续修行的精神食粮。未来的每一天，用心做好每一项研究，真心对待每一个学生，认真讲好每一门课程。义无反顾，乐在其中！

2016年1月24日

作者简介：丁瑛（dingying@rbs.org.cn），中国人民大学商学院助理教授，2008—2014年在北京大学光华管理学院读博士学位，专业为市场营销，师承徐菁教授。

周南感言："读书谓已多，抚事知不足"（宋·王安石：《寄吴冲卿》）。丁瑛读博苦中作乐，从教乐在其中。阳光从心里洒到生活、工作中，也体现在字里行间。"用心做好每一项研究，真心对待每一个学生，认真讲好每一门课程"，愿每个人都像她这样快乐！

2-8 此心安处是吾乡

董婠嫣

岁月轮回,又到猴年。上一个猴年,我离开上海来到香港求学,一晃在这里已经待了12年。那个夏天,丈夫送我来香港读博士,我们从中环坐23路巴士缓缓上山,一路上看着路边狭窄的摩天大楼和霓虹灯招牌,眼花缭乱。下车后从校门口爬了数级台阶,又热又累,终于到达宿舍。刚开始的一段时间,很不适应,狭小的空间、潮湿的气候、不同的饮食,加上每天在校园里上下无数级台阶,我在感到辛苦的同时也有些迷茫:**为何要离开温暖的家,千里迢迢来香港呢?** 学术的求索也毫无头绪,当时研究背景一片空白的我很着急,弄不清该往什么方向努力。这些迷茫让我很痛苦,最后我想,还是放下这些问题,**既来之,则安之,把心思放在学术上,一点一点地来做吧。**

学习怎么做学术的时间过得既慢又快,几年下来,在象牙塔和文献堆里,我渐渐克服了对香港的不适应,慢慢领略到这颗东方明珠的魅力,对学术的求索也有了一点头绪。博士毕业,和香港的缘分却没有结束,我从太平山上转到了狮子山下,来到香港城市大学任教。在香港城市大学商学院市场营销学系这个大家庭中,有良师益友相助,我可以更加执着于专业领域的钻研和攻关,也逐渐认识到自己从事的职业是怎么一回事。"路漫漫其修远兮",**学者的道路需要专注、坚持和耐心。** 从研究模型的精心构建,到数据分析的一丝不苟,从文稿数十遍的修改,到评审过程中一轮又一轮的被批判,从三天两头收到拒信眼泪往肚里咽,到终于收到录用信难以置信的狂喜,经历了这一切,我终于有点明白"吾将上下而求索"的人生哲理。

这些年来,我先后有了可爱的女儿和儿子,丈夫也来港团聚,一家人定居在狮子山下。"山气日夕佳,飞鸟相与还。"每天我穿行于狮子山前后,**一头是学术事业,另一头是居家生活。两点一线,两个世界,两种身份,平淡中显幸福,心安处是坚持。**

喂奶、换尿片、辅导功课，养儿育女的各种烦心忧虑，慢慢行进中，竟也能痛苦并快乐着，深入其中，享受人间至情。九龙半岛群山围绕，大海相依，层峦叠嶂，慢慢行进中，亦能欣赏到天光云影共徘徊的美景。街头巷陌，市井生活，慢慢行进中，也体会到各种方便和安逸。

于是，12年弹指一挥间。对于这个城市，熟悉理解，进而适应喜欢；对于家庭，磨合相守，进而繁衍融合；对于事业，探索学习，进而执着坚持。再进而，**香港从异乡变成了家乡，自己从港漂变成了港人**，家庭从江南搬到了岭南，学术研究也成了我的人生事业。人生的路，说有规划，却又难以料定；说有迹可循，却又难以捉摸。正如苏东坡的诗云："人生到处知何似，恰似飞鸿踏雪泥。泥上偶然留指爪，鸿飞那复计东西。"也许正是这种不确定，增添了人生的风景吧。

最后，还是用东坡先生《定风波》这首词中的一句，来感慨自己这12年来在香港的学习、工作和生活吧。

"试问岭南应不好？却道，此心安处是吾乡。"

2016 年 2 月 19 日

作者简介：董婥嫣（mcdong@cityu.edu.hk），香港城市大学商学院助理教授，2004—2008 年在香港大学商学院读博士学位，专业为市场营销，师承谢贵枝教授。

周南感言：白驹过隙，兔走乌飞，12 年间，看着婥嫣从学生到学者，从弄瓦到弄璋，家庭幸福，事业发展。飞鸿踏雪泥，天涯留足迹。想想自己，也是这样一步步行过来的。海阔山青，稳步前迈，心静则安，心诚则灵。

2-9 发表文章的运气和底气

董维维

2009 年，我进入西安交通大学，成为庄贵军老师的博士研究生。

我念硕士时，专业是国际贸易，研究方向偏向于面板数据分析。学习期间就在中文社会科学引文索引（CSSCI）上发表了几篇论文。我信誓旦旦地说，可以三年拿下博士学位。然而，现实却并非如此。第一年除了上理论课之外，我似乎对营销仍没有什么深刻的认识。毫不夸张地说，那时我连量表的概念都不清楚。**第一次在师门讨论会上讲营销专业的英语论文时，我只是纯粹地翻译。**当老师、师兄师姐们问我问题时，我不知所措到脸红脖子粗，觉得他们是那么厉害、什么理论都懂，而我只是一个超级"菜鸟"。

第二年，我开始选择方向，做营销渠道和关系营销的研究。但是，将文献回顾了一遍后，觉得庄老师似乎把能做的研究都做完了，而且我手里也没有现成的数据。我开始担忧毕业的问题。无奈之下，我闷头整理文献，做了关于关系治理以及调节变量的文献回顾。这一年似乎还是**没有深入到如何做研究的主题上，但却了解了不少研究方法。**

到了**第三年**，庄老师将一位 DBA 师兄的数据给我看，问我能否挖掘出有价值的变量关系。而此时，我因为筹办婚事耽误了很长时间，因此心里更加着急：连一篇像样的文章都还没有！想想审稿的周期以及到刊出至少要一年半的时间，如此一算，别说三年毕业，就是五年，我也未必能毕业。在惶恐中，我开始与世隔绝，没日没夜地画模型图，从已有数据着手，写了博士期间的第一篇实证研究方面的论文。我每天 6 点起床，晚上 12 点睡觉。因为我知道毕业只能靠自己，没人能帮上忙。咬咬牙，我过来了。坚持不懈，随即又写了关于人情的一篇实证研究方面的论文。两篇文献综述以及两篇实证研究论文投稿后，在博三快结束的时候终于有了回音，都被录用了！我觉得，这一年一定**把我所有的运气都用上了，几乎没有大的波折和坎坷**论文就真的全部被录用了！

回头看，和很多博士生不同的是，**我真正的煎熬就是博三这一年。虽然大家都说发表论文需要天时、地利、人和，但我也相信，这是我踏踏实实、认认真真付出后的结果。**虽然我在理论功底上输给很多人，但自己至少可以先动起手来，拿出一个概念框架、撰写变量之间的因果关系、多提出一些假设，然后再让别人多批判一下："为什么你这样建立假设？""你的理论依据是什么？"……渐渐地，拨开云雾见青天。

终于，2014年，我博士毕业了！鉴于对大学教学会影响科研的担忧，趁着暑假我又完成了一篇论文。工作后，我思考问题明显不如读博期间专注，写论文也越来越拖拉，一年半的时间里我仅写了两篇论文。**拖拉是因为工作成了一个很好的理由或借口**，总想说等等，等把手头的事情处理完了再好好做科研。反思后，发现是自己的态度有问题。我再怎么忙，也忙不过那些教授、副教授、博士生导师。既然"大牛"们都有空做科研，我怎么可能没有时间呢？而且，到这时，我才发现，**论文一次性被录用的概率大大降低了，之前的好运气已经很难再有了。因为我知道，论文已经少了说服审稿人的底气，建立底气仍需要好好探讨文献、继续心无杂念地做研究。底气有了，运气才会来。**

2016年1月18日

作者简介：董维维（weiweidong9494@163.com），上海应用技术大学经济与管理学院讲师，2009—2014年在西安交通大学管理学院读博士学位，专业为市场营销，师承庄贵军教授。

周南感言：书山有路勤为径。维维说，工作后不如读博期间专注，要保持"底气"，研究才跟得上。确实如此。祝贺维维，最近又发了几篇不错的论文。这些年，我常见到其他类型的问题，例如，"瓶颈"或"天花板"，不仅发生在青年学者身上，而且也发生在有些"大教授"身上：老本吃光了，思想"退化"了，逐渐变得苍白了，终有名无实。看了令人遗憾。人生如登楼，欲穷千里目，境界就要不断"更上一层楼"，"继续心无杂念地做研究……运气才会来"。宁静致远。学海无涯苦作舟。

2-10 兴趣驱动，严谨治学

董英杰

2015年9月，我入职对外经济贸易大学国际商学院。从本科到现在，已经十年，对科研工作有了一些理解与感悟。在我看来，从事经济管理类学科的研究需要研究者自发的兴趣、严谨的态度，以及科学的方法。

从事科研工作需要不断对前沿领域进行创新，**研究者往往需要持续地付出大量的时间与精力，去了解并掌握自己学科当前的研究现状，思考本领域可能存在的问题，并去探索未知**。当然，对未知的探索与发现也正是科研工作的魅力之处。尽管商界也要求工作人员的知识与技术不断更新，但是因为工作性质不同，相比于科研工作，它对创新的程度、幅度等有不同的要求。同时，在相近工作量的情况下，科研工作与商界工作的工资报酬也会存在比较大的差异。兴趣不同，对工作中所得所失的权衡自然便会有所不同。有一位同在一个博士项目组的同学，2015年也取得了博士学位并顺利进入标准普尔工作。很多朋友在得知我们两个的工资差距之后，都会问我有没有后悔过自己当初所作的选择。对我来讲，这个问题其实非常容易回答，因为在找工作之前我便对自己有一个非常明确的目标，那就是进入高校继续从事我的研究工作。因此，在申请工作期间，我没有申请任何业界的职位。

在我看来，衡量一份工作是不是适合自己，工资很重要，但不应该是最重要的。**我更享受的是把研究成果与其他兴趣相投的研究者们分享、探讨的过程。严谨的态度在科研工作中起着至关重要的作用**（尽管经济管理类研究经常会使用较多的理论假设与模型设定，与自然科学相比有其特殊之处）。基础类学科的研究结果往往没有地域性的局限，例如，一个数学公理的推导和证明，与研究者处在哪个国家并没有多大的关系。然而，经济管理类研究的结果却往往有其情境。我们经常会观察到，某些经济管理类研究结果或者机制能够非常成功地解决一个国家的问题，而在另外一个国家它们非但起不到积极作用,反而可能产生较大的消极影响。这是因为自然科学的研究很多是仅仅基于自身的假设而自成体系,而经济管理类科研工作需要权衡考量的问题往往要复杂得多。不同的国家或地区会有差异较大的文化、制度,经济管理活动的参与者也常常具有不同的特质。因此,科研过程中我们需要持有审慎而批判的态度,并不是简单的拿来主义。

科学的研究方法对学术的顺利进行起着至关重要的作用。有一些研究者倾向于强调某些研究方法的普遍性,而缺乏对其方法局限性或者缺陷的认真审视与思考,因此,他们比较容易缺少对已有方法的延伸与发展;而另外一些研究者则恰恰相反,他们过度强调某些研究方法的局限性或者缺陷,而拒绝使用任何相关的研究方法。我们**需要时刻警惕这些由点及面,过度将研究方法、结果一般化、结论化的做法,对不同的问题尽量争取能够做到灵活处理**。当然,对此如何去做和恰当把握,只能依靠研究者不断地学习以及经验的积累。

我才刚刚参加工作,科研与教学方面也有很多地方需要学习和积累。希望自己能够在以后的学习中不断丰富自己,并逐渐对自己的工作有更加深刻的认识。

2016 年 2 月 5 日

作者简介:董英杰(dyj@uibe.edu.cn),对外经济贸易大学国际商学院讲师,2010—2015 年在新加坡管理大学经济学院读博士学位,专业为经济学,师承谢耀权(Yiu Kuen TSE)教授。

周南感言:"逐鹿者,不顾兔"(汉·刘安:《淮南子·说林训》)。祝贺英杰,紧盯目标,全力以赴,十年梦想成真,取得博士学位。研究两"意":意思和意义,一因"兴趣驱动",一要"严谨治学",想做好都需要掌握科学的研究方法。把握根本,再一个十年,可以更上一层楼。

2-11 在沉稳的坚持中成长

杜 楠

作为一名刚刚毕业的"三无"博士（无海外交流经历、无英文期刊发表、无名校学历背景），我只在国内刊物上发表了几篇论文。因此，我不敢说有什么科学研究或是文章发表的经验可以分享，恐有误人子弟之嫌。但从读硕士发表第一篇论文算起，已近六年，回首来时路，除了慨叹时光匆匆，也感觉得到自己在科学研究过程中的转变与成长。

刚读硕士时，我并没有想到自己会读博士，对科学研究也是敬而远之。一次交谈中，导师夏春玉教授说，"学者发现研究问题的能力与企业家发现市场机会的能力是一样的，他们都需要看到被别人忽视的空白点。即使以后不做科研，硕士期间也要受研究方法的训练。**受科研训练最好的方法就是"干中学"。**可我对自己找问题的能力并没有信心。我选了一个题目：万达战略联盟网络构建的案例研究。这篇论文前后修改了六稿，最终发表在《经济管理》上。这让我对科学研究产生了些许兴趣。在论文修改过程中，夏老师告诉我，做研究要把心沉下来，大胆假设，小心求证，不要抱着赶工"交作业"、差不多就行的想法。夏老师的话成了我后来在科学研究中坚持的信念。接下来，夏老师和张闯老师让我继续关注社会网络中的社会资本理论，于是我又开始大量检索和阅读文献，最后形成了一篇关于组织层面社会资本的综述，发表在《财经问题研究》上。后来，以张闯老师的博士论文为基础，我将社会资本与渠道权力相结合作为硕士论文的选题。在做研究的初级阶段，我的研究选题主要是在两位老师的指导下完成的，但逐渐开始由"被动指定选题"转到"主动寻找选题"。

读博以后，为了保持研究状态，我继续写了几篇文章，发表在 JMS、《管理科学》等期刊上。可是，博士论文的选题依然是"最头疼的事"。原以为有了硕士阶段的积累，选题会水到渠成，可事不遂人愿。一开始，我想关注渠道公平、渠道关系结束等问题，可是想到的理论模型都过于简单，难以撑起一篇博士论文。这让我意识到，如果没有厚实的理论做支撑，则会有"（理论）基础不牢，（模型）地动山摇"的危险。正在困顿之时，我读到苏晨汀老师和杨志林老师 2012 年发表在《营销学报》（*Journal of Marketing*，JM）上的文章，以及两位老师在《工业营销管理》（*Industrial Marketing Management*，IMM）和 JBR 所主持的特刊，这些文章给了我很大的启发。于是，我开始检索文献，发现自 2002 年制度理论被引入营销渠道以来，这一方向的研究还有很大的空间值得挖掘。于是，我的博士论文选题确定在关于制度环境与渠道治理方面的研究上。至此，我的研究选题完成了由"主动寻找选题"到"自主确定选题"的转变。**这一转变离不开"两味药引"：一味是"熟读研究领域的文献"，另一味是"扎实的理论基础"**。

如今，博士学业已经完成。两次转变意味着自己在科研道路上的成长，但这只是刚刚起步。**科学研究无关学位之事，博士阶段只是学了一门"手艺"（科研能力），它是事业之本，是看待人和事的视角，更是一种生活方式**。我将继续以沉稳的心境，坚持初心和高远的目标，在科学研究的道路上实现更大的成长。

2016 年 2 月 1 日

作者简介：杜楠（david549@163.com），中国大连高级经理学院讲师，2012—2015 年在东北财经大学工商管理学院读博士学位，专业为市场营销，师承夏春玉教授和张闯教授。

周南感言："读书与磨剑，旦夕但忘疲"（五代·南唐·李中：《勉同志》）。杜楠喜欢思考和提问，并乐此不疲。每次他向我提问，我都向他学到东西。一问一学，一学一问，形成小学问。学问无止境，不停学和问，终得大学问。

2-12 为人生积累一些厚度

杜 鹏

这不是一碗心灵鸡汤,而是我 10 年来学习、工作、生活的体悟。

营销红利＝知识＋关系圈＋流动。10 年前还在求学的我,拿着每月 220 元的补助,怀揣着从事理论研究的梦想,直到毕业时买房结婚的现实,彻底击碎了曾经的执念。我恍然大悟:如果还没有挣到养得起自己的面包,谈任何梦想都是对自己人生的不负责任!所以,**穷则变,变则通,通则久**!利用营销知识,我很快便在半年内挣到了房子的首付款,也在那一刻深深意识到知识的价值:营销可以产生红利(学术价值、社会价值、经济价值),关键在于让营销思想、营销知识在各个领域得以连接、流动。**智慧并不产生于学历,而是来自实践及对知识的不懈渴望。**

与其更好,不如不同!每个人出生的时候,都是原创;但不少人一不小心就把自己活成了盗版。其实从某种意义上来讲,营销就是解决竞争的问题,我们也需要运用营销理论实现自身的差异化!人生最重要的不是努力而是方向!与其在同一领域,用同一思路,付出更多努力(问题是比你牛 N 倍的人依然比你更努力),倒不如另辟蹊径,与众不同!而最好的方式就是**从三个方面持续升级自己的认知系统**(时间尺度——多读历史;空间尺度——多观世界;观念尺度——聆听高人)。

跨界融合,交叉授粉。这是一个摧毁你,却与你无关的时代;这是一个跨界打劫你,你却无力反击的时代;这是一个你醒来太慢,干脆就不用醒来的时代;这是一个不是对手比你强,而是你根本连对手是谁都不知道的时代。在这个跨界打劫、草根逆袭的时代,新事物不是"发明"出来的,而是在与旧事物杂交互动过程中"涌现"出来的!因此,我们的研究也好,思维也好,都需要打开脑洞,借鉴管理学、经济学、社会学、心理学、设计学等学科元素并将其纳入营销框架,碰撞融合,实现"**边缘性创新、交互式突破**";同时在师资、学生结构方面也需要注重背景学科的交叉和多元性。借助互联网思维、工具重塑科研、教学、工作、生活模式。

求知若饥，虚心若愚（Stay hungry, Stay foolish）！由于工作关系，我经常出差。在飞机头等舱的旅客往往是在看书，在公务舱的旅客往往是在看杂志或用笔记本电脑办公，在经济舱的旅客起飞之前看手机玩游戏，起飞之后看机上提供的报纸、电影或者聊天。一个人把时间花在什么地方，就会成为怎样的人。近两年近距离接触了几位成功的企业家、学者和一批校友（如加拿大西安大略大学商学院亚洲中心主任保罗·比米什教授等），忽然发现：**高效率的人习惯于将自己碎片化的时间价值化，而且具有强大的持续学习能力；低效率的人却经常把自己有价值的时间碎片化！**

当你和一个成功者面对面时，如果听他开口说话，就能看得出各种复杂、精密的境况和命运如何最终雕刻出这样的性格、思想、做法、长相，这才是理解。而有了这样的眼睛，你才算真正"看见"那个人。与成功人士的接触会更好地鞭策自己：做最好的自己，才能与最好的别人相遇！而学习是迅速提升自身的重要途径，也是投资回报率最高的行为！学习的五种方式：体验、试错、观察、阅读、思考！夜读是一种好习惯。**人的差别在于业余时间**，而一个人的命运取决于晚上8点到10点之间。每晚抽出两个小时来阅读、进修、思考或参加有意义的演讲、讨论，你会发现，你的人生正在发生改变，坚持数年之后，成功会向你招手……

今年我35岁了，人生的黄金10年正式开启，越发觉得时间的宝贵。努力到无能为力，拼搏到感动自己！一点一滴见证自己的努力，让时间看见！

2016年2月19日

作者简介：杜鹏（dupeng@znufe.edu.cn），中南财经政法大学工商管理学院副教授，2006—2009年在中南财经政法大学读博士学位，专业为市场营销，师承万后芬教授。

周南感言："孔子圣人，其学必始于勤书"（宋·苏轼：《李氏山房藏书记》）。杜鹏充满朝气，有很多感悟，文中许多话都很有哲理。我特别欣赏他说的每晚抽出2个小时学习的建议。坚持不懈，定能为人生积累一些厚度。四十不惑。

2-13 蓦然回首,灯火阑珊

冯小亮

小时候的"人生理想"似乎未曾将"老师"列入其中,2007年本科毕业时也未曾计划要读博,在2009年读博后才逐步定下了"教师"这一职业规划。经常会有一种恍惚感,似乎很多事情的发生都是偶然的,却又好像有着必然性。庆幸这些偶然和必然,让我拥有目前的工作和生活状态。谈心得为时尚早,我仍然只是一名徘徊在研究殿堂边缘努力想登门者。因此,对学习和研究过程的总结,是为了更好地鞭策自己。如果未曾读博,人生可能将是另一种演绎。**每位完成博士阶段学习的人都会有对读博价值的理解,对我而言则在于收获了"良师、益友和使命"。**

第一,良师。导师首先给了我博士学习的机会,与本科、硕士的不同之处在于,进入博士班的"门槛"是导师定的。因此,博士毕业论文后记中的固定版块就是先谢"恩师",不过这只是外在的文字记录,而恩情值得一辈子铭记。恩师黄敏学教授在2009年提供了宝贵的学习机会,让我进入了另外一片天空,收获了爱情和事业。所以,**导师是每一个博士人生当中的"贵人",心存感恩既是我们的应有之情,也是真有之情。**读博之前,我的研究基础可以用空白来形容,理论变量、模型和实证方法均一窍不通。观察和模仿是我学习做研究的开始,观察黄老师如何理解和评价他人的研究问题,思考他为什么要这样评价,让我慢慢开始对研究有了模糊的认识。黄老师主张"干中学",强调研究要动手,因此一年级开始就跟黄老师和谢亭亭师妹一起做有关"矛盾态度"的研究。我们是国内较早关注此问题者,当时国外的研究也不多,它在社会心理学中的研究比较成熟,但消费者的矛盾态度有其特殊性。第一学期我完成了消费者矛盾态度的文献综述,在参考了很多文献综述模板以及阅读了五十多篇英文文献的基础上在C类期刊上发表了第一篇论文,之后矛盾态度专题的研究成果在《心理学报》《南开管理评论》上相继发表。黄老师一直以平台型模式与学生开展合作研究,每周举办定期的讨论会,每个人都可以做不同的、有价值的研究。**读书阶段导师**

强调的一些问题和观点，当时也许不能理解，工作后才能体会其价值。以结果为导向的研究方式，使我在博士一年级有了快速转变，而近几年工作后在研究上反而有所懈怠，进步较慢。黄老师团队的研究成果发表在 JM、《营销研究学报》（*Journal of Marketing Research*，JMR）、《欧洲营销学报》（*European Journal of Marketing*，EJM）、JBR 等国际顶尖期刊上，这对每个学生都是鼓舞。

第二，**益友**。博士学习生活通常是单调的，但对 2009 级武汉大学市场营销专业的博士生而言却是另外一种景象，我们不仅是三年的同学，更是一辈子的朋友。由于那时院里还没有给博士生提供专门的办公室，因此，我们都挤在系办公室里学习，不过似乎只有市场营销专业的博士生喜欢窝在系办，这也成了一道风景。博士一年级时大家一起上课、读文献，相互交流对文献的理解，上完课后就聚餐喝酒，其乐无穷，革命友谊也日渐深厚。毕业之后大家仍保持着频繁的联系和沟通，相互鼓励、敦促。同群效应（Peer Effect）在 2009 级博士生群体中表现得非常显著，同学们的成果出现在了 JM、EJM、JBR、《管理世界》等国内外顶尖期刊上，**对比和传染效应督促着群体成员继续努力。要想走得快，一个人走；要想走得远，一群人一起走。**

第三，**使命**。博士二年级时曾一度质疑研究价值，那段时间是彷徨期。幸运的是赶上了好时机，武汉大学营销专业对外交流频繁，许多知名学者过来讲学交流。我发现这些学者的共同特征就是享受研究，强调理论价值与贡献，我也慢慢明白了**好研究的价值在于推动理论和实践的发展，学者的使命在于从自己的研究视角去解释和预测实践**。只有明白自己的使命，才会有持续的动力去做好事情。从事教学和研究工作是一件单纯而幸福的事，继承和发扬自己从导师与同学们那里学到的为人处世原则，就是一种社会学习。将学习到的优良传统发扬光大，做一名简单快乐的学者！

2016 年 2 月 2 日

作者简介：冯小亮（whufengxiaoliang@126.com），中南财经政法大学工商管理学院讲师，2009—2012 年在武汉大学经济与管理学院读博士学位，专业为市场营销管理，师承黄敏学教授。

周南感言：宋朝教育家程颢说过："读书要玩味。"小亮的归纳很到位：读博收获了"良师、益友和使命"。交良师、益友都是"识人"，明白使命是"识己"。有了使命感，就可以"将学习到的优良传统发扬光大，做一名简单快乐的学者！"小亮，让我们大家继续"一起走"！

2-14 就算有好老师，自己还需坚持不懈

高华超

周南老师让我写一下在美国读博的经历，感激与兴奋之余，颇有些忐忑不安。一来自己不算成功，不敢在大家面前夸夸其谈；二来也怕写得不好，过于主观，耽误正在和即将读博的有志青年。所以，下面所写的，仅供参考：

第一，心态。从南京大学毕业后，我前往美国得克萨斯大学圣安东尼奥分校读博士时，不过25岁。所以，难免眼高手低。现在回顾起来，读博所需要的心态，就是耐心和坚持。从上课到资格考试，再到发表论文和毕业，无不涉及烦琐的工作和不可预料的困难，能保持良好的心态，会少一些挫败感，多几分惬意。读博期间，我的导师张银龙教授跟我明确的第一件事就是要摆正心态，**不怕被拒，坚持不懈**。因此，即便投出去的文章被直接拒了五次、修改后被拒了两次，我现在依然持续尝试在领域内的顶级期刊上发文章。

第二，语言。英语是很多中国学生不容易跨过的一道坎，起码对当初的我而言是这样的。初到美国时，上课听不懂，跟老师同学聊天讨论时困难重重，发现中国式英语确实行不通。经张老师介绍，我参加了学校的"会议主持人"（Toastmaster）演讲俱乐部，英语才有了初步的改观。之后，强迫自己不断地听美国国家公共广播（National Public Radio，NPR），缠着美国的朋友陪自己练习口语，后来终于得心应手了。中国学生读博千万不可自我封闭、感觉良好，**在这个研究标准由欧美设定、顶级期刊全部是英文的时代，提高英语水平是我们一生的任务**。

第三，研究方向。每次回国或去其他学校访问，被师弟师妹问起最多的就是如何确立研究兴趣和方向。这个问题着实是最难的。我很早就对跨文化消费者研究感兴趣，读博时，又遇到了一位好导师，他是这方面的专家。所以，水到渠成，集中做了权力距离和全球化方面的研究。但总体而言，兴趣的"确立"往往是"千里之行，始

于足下"。因此，**刚开始的时候不用太执着，选一个自己有兴趣的点开始做。在过程中就会慢慢发现可以由点及面、举一反三，方向也就顺其自然地确立了。**

第四，研究项目。据我所知，大多数博士生往往纠结于以下两个选择：是集中做一两个项目，然后把这些项目都做精做好；还是同时做大量的项目，然后期望其中有一两个可以出好的成果。我个人倾向于前者，原因很简单：一个项目要做到顶级期刊的水平，需要大量的时间和精力。因此，在有限的资源下、在博士学习的四五年时间里，也只能做出几篇像样的研究成果来。我博士五年，只做了三个项目，但已经觉得非常吃力了。不过所花的精力毕竟没有白费，现在有一篇被 JCR 录用了，一篇在 JM 进入第三轮评审，另一篇则在收尾阶段，准备之后投出去。**尽管做的项目少，但项目之间要形成一个连续的整体。**

我要感谢我的导师张银龙教授。这五年来，**张老师对我不离不弃、关怀备至。**就像我常和师弟师妹们说的"信 Allen（张老师的英文名），定发 A"。有这样一位好老师的指导，再加上自己的努力与坚持不懈，读博士真的可以变成一个很幸福快乐的过程！

2016 年 2 月 19 日

作者简介：高华超（tigao0426@gmail.com），加拿大维多利亚大学彼得·古斯塔弗森商学院助理教授，2011—2016 年在美国得克萨斯大学圣安东尼奥分校读博士学位，专业为市场营销，师承张银龙教授。

周南感言：黑眼睛，黑头发，黄皮肤，永永远远是龙的传人。由于对中国文化的共同兴趣，我和华超虽仅有一面之交，但相谈甚欢。他在读博期间已有一篇研究中国文化的论文被美国的 JCR 录用。好样的！他的根在中国，相信他会继续这方面的研究，并有所建树。

请参阅：Gao, Huachao, Karen Page Winterich, and Yinlong Zhang (forthcoming), "All That Glitters is Not Gold: How Superior Salience Influences the Effect of Power Distance Belief on Status Consumption", *Journal of Consumer Research*.

2-15 研究问题与研究品位

龚诗阳

回顾博士阶段的学习，研究问题的选择时常困扰着我。第一学年上完基础课程之后，我就一直在思考研究问题和研究方向。整个摸索的过程并不顺利，从最初思考一篇小论文的选题，到形成博士论文的选题，再到之后逐步摸索出自己的研究思路和风格，前后几乎跨越了整个博士阶段。

最初，我的研究思路比较机械化。我把在国际刊物上读到的一些概念和变量进行交叉排列与组合，然后从中寻找一些还没有被已有研究涉及的影响关系。渐渐地我发现这种方法并不一定可行，因为通过这样的方式得出来的结论通常缺乏可靠的理论基础和清晰的实践价值。

在随后的摸索过程中，我逐渐形成了从生活中的实践和兴趣来思考研究问题的习惯。在这个过程中，两位导师的指导给了我很大的启发和帮助。在我思考第一篇论文的选题时，赵平教授让我"**从近期的新闻和生活中找到 10 个感兴趣的研究问题，然后逐一排除，并找出最有研究价值的问题**"。这让我第一次将研究文献暂时放在一旁，而是直接面对生活中所接触到的营销和管理实践来思考研究问题，对我开拓研究思路产生了极大的触动。

随后，在接受张娟娟教授指导的过程中，会经常收到她给我转发的一些最近的新闻、社论和工作论文，并时常问我一些诸如"你觉得波士顿爆炸案对当地的房价、Netflix 的影片播放或者其他线上线下消费有什么影响"之类的问题来启发我思考。此外，她还要求我"**将日常生活中想到的研究思路用简单的语言记录在笔记本上，深入思考并不断完善，在时间充裕时从笔记本中找出最有价值的问题开始研究……**"。种种细节，不断强化了我从生活中的实践和兴趣出发来思考及进行学术研究的习惯。

所以，对研究问题的选择，我的感悟是，**好的学术研究问题可以体现出研究者的**

品位，研究的品位则形成于生活中长期坚持对各种有趣问题的观察、思考和凝练。

2016 年 2 月 5 日

作者简介：龚诗阳（gongshiyang@uibe.edu.cn），对外经济贸易大学国际商学院讲师，2009—2015 年在清华大学经济与管理学院读博士学位，专业为市场营销，师承赵平教授和张娟娟教授。

周南感言："少而好学，如日出之阳"（汉·刘向：《说苑·建本》）。用心观察，高于生活，学术研究因此有可靠的基础和清晰的价值。在赵老师和娟娟的影响下，诗阳研究的基础和实践价值因而提高了。如诗歌，如朝阳，他的研究之路将越走越明亮。

2-16 师恩难忘

郭 锐

谈起研究之路,要感谢一路以来恩师们的提点、同门的鼓励和同仁的支持。我走上科研之路,纯属偶然。本科时读的是工科,对人文社科一窍不通,更不会写学术论文。但自从**有幸进入汪涛老师门下,恩师的帮助让我对人文社科的研究兴趣越来越浓厚**。记得第一次写人文社科学术论文时完全摸不着头脑,并且觉得人文社科的一些研究套路和验证方式与理工科有很大的差异,比如理工科的研究是"1+1=2",而管理学当中这一等式却有多种可能性。那时上课印象最深的一句话就是管理是科学也是艺术。汪涛老师的循循善诱,尤其是每周定期的学术汇报,把我以前的理工科思维慢慢转换成人文社科的思路。我那时就像块海绵,积极吸收任何有用的学术知识。经过几年的学习和磨炼,对科研也有了新的认识。科研需要人静心定,真如修行一样,摒除杂念才能写出好文章。以前这句话好像是禅语,但后来越来越觉得有道理。

去香港城市大学当研究助理的那段日子,也增加了我对科研的认知。感触特别深的是周南老师和其他老师对科研的热情与执着。**香港城市大学商学院市场营销学系的老师常比学生早到办公室晚回家,而且对于学术好像有永无止境的热忱。**那时作为学生,我们都被这些老师的态度触动,每天不坚持到办公室真是觉得浪费光阴、无颜以对。

现在的我,虽然并无显著的成绩,但对科研的热情却与日俱增。博士刚刚毕业时,心里面就想着从事科研的目的是尽早拿到课题、发表论文后评上职称,功利心很明显。现在,虽谈不上淡泊名利,但一想到科研就感觉特别亲切和自在。原来看文献、写文章是迫于压力,现在如果不看不写真是刷不出自我存在感,因为不知不觉间科研已与自己融为一体了。

**没有老师们,科研对于我来说,无非仅仅是生存之道,无法让我们热爱和为之执着地奉献一生。同门相聚，可以说是所有聚会中最亲、最贴心的，因为是最亲的人相聚在一起。无论我们以后科研做得如何、身居何职，我们都觉得作为恩师们的学生是最舒服的角色，犹如身处另外一个温暖的家。师恩难忘，难忘师恩！

2016 年 1 月 26 日

作者简介：郭锐（grltcug@163.com），中国地质大学（武汉）经济管理学院副教授，2005—2009 年在武汉大学经济与管理学院读博士学位，专业为市场营销，师承汪涛教授和周南教授。

周南感言：我到中国地质大学（武汉）访问，领导们都说郭锐为人友善，教研皆佳。我知道他是向汪老师学的。师恩若水，居善地，心善渊，与善仁，像清澈的泉水，滋润着学生的心田；师恩亦若火，像温暖的太阳，燃烧自己，照亮别人。所以郭锐说，师门聚会"最亲、最贴心"。

2-17 研究是为了免于欺骗的人生

韩 巍

30 岁之前，我热衷于管理实践；30 岁之后，开始在管理学术中找到乐趣。 我早就认为管理知识不该向（自然）科学靠拢，也非常认同赖特·米尔斯的说法，"与'社会科学'相比，我更喜欢'社会研究'这个术语（《社会学的想象力》，第 23 页）"。我天然地排斥哈耶克所批评的科学主义（Scientism），对管理世界中"寻求真相"（To Seek the Truth）的诉求表示怀疑。直到今天，尽管我能接受批判现实主义（Critical Realism）的主张，试图在人类特定的"历史文化—社会化过程—情境"复杂性中挖掘深层次的机制，但内心更向往管理研究能够对美好的人类组织、社会生活有所"启发"。

多年来，不少中国学者在研究中国人原本鲜活、独特的组织、社会问题时，总习惯于从西方的"前沿"出发，从英语世界的文献"缺口"入手修修补补；总习惯于用抽象的"概念"来思考和表达，却很难把概念的内涵与概念间的关联还原为我们所熟悉的"经验事实"。而一旦进行这种尝试，又不时会升起一种莫名的失落感。面对一些大名鼎鼎的"专家"，如果你有勇气忽略他们关于如何发表高水平论文的精彩心得，而倾听其对现实生活的独特看法，会倏然产生一种从"庙堂"跌落到"街头"的挫败感。**管理学者就生活在一个被专业术语主宰的世界中，只剩下在抽象符号里徘徊、呓语吗？**

我们活在当下，但学问是做给历史的。记得周南老师很喜欢我的这个说法。今天，作为一名中国的管理学者，除了"要适应"现行的评价标准，或许还有几件事更接近对生命意义的诠释：

尽量做有诚意的研究，不是跟谁较劲，而是源于"自我意识（存在感）"；不是什么追求真知，而是为了免于欺骗。

尽量建构一种平衡的知识谱系，它涉及"科学哲学—理论—研究对象—匹配的研究方法—理论与实践的关系，以及必要的反思（Reflexive Thinking）"。学者们都该清楚，无论这个共同体现在如何人多势众，如果缺乏审视和批判，学术尊严就难以保障。况且，这种知识结构还会帮助我们形成对问题重要性的独特感受，也会抑制我们粗糙表达的冲动。

尽量接近经验世界（What's going on here or there），要直面现实，努力成为一个管理现象中的知情者、明白人。至少先从自己的生活出发，从自己最熟悉的组织实践出发。倘若我们的专业知识无助于改变管理学院、大学的种种难堪，又如何贡献于其他组织乃至整个社会的持续进步呢？

尽量理解中国问题的独特性，选择适切的分析单位和研究方法。中国组织管理中的很多问题，涉及"个体—群体—嵌入性"的复杂系统，未必是最流行的方法可以胜任的。我们需要扩展视野，学会包容，敢于尝试一些更有"解释力"的研究途径。

尽量避免滥用既有的理论视角剪裁现实以自娱。这种游戏做起来容易，但除了发表，还要想想能否经得起时间的检验。

尽量提出一些对理解、改变现状有启发的洞见。中国组织管理实践中的问题太多了，值得研究的问题也太多了。以领导力研究为例，少一些追赶时髦观点的X型领导者研究，深入思考一下领导者背后的"权力意志"吧。

最后，我想说，不是为了熙熙攘攘"该为"的事情，而是为了自己"想为"的事情。先要对管理学知识有一些基本的鉴别力，这跟"面子—尊严"有关；再弄明白几条人类合作的基本道理，这跟"能力—智慧"有关。总之，不那么情愿忍受一种"自欺欺人"的生活！好的管理研究应该是，"精彩的问题—逼真的场景—条理的分析—深刻的诠释"。这是我对研究的理解。

2016 年 1 月 15 日

作者简介：韩巍（hanwei69@szu.edu.cn），深圳大学管理学院副教授，1997—2001 年在西安交通大学管理学院读博士学位，专业为管理科学与工程，师承席酉民教授。

周南感言："力学而得之，必充广而行之。不然者，局局其守耳"（宋·程颢、程颐：《河南程氏粹言·论学篇》）。韩巍人才难得。他思想深刻，敢于直言，在心里"向往管理研究能够对美好的人类组织、社会生活有所'启发'"，做"自己'想为'的事情"。我们需要更多像韩巍一样用"心"做学问的学者。

2-18 教育之本，以人为本

何雁群

写下这个文章的标题时，自己都觉得有点大。这么大的一个题目，只有千余字的篇幅，应该从哪里开始落笔呢？或者就从我自己的经历说起吧，因为十几年前读博士期间发生的一件小事，不但让我切身感受到了以人为本的教育之力量，而且还潜移默化地影响了我今天作为大学教师的一言一行。

大概是博士生二年级的时候，有一次读论文时突然有了个想法，想跟导师陈乃九教授讨论，这要搁在以前本不是什么难事，打个电话或者直接去敲陈老师办公室的门就可以了。但恰巧那会儿陈老师刚受聘担任商学院院长，不但办公室离得比以前远了，而且每次电话都会自动地被他的秘书先接听。不出所料，秘书非常尽责地婉拒了我的见面请求，理由是院长整个下午的日程都安排满了。当时我也能够理解，毕竟是院长，行政工作那么多，再加上我的会面要求本来就有点突兀，不被接待也在情理之中。后来，在一次日常的见面讨论会上，不经意提到了那个曾经一闪而过的研究想法和秘书的答复，没想到陈老师当时就带着我，去了跟他的办公室只有一墙之隔的秘书那里，非常认真地跟秘书交代："Student First"，以后只要学生要求见面，无论如何都要知会他并尽量安排。看着秘书一脸的委屈和无辜，一时间我居然不知道如何是好……多年以后，当时的一幕以及那句铿锵有力的"Student First"时常萦绕在脑海里，并成为我现在工作的座右铭。

"Student First"这句话翻译过来大概就是我们常说的"以学生为本"或"学生第一"，算不上是什么崭新的教育理念，但在今天却显得那么朴素而珍贵。老话说"十年树木，百年树人"，教育从来都不是一件立竿见影的事。同样，与一些可以用数字来量化的指标相比，"以学生为本"的教育理念和工作准则，也不大可能在短期内对个体或机构带来实质性的好处，但在我看来它却是一所大学乃至一个社会的长远立足之本。之所以有这样的感触，源自平时工作中发生的另一件小事。

每个学期课程结束的时候，我都会请学生聊聊他们对课程学习的体会和感受（当然是匿名的），其中一个学生的反馈让我感到很意外。他说当第一次小组作业后，收到我发给针对每个小组的作业的详细点评时，感到非常"意外"。因为在他以前的课程经验中，作业批改和点评几乎都是由助教完成的，很少有直接来自授课教师本人的书面反馈。当然，我相信每个老师都有其独特的课程反馈机制，并非只有通过亲自批注学生作业这一种形式。只不过这件事情让我意识到，**当学生能以不同的方式，感知到他的确是在一个"以学生为本"的环境下学习时，他的学习兴趣和主观能动性都可能受到很大的激励**。

万事知易行难，坚持以学生为本的教育理念也不例外，但我深信这终将是一个能带来丰厚回馈的坚守。青年人是未来社会的主人，今天他们在学校里感受到什么是以人为本，将来才有可能践行。唯有这样，建设一个以人为本的社会才不至于成为一句空洞的口号。

2016 年 2 月 28 日

作者简介：何雁群（yanqun_he@fudan.edu.cn），复旦大学管理学院副教授，2000—2004 年在香港城市大学商学院读博士学位，专业为管理科学，师承陈乃九教授。

周南感言：子曰："礼者，敬而已矣。……敬一人，而千万人悦。"我曾和陈老师共事多年。文如其人。教书育人，教书是表，育人是里，言传身教。陈老师早已从香港城市大学退休，雁群继承了老师的精神，以自己的方式践行。每个老师都这样的话，以人为本的教育才不至于成为一句空口号。

2-19 做有价值的管理学研究

贺和平

人，总是"要"做一些事。这些事，或许是角色责任要求，或许是内心热忱驱使。对大学教师而言，"要"做研究。做研究，是本分。这是因为，创造知识、教书育人和社会服务，是普遍认同的大学的基本职能，而这些职能的实现，很大程度上取决于教师，取决于教师的"研究"。

"要"做什么样的研究呢？我的回答是，有价值的研究。"价值"，一般来说，是指客体对于主体的有用性。**研究有价值，意味着对研究者有用，对公众和社会有用**。

发表出来的研究成果，在当下"不发表，便出局"的学术生态中，对研究者的意义，毋庸多言，自是安身立命的本钱。但作为研究者，展开研究，发表成果，除了获得功利价值（职称、收入等）和社会价值（地位、声誉等）之外，**也应该有精神价值追求**。正所谓"著书不为稻粱谋"。此外，还需提及的是，面对着管理"理论"和"实践"之间的"鸿沟"，面临着对商学院"合法性"的质疑，作为管理研究者，更需要直面与反思，做对公众与社会有价值的研究。

有价值的研究应具备什么特征？每个人都会有自己的答案。我想，**有价值的研究应该真诚，应该有所不同，应该负责任**。

研究常常是从困惑开始的。有价值的管理学研究，更多的是从真实的商业和组织现象开始——我无意否认"理论驱动"的研究，但与之相比，我更喜欢"现象驱动"的研究。做研究，不是为了发表，不是为了奖金，不是为了声誉，而是为了获得真知。做真诚的研究，意味着一个"纯粹"的研究者从好奇心开始，去探索和洞察未知的世界。真诚的研究，常常既重视研究成果，又注重研究过程——"过程做得好，结果自然好"。

有价值的研究也应该有所"不同"。我没有使用"创新"这个词。"创新"在学术和业务领域被广泛使用，以致其含义正变得模糊与暧昧不清。在学术世界中，学者们创造了大量时髦的术语——这可以理解为学者们的新产品。正如商业世界中的新产品一样，一些为"创新而创新"的概念或术语，在思想市场中很快被淹没。我充分理解研究中"创新"的压力，这里只是想强调，在进行研究时，研究者需要反复思考，与现有研究相比，自己正在做的研究究竟有什么不同，自己的研究可能真正作出什么贡献。

有价值的研究还应该是"负责任"的研究。 周南老师曾做过一个讲座，叫"文章千古事"，内容就与做"负责任"的研究有关。我和自己指导的研究生讨论，做研究，写文章，要认真负责。写论文，不是为了发表，也不仅仅是为了获得学位。一项研究，一篇论文，一定有它的局限性，但有价值的研究，一定是"负责任"的研究。这既意味着研究者对研究本身"负责任"的态度和行为，也意味着研究对公众和社会的责任与担当。

2016年2月7日

作者简介： 贺和平（jeremyhe@szu.edu.cn），深圳大学管理学院副教授，2000—2005年在中山大学管理学院硕博连读，专业为市场营销，师承卢泰宏教授。

周南感言： "书肇于自然，自然既立，阴阳生焉；阴阳既生，形势出矣"（汉·蔡邕：《书法九势》）。和平说得好，有价值的管理学研究，一定是负责任的研究，对研究本身负责任，对公众与社会有担当；这样的研究，许多是从真实的商业和组织现象开始的；因此，他更喜欢"现象驱动"的研究。相对于"理论驱动"研究的价值，"现象驱动"的研究难做得多。一种常见的做法是运用一个或多个案例（包括其中的实证数据）创建理论。已经有很多成功的例子。目前，商学院博士生接受的多是"理论驱动"的研究训练。和平说的"现象驱动"的研究值得提倡。脚踏实地，驱动世界。

2-20　想有好结果，首先要努力

贺远琼

光阴荏苒，博士毕业已经10年了。清晰地记得10年前农历的今天（除夕前一天，2006年1月27日），我刚刚完成博士论文的初稿，准备收拾行囊回家，实验室里除了寥寥几个博士生，其他同学都已经回家欢度春节了。如今再回想当时的情形，除了博士论文本身外，其他痛苦、艰难的感觉并不深刻，**所有事情的发展似乎都是水到渠成**，但这水到渠成更多地来自平时不懈的积累和老师的悉心指导。

2003年9月1日博士入学第一天，我就收到"晴天霹雳"似的通知，管理学院博士生必须发表1篇英文期刊论文才能毕业（以往的要求仅为1篇国内权威期刊论文＋2篇国内核心期刊论文即可）。记得当年大家的抵触情绪很高，还集体"约谈"院领导，但结果可想而知。

那时我曾想，随便找一个容易的英文期刊发表论文先毕业再说吧。在这样做的过程中，我感到既困难又痛苦，因为即使相对较容易的英文期刊还是得遵循规范的研究范式，我是为了发论文而写论文，根本不是在做研究。经过和导师田志龙教授多次沟通，我决定放弃这个很"低端"的做法，在他的鼓励下，开始真正努力尝试在圈内主流期刊上发表英文论文。在此期间，为了帮助博士生们掌握科学的实证研究范式，田老师邀请到香港大学商学院市场营销学系的谢贵枝教授来学校作学术报告，由此开启了我们对营销领域实证研究方法的了解与学习。最终的结果是我顺利地在英文期刊上发表了一篇论文而毕业，并留校任教。这么些年过去，坦率地说，第一篇英文期刊论文的档次并不高，我甚至对论文研究的内容已然模糊，但是在发表论文的过程中，我真正体会到，**目标和态度决定了事情的发展方向与执行质量**。

博士阶段体会最深的第二件事情是参加2005年JMS博士生优秀论文竞赛，并获得三等奖，这是我获得的第一个学术奖励，让我感到异常兴奋。到今天为止，我还清晰地记得，那篇论文是基于三家案例企业（海尔、新希望、中国宝洁）的二手数据探讨中国企业的政治策略及其实施。在这个研究中，我花了六个月的时间浏览并收集了近两千条企业新闻，而后又花了三个月的时间根据理论框架对其进行内容分析（包括数据编码、数据分析等）。相较于我们现在常用的问卷调查和实验方法，内容分析法成本较低、可控性较高，对博士生而言，无疑是研究初期较好的实证研究方法。在参会期间，我结识了周南老师。虽然是初次见面，但他对我这个小博士生非常热情，不仅提出了详细的论文修改建议，还鼓励我向英文期刊投稿。经过一番努力，我把论文改写成英文先投稿到 AOM 会议，改进后再投给《组织管理研究》（*Management and Organization Review*，MOR）。当第一次收到审稿人长达五页的评审意见时，我完全不知所措。庆幸的是，得知我的窘境后，周老师将自己过去给审稿人的回复文档发给我参考。参照周老师的格式，我战战兢兢地作出了修改回复。另外，我还要特别感谢 MOR 当时的主编徐淑英老师。审稿人对研究提出的最大质疑是理论贡献是什么，徐老师建议我们从资源依赖理论视角入手，还从美国专门给我们邮寄了一本关于资源依赖理论的书。我和田老师根据审稿人及徐老师的建议努力改进论文，经过前后六轮大大小小的修改，文章最终在 2008 年第 3 期的 MOR 上顺利刊出。收到录用通知时，我并没有想象中的那么兴奋，反而是**修改论文的过程让我记忆深刻**，终身受用。

这篇论文撰写、投稿、录用的过程经历了四年多的时间，我深刻体会到，想要有好结果，首先要努力。作为**一个博士生，力量实在薄弱，应善于"利用"身边老师的资源，主动与老师沟通，向他们请教，多多参加学术会议并积极宣讲自己的研究论文**。此外，论文写作要"接地气"。如果只是按照西方"八股文"的模式，看文献，找缺口，分析数据，写文章，即使这样的文章能够发表，实际上也"不接地气"，很难解决实际问题。"世事洞明皆学问，人情练达即文章。"**学问之道，不仅在于读书学知识，更在于理解世理；有了对世理的理解，才能写出好文章**。

2016 年 2 月 6 日

作者简介：贺远琼（heyuanqiong@mail.hust.edu.cn），华中科技大学管理学院副教授，2003—2006 年在华中科技大学管理学院读博士学位，专业为工商管理，师承田志龙教授。

周南感言：孔子说学习要"不耻下问"。我以为"不耻上问"一样重要。远琼刻苦、用功，这应该是她成功的重要原因。她说，作为博士生，"力量实在薄弱"，应善用旁边的资源——身边的和"上边"的师友。她不光"学"文中提到的资源依赖理论，还付诸于"习"。学以致用，活学活用，她一定会更成功！

2-21 未经省察的人生不值得度过

胡国栋

博士毕业之后,在东北财经大学任教三年多以来,我致力于管理哲学和管理思想史的研究。论文主要发表在《哲学研究》《中国工业经济》《马克思主义研究》《伦理学研究》等哲学、经济学类刊物上。

在从事跨学科的管理研究过程中,我对科研的意义及管理学的认识与学生时代有所不同。首先,我不认为科研是一个痛苦的过程。自己的论文虽然也有反复修改达 20 遍以上的经历,但每次修改都有思想上的升华。**科研应该是一件由兴趣和好奇心驱使的快乐之事,是对自己在某个领域思想积累的旅程,是以思想证明自己为"我"而非"他"的一个自我实现的过程,而非为在某权威期刊上发表论文而刻意为之的一种功利性的过程**。也许纯粹技术性的打磨过程难有惬意可言,甚至令人痛苦,但我相信以一颗"匠心"将论文反复磨砺之后,收获的喜悦不仅仅是论文得以发表。

其次,我对管理学的认识不限于科学主义范畴之内,而将之视为一种以应用为导向的跨学科的综合性知识系统。管理研究不应抱有学科藩篱,任何有益于管理实践改造和使人能够通过管理获得一种"向上的力量"的知识,均可用于批判和建构管理的理论。**中国的管理研究更应根植于本民族的文化脉络和学术传统之上**,若离开对中国思想史的体悟、缺乏对中国社会的真切认知或脱离对中国企业管理实践的观察,即便在《美国管理学会学报》(*Academy of Management Journal*,AMJ)上发表了一篇科学论文,那么它的价值也仅仅存在于那种有限的科学性方面,而可能远离管理实践,亦远离管理主体的精神世界。其实,管理尚存更多的文化艺术属性,需要根植于本民族厚重的历史传统和思想典籍之中,也需要直面中国企业管理实践。**学术研究当有"根"**。这种根性的挖掘仅仅靠科学的方法训练和权威论文的发表远远不够,更需要扎根于本土历史典籍、学术传统和中国企业的管理实践,让管理研究"顶天立地"。

周南老师曾告诫我：学术研究当"不离主流，不随大流"。考虑到我所指导的硕士生要顺利毕业及其学术前程，我近年来也鼓励他们从事实证研究。但是，苏格拉底说过，"未经省察的人生不值得度过"。一个人有生之年所做的事十分有限，不可能穷尽所有的"想为"和"应为"的事业。我是个有唯美和浪漫情怀的人，对我来讲，学习和运用计量方法去研究各种实证模型，是在心性上的一种折磨，也未必能最大限度地发挥我在管理研究中的特质。**在我的研究中，更多的是研读经典名著，通过缓慢而厚重的积累过程逐渐健全思想体系和提高学术敏感性，等等，没有太多技巧和辛苦可言。**

时间或许能证明，我今日的坚持，若干年后对中国管理研究可能会有一点点意义。更为重要的是，自己在读大学二年级的时候，喜欢拜读王国维、胡适、梁启超及冯友兰先生的文章，当时往往有种震撼和感动。这股力量影响我此后十数年做人和做学问的方向，至今依然如此。**对于我的学术研究工作来说，别人的认可与否，和自己内心的愉悦与自由相比，并没有那么重要。**选择在高校从事科研教学工作，当初就是为了获得"探索知识和与学生分享思想"的自由和快乐。如果把科研做得痛苦不堪且不问其意义所在，那么12年前"以学术为志业"的人生选择便是个错误。

对于管理的属性、管理与人类的长远福祉、中国古代管理思想的深度挖掘以及中国管理研究的理论体系、学科话语等元理论的研究永远不会过时。在管理学的学者圈子内，不会缺乏在《管理世界》上发表文章的人，但可能缺乏以管理学者的立场在哲学类期刊上刊发跨学科批判性文章的人。更关键的是，在从事此类研究的过程中，我能够很"任性"、很认真、很快乐。"我思故我在"，**哲学的思维就是批判，管理研究需要哲学**，人生亦复如是。心安即好，心静即乐。

2015年1月14日

作者简介：胡国栋（hgdong2010@126.com），东北财经大学工商管理学院讲师，2009—2012年在东北财经大学工商管理学院读博士学位，专业为企业管理，师承高良谋教授。

周南感言：仁者乐山，智者乐水。管理研究应当鼓励多元范式，百家争鸣，百花齐放。国栋勇敢地走在一条"以思想证明自己为'我'而非'他'"的自我实现之路上。我认可他的价值，支持他的追求。人生有限，心安即好，心静即乐。

2-22 师恩浩荡,笔拙纸穷

胡琴芳

已经毕业半年,可心却总是还在武汉大学,还在张广玲老师身边。

清楚地记得 2012 年 3 月与张老师第一次见面时的情景。那天正值下班高峰期,眼看着武汉大学近在咫尺,可硬是堵了一个小时,张老师便在办公室等了我一个小时。见面后,发现张老师热情而不失温婉、大方而不失细腻,让我雨润心田。当时想,若是此生能够有幸做张老师的学生,付出再多的努力都愿意。

果然,天遂人意。正是张老师的知遇之恩,使我在工作五年之后又重新获得了求学的机会。于老师而言,这也许是再平常不过的一件事;可于我而言,却是上天赐予的一份厚礼,因为这意味着从此以后我可以开始为崭新的生活而努力了。因此,**在武汉大学三年的时光里,我始终保持着一颗感激、珍惜与喜乐之心贪婪地吸收学术养分。**

不过,虽然做好了"静守淡泊流年,不理繁华万千"的心理准备,**但读博之路比自己想象中的还要艰难。**作为班上年纪最大的脱产博士生,我的资质与能力不如其他受过系统科研训练的同学,全然不懂如何挖掘研究想法,也不知实证研究方法为何物。对此,张老师却从未给过我一丝一毫的压力,而是极尽鼓励与支持,尽心点拨,倾囊相授,耐心地陪着我一起慢慢成长。

尤其让人感动的是,张老师本是一个极不愿麻烦他人的人,可为了快速、全面提高我的科研能力,除了尽其所能之外,还想方设法为我搭桥铺路。

2013 年 4 月,为了获取关于连带责任治理的第一手数据,张老师设法联系上远在福建的朋友,为我的安溪市场调研之行提供人力、物力和财力支持,使得企业访谈与调研任务圆满完成。

2013 年 12 月至 2014 年 6 月,张老师远在美国伊利诺伊大学做访问学者。即使时差颠倒，她依然会在每个周五的深夜，通过 QQ 视频监督本师门的讨论会是否按期保质地进行，并时时跟踪我每篇文章的修改进展。

如此种种，不一而足。

常言道，**天道酬勤，地道酬善，人道酬诚**。正是在张老师的全身心付出与引领下，在科研人生里，我才得以从一个呱呱坠地的婴儿逐渐成长为咿呀学语、蹒跚学步的儿童，并慢慢步入学术殿堂，领略科研之魅力。

2014 年 7 月，第一篇关于连带责任治理的论文极其顺利地在《管理科学》上发表；2015 年 2 月，关于小团体治理的综述在《学习与实践》上发表；2015 年 9 月，JMS 亦刊发了我们关于渠道关系治理方面的论文；2015 年 10 月，期待了三年之久的喜讯终于传来，关于连带责任治理的英文论文被《商业与工业营销杂志》(*Journal of Business & Industrial Marketing*，JBIM) 接受，并将于 2016 年第 7 期刊出；2015 年 12 月，关于连带责任治理的新观点亦在历时两年、七次修改之后，终于获得《南开管理评论》的认可，并将于 2016 年第 1 期发表……相较于师兄师姐们的丰硕成果，这些都不足挂齿，可我却愿一一列出。因为，这是**我在科研之路上蹒跚前行时踩下的每一个脚印，不论深浅，都步步烙印着张老师的无尽心血**。

师恩浩荡，笔拙纸穷。对于张老师沉甸甸的知遇之恩、培养之情，唯有继续努力向前，方有足够的心力承载。

2016 年 1 月 10 日

作者简介：胡琴芳（huqinfang2012@163.com），湖南工业大学商学院讲师，2012—2015 年在武汉大学经济与管理学院读博士学位，专业为市场营销，师承张广玲教授。

周南感言：人皆可以为尧舜。今年春早，收到琴芳发来的随笔时，天正下着细雨。师恩像春雨一样，随风潜入，润物无声。欢迎琴芳加入人类灵魂工程师的队伍，相信她会以张广玲老师为榜样，爱她的学生。

2-23 一件学不会的事

贾 芳

记得小学一次期末考试,作文题目是"我学会了……",大部分同学写的是自己学会了洗衣服,学会了剪窗花,等等,当时自以为"高大上"的我写的是"我学会了英语",结果迎来了人生中第一次不及格,这在二十几年前语文和数学成绩都是一百分的"双百"年代是不可想象的事。仔细想想,当年的作文题目就是一个坑,华罗庚从没说过自己学会了数学,凡·高也没说自己画得好,我也没有可能学会英语。所以拿到市场营销专业博士学位之后,我感觉自己其实永远都在学习,能做的就是一直在学这些永远学不会的事。作为一个青年教师,我既不敢妄议学术之道,又不敢乱谈研究心得,只能分享我近几年的小小感悟。

首先,做学术研究的人应当都听过一个词,叫批判性思维(Critical Thinking),但在实践中这却是我们国内学者最缺乏的。刚开始做研究时,我就深感自己缺乏批判性思维和创造性思维,总是下意识地迎合和跟随别人,尤其是对那些名字出现在顶尖期刊上的学术"大牛",只能仰望。当然这也很好理解,就像去听演唱会,只顾挥舞双手,而不管偶像型歌手是否走音。后来,在接受了我的导师杨志林教授以及其他课程老师给予的训练(包括每周针对一篇顶尖期刊上的文章写批评意见,每次听讲座的时候至少问一个问题等)之后,我的批判性思维才逐渐形成。**在看别人的文章、听讲座的时候,开始不断思考:他说得全面吗?有没有其他情况?换另外一种研究方法会怎样?如何做更进一步的研究?** 这样,我才发现,原来所谓的批判性思维和想法的产生是相辅相成的,只有发现现有研究的不足,才能找到自己研究的立足点。**大家普遍认为,一篇好的文章,它的灵魂是一个好的想法,没有好的想法,用再好的方法写成的文章也只是一篇再平常不过的文章。** 并且,好的想法绝不是作者拍脑袋想出来的,而是基于前人的研究挖掘出来的。已经发表的研究就好像已经成功上岸,**我们如果只**

是一味崇拜、羡慕，就只能顺流而下，唯有发现岸边的空隙，才能挤上岸。对于巨人，我们应该怀着崇敬的心，站上他们的肩膀上继续努力，而不是怀着谦卑的心，站在他们的身后仰望。

其次，做学术讲究时间管理。想要出成果，首先是延长工作时间、压缩睡眠和娱乐的时间。记得刚读博的前几个月，因为长时间对着电脑，我得了干眼症，每次红着眼睛去和导师见面时，心里反而更坦然，做研究不努力付出怎么行。毕业后进入工作岗位，也组建了家庭，做研究与教学、行政和照顾家庭并行，**因为承担的角色变多了，时间被切割成很多个小块**。这时仅是简单粗暴地延长工作时间已经不管用了，我慢慢摸索更高效的时间管理方法。简单地说，就是**用零散的时间来思考，用整块的时间动笔写**。我慢慢学会在生活中无时无刻不在构思，逛超市时、和朋友吃饭聊天时、听眼下热门的《罗辑思维》时，都可能有新的想法产生，在零散的时间不断思考推敲后，在整块的时间坐下来整理成文，就显得容易很多了。

研究之路是前人辛苦筑成的，不踩在上面注定无法前行。**做研究的路边有很多野花，欣赏野花的同时不要停下向前的脚步**。研究永无止境，需要我们永远以最谦逊的态度不断学习向前。

2016 年 1 月 28 日

作者简介：贾芳（florajia@szu.edu.cn），深圳大学管理学院讲师，2009—2014 年在香港城市大学商学院读博士学位，专业为市场营销，师承杨志林教授。

周南感言：英语之难，难于上青天，侧身西望长咨嗟。贾芳来香港城市大学读博前，2009 年夏天，我在中山大学见到她。她问我入学前要做哪些准备，我说，把英语练得熟练些。她当时满脸笑容，回答说："是。"看了她的这篇随笔，我心想，那时不知是否吓了她一跳，尽管从表情上一点也看不出来。英语对我们很多人来说，都是一种重要的学术交流工具，也是终身的第二语言。贾芳的随笔提醒了我，不进则退，要日日巩固英语才行，特别是像我这样已离开北美二十多年的人。我的做法包括每天早上看直播的美国电视新闻，以及坚持用英文写电子邮件。我不可能精通英语，但有毅力继续常用，"用零碎的时间来想，用整块的时间动笔写"。

2-24 踏歌而行

贾利军

我上大学的年代,有幸遇到太多名师,一如那些年洁净的夜空,群星璀璨!至今回想起来,心中涌起的温暖与光明,仍是此生最美好的感受之一!也正是上述这种感受,奠定了我矢志从教的志愿!

此后的留校顺理成章,最初的日子简单、忙碌和快乐。因为当时的领导们给我们这些年轻人规划了一条简单、清晰的发展路径。他们说:**"经济管理学科的老师,首先要下得了企业,其次要站得稳讲台,最后要做得了学问!"**对这样一条发展路径,我深表同意,并且奉行至今!因而,我们这些年轻人,也都在领导和前辈的关心下,或早或晚地开始了自己独立为企业咨询、诊断的道路。将自己所学,对照企业实践,磨合、反复、反思,再成形!如此这般,再将心得诉之于讲台。我们讲得安心,学生也听得舒心!师生关系也一如那时的歌手老狼所唱:"那时候天总是很蓝,日子总过得太慢……"

后来,校园渐渐变得不同寻常起来。先是一拨一拨的学校和学院升级成了大学,接着是一所又一所的大学纷纷立志要成为国内一流大学或者世界一流大学!这种激情无疑是应该鼓励的,只是中国古代先贤早已说过:武无第二而文无第一。**如果说自然科学因有放之四海的标准,而可以作举世高下评价的话,那么,人文社会科学中的各学科则一定是环肥燕瘦、见仁见智的学科。**因为人文社会科学的实质在于探索人性之于社会、自然、宇宙的意义所在。而**一沙一世界,一叶一菩提,终极真理就像是一幅完整的拼图。**南来北往的人文社会科学工作者们,不过是找出属于自己的那一块拼图,且明确它的位置所在而已。可以说,"不同而合"才是东西方人文社会科学工作者真正的相处之道。**而沿袭工业化社会早期的世界观,将"科层制"的思想引入人文社会科学评价中,无疑是可笑的和不利于人类文明进步的!**

大学的不同寻常之处还在于大学氛围的改变。首先是教学和科研关系的改变。大学无疑要同时承担起知识传播和知识创造的功能。当然，必须强调的是所有知识创造的终极目标，还在于将这些知识传播出去！单就个体而言，先创造知识，再传播知识的逻辑无疑是清晰的。但就整个人类社会而言，文明已经蓄积数千年，前人创造出来而未能有效传播出去的知识何止万千！**在当下的研究并没有什么实质创新的时候，传播前人、他人业已被证明的研究成果，就是大学对社会的最大贡献！我想，这也许是大学者张载论述知识分子的社会责任时，把"为往圣继绝学"列为重要一条的原因吧。**

大学氛围的改变还在于中国传统师生关系的改变。现代大学制度源于西方，所以很多人据此想当然地认为西方的大学制度就是最完美的大学制度。我想，他们一定是没有读过"刻舟求剑"的故事。他们显然也忘记了很多西方名校是私立的、市场导向的大学。在这样的大学里，引入对抗型的师生关系无疑会激发出最强的市场活力，就像非洲草原上的羚羊与猎豹。而中国的公办大学从历史传承来说，更像是"传道，授业，解惑"的书院，在传统的书院里，师生关系则是"师生如父子"般的相处之道。**究竟是对抗型师生关系有利于刺激文明进步，还是相处型师生关系更有利于人类文明的涵养？**这无疑是一场马拉松竞赛。在到达终点之前，我们暂且说各有优势吧。但非常清晰的是，**一味地邯郸学步则必定会东施效颦！**

十多年前，我受邀担任江苏卫视《读书》栏目的主持人，有幸遇见华人世界畅销书作家刘墉先生。当谈及人生理想时，刘墉先生说："我手写我心，不负我心，不负我生！"于我心有戚戚焉！就以此句作为本文的结尾吧！

2016 年 2 月 2 日

作者简介： 贾利军（Jsnjjlj@163.com），华东师范大学经济与管理学部副教授，2004—2007 年在南京师范大学读博士学位，专业为心理学，师承傅宏教授。

周南感言： "善歌者使人继其声，善教者使人继其志"（《礼记·学记》）。利军提到，"将'科层制'的思想引入人文社会科学评价中，无疑是可笑的和不利于人类文明进步的"。一针见血！可惜眼下西风烈，许多大学不光要求老师们追随"他人"的思想，还要走"异己"之路。走火入魔！利军还提到，经济管理学科的老师，"要下得了企业，站得稳讲台，做得了学问"，是个很高的要求。道不远人，心诚求之。争取做到其中两样吧！踏歌而行，不负我生。何其好！

2-25 坐上研究这辆过山车

江 岚

从读博士算起,做研究也快 11 年了,尽管还是新手,但有些感受仍然可以拿出来分享。

真正让我决定从事消费者行为研究是参加完 2003 年在温哥华召开的评价决策学会（Society for Judgment and Decision Making,SJDM）的会议。记得当时听纽约大学的利卡·纳尔逊（Leif Nelson）教授讲他们派人守在餐厅门口问来往的路人对异性身材的偏好,发现男人在饥饿的时候偏好丰满的女人,而在饱餐之后则偏好苗条的女人。这个研究后来发表在 2005 年的《心理科学》（*Psychological Science*）上。看到他和其他学者在台上充满热情地聊这些有趣的发现,突然意识到**做研究是一件这么有意思、这么令人享受的事情**。你可以尽情发挥自己的想象力,把对这个世界的好奇,用科学的方法一一解答出来。

于是,我踏上了这条路。这个职业有一些独有的特质,比如,思维的独立自由、探索的乐趣等,确实很让人着迷。当然在现实的具体工作中,也会有不少困惑甚至怀疑。我刚开始做自己的第一个课题时,非常兴奋:提假设,设计实验场景,记录受试者的行为……但当我把数据放到 SPSS 里一运行,发现自己期望的结果不显著时,感觉突然像被浇了一盆凉水。这个时候,导师的作用很关键,他要向你坦白研究的真相,看似完美漂亮的会议报告和期刊文章,背后都经历了很多失败的尝试。一篇有四个实验的文章,很可能是从头到尾做了好几年,很可能做了多于四个实验！我自己带博士生后,也学会了怎样陪伴他们经历第一次。结果不显著,怎么办？我的第一反应一般是"再看看",虽然与假设直接相关的结果没有得到印证,但是从中也许能发现其他有趣的现象呢！事实上,**每次都能得到一些启发**,有助于下一步去修正、丰富自己的研究假设,或是优化实验设计。而这时,沮丧的我们也会破涕为笑,又见希望。

做研究有点像坐过山车，有情绪高涨的时候，也有情绪低落的时候。刚开始有一个新的想法时大多是兴奋的，设计研究时也很充实、有成就感，若得到想要的结果那就更高兴了，**最高点莫过于得到正面的评审意见直至发表。** 那低点都有哪些呢？提出新的想法，又自我否决，怕不够新颖；或是提出新的想法，但没有得到导师或同行的共鸣；设计实验遇到现实困难，考虑怎么在各种资源约束下保证场景的真实性；更糟的可能就是花了很多精力但是没有得到想要的结果；**最低点是负面评审，被拒绝。** 对于新手，这趟过山车之旅可能低点会多于高点，这个时候就需要一些坚持，甚至需要跳出来想想你选择这条路的初衷是什么。同时要坚信，你会变得更有经验，越艰难的过程越能打造出更加成熟强大的自己。而这趟过山车之旅，也会越坐越顺。

最后，我觉得，**研究路上需要建立一个团队，一个能给予你正能量的团队，** 包括你的导师、合作者，还有同事、同行，以及将来你自己带的学生。充分利用各种资源和智慧，多交流，一起探索。

2016 年 2 月 20 日

作者简介： 江岚（lanjiang@cityu.edu.hk），香港城市大学商学院助理教授，2005—2010 年在加拿大不列颠哥伦比亚大学商学院读博士学位，专业为市场营销，师承达伦·达尔（Darren Dahl）教授。

周南感言： "师以质疑，友以析疑。" 江岚做研究充满激情，形象地将做研究比喻为坐过山车，既刺激又胆战心惊。她指出，要学会在沮丧中见希望，必须相信自己，学会坚持，还要善于"求救"。当同事和学生遇到问题时，她总是热情地"施救"，大家都喜欢她。

2-26　乘着歌声的翅膀

柯　丹

德国作曲家门德尔松（1809—1847）为诗人海涅（1797—1856）的诗《乘着歌声的翅膀》谱的曲，是我最喜欢的旋律之一。以此曲为题回首我飞跃重洋求学过程中的歌声与微笑。学海无涯苦作舟。我却认为，每位学术人都能以大爱之心痛并快乐着，在知识的海洋里扬歌远行！

学术之路，与音乐及其他的艺术表现形式一样，是件美好而纯粹的事情。很多朋友曾困惑，我当年为什么放弃华为国际市场部的工作，在母校尊师的教诲和推荐下毅然改变人生道路赴美读博。华为无疑是当今中国市场经济发展最成功的企业之一，在美国攻读博士学位则是学习将市场实践提炼成商学理论并广泛指导商业实践。表面上，**训练的核心是思维的逻辑性，其实与优美音乐背后韵律的严谨如出一辙。**美妙的音乐令人身心愉悦，优秀的商学论文则通过深层挖掘人们心理上的奥秘和企业运作的共性在不同层面影响着社会生活。音乐创作者发布作品和学术工作者发表论文有着异曲同工之妙，都是通过深层次探索大自然和人的规律而用心创造人类社会能感知的价值。

然而，**撰写学术论文和创作艺术成果的过程一样，并不容易。**众人欣赏到精湛的音乐作品表演，皆经过作曲家的精心编撰和乐手们的多次排练。台上一分钟，台下十年功。很多伟大的艺术作品，我们若追溯其创作史就不难发现，正是因为艺术家生前废寝忘食甚至穷困潦倒的坚持，才留下了传世之作。我有一篇在美国康涅狄格大学博士指导委员会三位教授全力指导和帮助下合著的论文，获得了信息系统年会最佳论文奖，这个旁人看来无比荣耀的学科最高奖项，倾注了导师们的培养和关怀，我的感激之情难以言表。这篇文章的完成过程也真实完整地见证了我的读博生涯：苦学方法论基本功，提炼研究课题，建立理论模型又反复修正、分析拟合数据，挖掘理论和实践贡献，论文完成后投稿几经修改却被拒，改投发表一年后惊喜获奖。

通向美好事物的道路并不平坦，如何规避障碍取巧而达？我读博士期间，选修过音乐系的课程，通过馆藏资源学习音乐理论和声乐技巧，广览音乐史上不同时期的经典音乐，发现当今脍炙人口的音乐旋律中常常有着过往经典的影子！纵观当今华语乐坛，从民谣到流行音乐，甚至摇滚音乐等，能够经久传唱而非转瞬即逝的歌曲，其旋律中都深深印着诸如中华民乐或是西方近代音乐（如爵士乐）等音影，更有传自欧洲古典音乐的回音。当今最具创作力的著名音乐人也无不自小深受世界音乐史中精华的熏陶。类似地，"熟读唐诗三百首，不会吟诗也会吟"。只是，其间的**道理并不仅停留在熟能生巧的层面，而是站在前人的肩膀上博古通今，取其精华，辩证地创作。**

那么做研究能否取巧呢？借用一位著名学者的话来回答："哪有什么天才，多读论文就是！"有人以为美国的博士写英文 SSCI 文章如信手拈来，可发表的每篇文章背后都沾满汗水和泪水，还有熬过的无数长夜，我们只能说个中过程冷暖自知，然后心照不宣地吟歌而去，在漫漫学术路上继续惺惺相惜。因为，追求真理的创作之路并无捷径！

传说中的荆棘鸟，毕生为寻找最美的一棵荆棘树，不畏流着血泪绽放歌喉唱响世间最美妙的歌声。**愿所有已选择和即将踏上学术之旅的朋友，不忘初心，勇敢如荆棘鸟一般，怀着感恩的心，尽毕生所愿，奏响学术之歌！**

2016 年 2 月 20 日

作者简介：柯丹（dkeuconn@gmail.com），武汉大学经济与管理学院副教授，2006—2011 年在美国康涅狄格大学商学院读博士学位，专业为运营信息管理（Operations and Information Management），师承巴素琳教授。

周南感言："大音希声"（《道德经·第四十一章》）。柯丹酷爱音乐，写的这篇文章字里行间仿佛有音符在跳跃。那些能传世的歌曲都饱含着内心的激情，捕捉着时代的脉搏，追求着永恒的光明和幸福。我也喜欢音乐，深信音乐家进行创作确实与学者做研究有异曲同工之妙。让我们乘着歌声的翅膀，伴着旋律，飞向美好的明天！

2-27 困境中请保持一颗温柔的心

李小玲

博士毕业已近五年，转了一圈回头看，才品味出，成长的快乐远胜于努力过程的艰辛。博士一年级时虽然在《管理世界》上发表了一篇论文，但想法是导师黄敏学教授提出的。之后，大量查阅文献，并多次向曾伏娥老师请教方法，在不断试错中前行。刚读博士时，一无所知，什么都得从头学习。后来到香港城市大学做研究助理，参与课程学习后，自卑感更是强烈。**困难是我的家常菜**。记不清楚有多少回，深夜一两点钟从办公室走出，对自己研究的问题束手无策，躲在宿舍楼下**独自痛哭**。那种痛苦和无助，让我向学校提出不读博士了，于是开始参加企业面试。戏剧性的是，刚入职工作，工作导师却也让我做"文献综述"，于是跑到不同的部门进行访谈并总结提炼，然后提出产品设计的设想。这时，我反而体验到了之前的学术训练所产生的思想价值。

我收到2009年的JMS博士生论坛优秀论文入选通知后，开始正视自己的懦弱和害怕，决定重新开始研究之路。论文报告完之后，我和黄老师坐在南开大学教室外的长椅上，黄老师鼓励我要坚持，令我感慨万千，不禁**涕泪全流**。那时我下定决心，要把博士读完。这次节外生枝的去企业工作的经历，反而为下一个研究打下了基础。回到学校后经常和黄老师讨论，提出博士毕业论文的研究框架，在此基础上又得到方二老师的指导，最终文章发表在JMR上。

好的研究是需要用心的。**当我们用心去做每一件事情和对待他人时，自然而然就会抱以温柔的心来思考和解决问题，于是，过程就会变得美好，结果也会美好起来。**重要的事情说三遍：用心，用心，用心！

一是**研究问题要用心思考**。精力是有限的，选择好2—3个关联问题，**经常思考和提炼，才能有好的选题。学而不思比思而不学更危险**，有深度地围绕核心研究问题，才能体验到追求学问的快乐。这一系列研究后来发表在JMR、《南开管理评论》以及多个英文EI检索的期刊上，并出版了专著。

二是**用心抠研究方法**。当时写博士论文时只会用VAR模型，后来跟随方二老师做研究时，他提出需要对比不同VAR的文章并掌握好细节。我重新查找文献，甚至重新学习统计学的一些基本原理。后来评审专家提问题时，还向金融学院的同事学习研究方法。

三是**用心接受他人的意见**。这一点是黄老师教导我们最多的。发表在 JMR 上的文章其实从开始准备到被接受，有差不多四年的时间。每一轮被拒和修改，审稿人的意见都对文章的完善有很大的帮助。甚至到了第四轮，主编还指出，你们新修改的稿子虽然有很大的进步，但仍然不够好，我们提出建议是希望能够帮助你们把文章修改得更好。

四是**用心来构思文章的思路和写作**。这一点是最难的。仅仅看文献和思考是不够的。关键要看能否用简单的故事和逻辑来讲清楚问题及假设。此外，这种用心还体现在对合作老师的理解和尊重上。已经记不清楚有多少次，收到审稿人的意见后，黄老师考虑到我有小宝宝，就亲自走半小时的路（怕堵车）来我家接我。我们在永和豆浆或者台湾奶茶店里，要杯饮料，一讨论就是好几个小时。尽管回去后时间已晚，但黄老师还是会及时回复我的备忘录。我们将自己认为最好的建议和修改方案准备好，再发给方二老师看。黄老师的言传身教，让我受益匪浅。另外一个在苏晨汀老师指导下的研究，至今已经是第 26 个版本的修改稿。

很多老师和同学的资质都比我好，努力程度也比我高，所以，如果遇到困难，请保持一颗温柔的心。**人生最奇妙的地方就在于，她的公平与无私。如果我们在前面一段路途中就预支了幸福，后面一段必定痛苦；如果我们在开始时就心怀感恩，冒雨前行，后面的路就会变得通达而平稳。**

2016 年 1 月 17 日

作者简介：李小玲（windy20@126.com），中南财经政法大学工商管理学院讲师，2008—2011 年在武汉大学经济与管理学院读博士学位，专业为市场营销，师承黄敏学教授。

周南感言："读书之乐何处寻，数点梅花天地心。"困难真是"家常菜"，必须"冒雨前行"。小玲的勤奋、好学和谦虚在同学当中是出了名的。她在南开大学公开"涕泪全流"也是真的。祝贺小玲在 JMR 上发表论文。保持一颗温柔的心，她的学术之路就会越来越通达、平稳了。

请参阅：[1] 黄敏学、李小玲、朱华伟（2008）："企业被'逼捐'现象的剖析：是大众'无理'还是企业'无良'？"，《管理世界》，10：115—126。

[2] Eric Fang, Xiaoling Li, Minxue Huang, and Robert W. Palmatier (2015), "Direct and Indirect Effects of Buyers and Sellers on Search Advertising Revenues in Business-to-Business Electronic Platforms", *Journal of Marketing Research* 52 (3)：407—422.

2-28 形不同，神相似

刘红阳

周南教授嘱咐我谈一谈攻读博士对现在工作的帮助，我既感到荣幸，也有些惶恐。在珞珈山的1000多个日日夜夜，良师无私传道、益友风华正茂，我身处其中而受益良多。细思自己到商务部后的工作内容，无一不受那三年修炼的熏陶，烙印颇深。

作为一个"三门"（家门—校门—机关门）干部，想要干好机关工作三件事——"办文、办会、办事"，着实不易。第一次写公文，前后修改近60稿，总有不得要领之感。成文后反思甚久，回忆导师熊元斌教授及其他老师的谆谆教诲，认真琢磨论文和公文的共通之处，终于理解两者形不同而神相似，均要主旨明确、逻辑严谨、简明扼要、清晰易懂，均要论据扎实、论证合理，均要模仿寻路、熟能生巧，均要始于问题、收于方案，如此等等。自此颇有悟道之感，经手之文越来越多，开始"衣带渐宽终不悔，为伊消得人憔悴"，期待"灯火阑珊处"。时常遥想当年，《吕氏春秋》成书时，吕不韦曾将其置于咸阳城门，"悬千金其上，延诸侯游士宾客有能增损一字者予千金"，这应是论文和公文共通的最高境界吧。

办会，要点在于准备充分，说得清、听得懂、行得通。读博期间，一众同学常会组织小范围的学术研讨会，甚至在茶余饭后散步的间隙也彼此交流，分享读到的好文章、讨论顿悟出的新思路等，虽然辛苦，但大家乐在其中。试想，这样的活动能够做到可持续的基础是什么？我想应该是参与者认真对待、积极参与、贡献知识，只有这样在交流过程中才能相互补充、思想碰撞、升华观点。如果准备不足，讲者似懂非懂、听者昏昏欲睡，那么这样的研讨会既没有意义，也无法持续下去。机关办会的本质也应如此。会前充分准备，会中各抒己见、充分交流、辨明观点、形成方案，会后积极落实、及时反馈，力戒空话、套话，大家既有收获也有成果，这才是会议举办的初衷吧。

办事，重点有三：一是切实践行，二是行为有度，三是见微知著。 入学之初，许多人茫然四顾，既看不到研究之门，也看不到通往那扇门的路。有的人就此整天感慨，读博难、做研究难、发表文章难，生活就此过去；有的人则低头寻路，一篇篇地看文章、一遍遍地读经典，大门随之开启。正如工作一样，**豪言万句，忘于聆听时；小事不显，铭记人心间。** 首先，做研究须以事实为基础，不能为了想要的结果而扭曲事实。办事乃至做人，同样要**尊重事实、尊重真正的自己，决定我们走多远的并不是随波逐流的能力，而是不一样的自己。** 其次，一直记得多位老师都强调过，发现问题、提炼问题的能力是做研究最重要的能力之一，在机关做事也是如此。应努力做到**"为之于未有，治之于未乱"。**"谈笑间，樯橹灰飞烟灭"的重要前提是，提前意识到问题即将出现并防患于未然。

猴年春节回国探亲时，特地回武汉大学，拜访了熊老师，也与博士同学小聚，虽已相隔万里，环境、职业也已几无交集，但毫无隔阂，一样的倾诉、一样的顽皮，从熊老师家里出来相互告别时，脑海里浮现的还是毕业离校时的那场大雨。或许，博士三年塑造的思维模式，已经让我们天各一方但仍心有灵犀；我们可以笑着回顾博士三年的痛苦经历，也可以相互鼓励。曾经共同经历的修炼，让我们无论走到哪里，都能够从中获益。

2016 年 2 月 29 日

作者简介： 刘红阳（lhywjy@126.com），中国驻尼日利亚使馆经济商务参赞处三等秘书，2009—2012 年在武汉大学经济与管理学院读博士学位，专业为市场营销管理，师承熊元斌教授。

周南感言： 红阳受很有哲学与文化造诣的熊老师的影响，读博时的谈吐就给我一种深思熟虑、办事严谨的感觉。毕业后去了商务部，后来做了外交工作。距上次在北京的会面，已经几年过去。我特地请他写这篇文章，从学以致用的角度分享读博与看似不相干的外交工作的关系。三百六十行，行行是同行。我觉得他在字里行间似乎流露出一丝乡愁，像我当年留学时一样。但愿人长久，千里共婵娟。

2-29 同时做好教学和科研,岂不乐哉!

刘洪深

作为大学教师,我们既要创造知识,也要传播知识。

1996—2002年,我在湖南大学工商管理学院本硕连读,毕业后进入长沙理工大学任教。回想当初,有愧于学生们啊!初出茅庐,既无教学经验,也无教学技巧和方法。备课只是把教材上的知识点搬到演示文稿上,为了"播放"精彩,学着以前给自己上课的老师的样子,给知识点搭配上一个个案例,生吞活剥地讲了一节又一节课。加之,长沙理工大学市场营销系成立于2001年,正逢师资严重不足的窘况,我虽是青年教师,但也"天将降大任于斯人也",系里让我担负起了四五门专业课的教学任务。现在回想起来,仍忐忑不安,印象最深的就是,每天都在制作演示文稿中度过。令我更难以心安的是,学生们能从我的课堂上学到什么?真不知当初从哪里来的底气,让我乐此不疲地站在讲台上。

时光荏苒,几年过去,教学渐有长进,但科研压力越来越大,陷入了新的泥潭。随着长沙理工大学从教学型大学向教学研究型大学的转变,科研压力扑面而来。同时自己也觉得课题教学没有思想,照本宣科,缺少突破。于是萌生了考博的念头。终于在2009年考入武汉大学,拜于汪涛教授门下,开始攻读市场营销管理专业的博士学位。

读博就像打开了一扇窗户,让我看到了外面的世界。我开始接触外文期刊,每周都参加汪老师组织的学术讨论会。浓郁的学术氛围,不倦的学术追求,原来是这样美好。新的环境、新的学习模式让我开始对营销有了新的认知和理解。科研之路,一路走来,突感柳暗花明又一村。而且,我开始**把做研究阅读的文献和自己的理解,融入课堂教学之中,课堂教学因此上了一个台阶**。众所周知,教材上的知识点已经十分成熟,而学术文献中有更多前沿知识,两者互相补充、相得益彰。尝到科研与教学结合的甜头后，我逐渐养成了一个习惯，只要阅读一篇期刊论文，一定要吸取其精华，把它补充到教学相关章节的演示文稿中。日积月累，课堂教学一定会更加精彩，融入教师思想和灵魂的课堂，自然与众不同。

从武汉大学毕业后不久，2014 年，湖南省举办普通高校教师现代教育技术应用竞赛，其中一个参赛条件是未满 40 周岁。此时，恰好是我最后一年可以报名参加，否则就超龄了。想想自己教书已有十余年，为了检验一下自己的教学效果，便鼓起勇气报名了。不曾想运气很好，从学院，到学校，再到省里，一路"过关斩将"，最终竟获得一等奖。我想，如果没有读博士期间的积累，没有做科研的经历，自己不可能获得这个奖项。

科学家钱伟长曾说，"教学没有科研做底蕴，就是一种没有观点的教育"。回头来看，**我以前的课堂教学只能算是一种机械应付，给学生灌输知识，但缺乏启迪。读博士以后，我把科研与教学相结合，在向学生传播知识的同时，也分享思想和心得，更重要的是激发学生进行思考。**

教学和科研是大学教师最为重要的两项工作，大家也一直在讨论两者之间的关系。我认为二者不对立，而是相辅相成的，科研有助于教学，教学也会推动科研。记得 2012 年在香港城市大学听庄贵军老师做讲座时，他说当年获得国家自然科学基金重大项目就是源于编写《营销渠道》教材时的发现与思考。因此，大学教师**在科研中反哺教学，在教学中启迪科研，同时获得科研和教学的乐趣，岂不乐哉！**

2016 年 1 月 31 日

作者简介： 刘洪深（Hoosion@126.com），长沙理工大学经济与管理学院副教授，2009—2012 年在武汉大学经济与管理学院读博士学位，专业为市场营销，师承汪涛教授。

周南感言： 老子说："图难于其易，为大于其细"（《道德经·第六十三章》）。洪深把在武汉大学读博士时做研究读的文献反哺教学，又用教学中的发现启迪科研，不仅取得了教学比赛一等奖，也在《南开管理评论》上发表了文章。他一心二用，一石二鸟，两方面都成果丰硕。让我们也像洪深那样，做个有心人，一边创造知识，一边传播知识。自己学知识，学生长知识，岂不乐哉！再次祝贺洪深获得湖南省高校教师教学比赛一等奖！

2-30 坚定向前，是她唯一的选择

刘新燕

我读博士时的导师万后芬教授，38 岁才正式回到高校任教，53 岁才成为博士生导师，55 岁才相继申请到国家社会科学和自然科学基金的课题，60 岁才获得高等院校首届国家级名师奖。

和现在那些拥有海外博士学位，甚至 30 岁出头就已经在国际 A 类期刊上发表论文，能迅速带领学生走到研究前沿的年轻的博士生导师相比，她确实是比较另类的。但是，作为她的第一个博士生，**我从她身上学到的，一辈子都受用不尽**。

她教给我的第一点，就是执着与坚定。她很早就认识到营销学科中做实证研究的重要性，但是她自己并没有受过规范的训练，所以她的办法就是抓住一切机会去学习，那些年凡是有海外的学者来武汉做讲座时，即使他们非常年轻，即使她那时已经是博士生导师和名师，人们还是**经常可以看到她满头华发，坐在第一排认真听讲做笔记，没有丝毫的局促与不安**。在她看来，不会就该学，不会就可以学，什么时候都不晚，这份纯粹的执着，这么多年来，每每想起，还是令我动容。

2000 年左右，我开始写博士论文，用到结构方程模型的方法。当时该方法尚未普及，**我在艰难摸索之中常常想要退却。但我每回见她，她总是静静听我说完各种难处，然后说"再想想办法……再试一下……你看这样可以吗……"**。她目光澄澈坚定，让我彻底明白，纵使百转千回，她的初心也不会改变。正是这种信念支持着我跌跌撞撞地写完论文。这不是我一个人的感受，她的许多学生，在想要说服她降低对自己论文要求的时候，都"败"在她坚定的目光下。这种时候她从不多言，只是静静地看着你，但却让你格外明白，**坚定向前，是她唯一的选择**。

她也是这么对待自己的，当年她申请国家自然科学基金的课题，连续两年被拒。按照世俗的标准，她那时已算功成名就，国家自然科学基金的课题对她来说不是必须

要做的。但是,她仍不放弃,而是平静地对待评审专家给出的意见,并逐条认真修改,终于在第三年获得资助,那一年,她 55 岁。

她教给我的第二点,是对于教学及学科极具前瞻性的投入。1998 年左右,万老师领着我们一群硕士研究生,自己写剧本,收集素材,找人拍了一部《商海潮》的系列纪录片,作为她案例教学课堂中的素材。我真正对这件事情有感觉,是自己近几年开始关注案例教学,尝试撰写规范的教学案例之后。2015 年我参加一个案例教学研讨会,组委会宣布要进行视频案例教学的评奖,并且号召大家积极参加这项工作,因为"先行者才会获得机会"。我记得,当时自己尽管人在会场,但脑海中浮现的都是 18 年前万老师忙碌于案例纪录片的身影。猛然惊觉,原来,那么早,她就已经在案例教学方面探索到了如此境地。所以,2003 年她的《市场营销教学案例》获得国家级教学成果二等奖就顺理成章了。

万老师是我们学校第一批录制网络公开课的老师,录制的时候她已经将近 70 岁。去年年末她还专门给我打电话,提醒我要时刻关注在线教育对专业及学科的影响。她一生谢绝担任任何行政职务,但是却以一介布衣之身,带领团队将中南财经政法大学的市场营销专业打造到今天的地位,无论是全国精品课程和教材,还是省级品牌专业,处处都可以见到她的付出。她是第一个我亲眼目睹将科研和教学并重,把个人发展和学科建设同时做好的老师。现今许多学者追求独善其身,认为做出好的研究就是对学科最实际的贡献。我只部分赞同这一观点,我认为身为一个高校教师,有责任"额外"去承担和投入于那些看似可有可无的教学和学科工作。

和万老师比起来,我们任何一个年轻教师都没有资格说自己基础不好,唯一能说的就是,我们缺乏她身上所拥有的那种执着与坚定以及对科研和教学的全身心投入。

2016 年 1 月 29 日

作者简介:刘新燕(yanzido@163.com),中南财经政法大学工商管理学院副教授,2000—2003 年在中南财经政法大学读博士学位,专业为企业管理,师承万后芬教授。

周南感言:薪火相传,继往开来,新燕去年年底到香港城市大学做访问学者。从她的言行中,能清楚地感觉到她对学术的热忱和追求;同她游学时,她上山常比二十几岁的博士生还拼。看了这篇随笔,我明白了,其中体现着万老师对她的影响:执着、坚定、投入,那种"对科研和教学的全身心投入","不会就该学"。

2-31 社交媒体时代的教学反思

刘雁妮

最近网络上出了一个热门事件,自媒体红人 ayawawa 就中科院理化所某职工在医院待产离世一事写了《先兆子痫,男士免进》一文,探讨该疾病与男士的关系,文中引用了不少资料,包括把互联网上公开的课程作业也作为参考文献。此文一出,就引发了人们的大量讨论和关注,引用文献的规范性被普遍质疑,文献的时效、来源的可靠性亦存在问题,更勿谈结论的荒谬了。但从传播效果看,ayawawa 的个人影响力和文献数据的引用足以让结论"震"住"不明真相的群众",依旧有不少人交了"智商税"。**培养大众特别是年轻人的理性思考和逻辑分析能力,大学课堂教学能做点什么?** 这引起了我深深的思考。

与科研不同,教学在传播文明方面起到重要的作用。**大学教学在教育手段和方式上,所承载的知识内容具备基础性、系统性和前瞻性。** 以我在课堂上给本科生讲授过几年的"定价管理"为例,它是一门跨学科的课程,综合了管理经济学、财务管理、市场营销、博弈论以及市场调研等方面的理论知识,综合性较强,需要学生有一定的专业理论基础,国内大学本科少有开设。本着理论联系实际的目的,这门课程的教学内容主要由理论教学与实践教学组成。

"90 后"大学生一般都喜欢通过社交媒体关注社会、经济热点问题,建立满足个人兴趣与需求的信息知识圈。"定价管理"课程充分发挥社交媒体在实践教学部分的作用,对课程内容进行分解,从实际问题出发,要求学生阅读延展材料和参考教材,在小组讨论中总结提炼、修正观点、补充材料、撰写报告并练习进行课堂展示,最后提交作业。**通过阅读、认知、讨论、思考、总结、写作、分享形成学生参与式、合作式的学习模式**,在此过程中,教师答疑解惑,支持并鼓励学生探索新的想法。在每个教学模块的内容设计方面,要求具有可操作性,这样有助于学生保持完成项目任务的积极性，同时，还要求其设计出有效的激励考核制度，督促学生提高完成质量。

"定价管理"并不属于学生们喜欢的那种容易懂、轻松学的课程，而是需要他们在课堂外花费大量的时间。学习这门课程，有"用"是一个方面，另一个方面是有助于培养学生独立思考和逻辑分析的能力。后者对于一路应试过来，习惯了用"对"和"错"进行判断的学生，无疑是一种挑战。而**社交媒体成为贴近学生展开课程实践教学的有效方法之一**，学生们对新事物的自发兴趣会使课程教学取得意想不到的良好效果。在这种环境下，教师由知识的传授者变为知识的激发者和引导者，课堂上师生之间的互动和讨论，有助于促使学生进行深度思考。这种面对面的交流，也是提高学生思维能力的很好的训练，虽然这种教学方式的创新给教师在课堂外增加了不少工作量，也带来了需要不断学习的压力，但最后压力转换为动力，有助于教学水平的提升。

2016 年 2 月 18 日

作者简介： 刘雁妮（yanniliu@163.com），深圳大学管理学院副教授，2001—2004 年在中南财经政法大学读博士学位，专业为企业管理，师承万后芬教授。

周南感言： "疗未患之疾，通不和之气"（晋·葛洪：《抱朴子》）。早就听说雁妮在深圳大学管理学院深受学生欢迎。是什么原因呢？雁妮在文中提到，"定价管理"不属于学生们喜欢的那种容易懂、轻松学的课程，但她用学生们喜欢的网络社交媒体贴近他们，不光引起他们的兴趣，使他们积极参加讨论，还将他们导向深度思考。向雁妮学习，跟上时代！

2-32 读博正能量

卢志森

在知天命的年纪，花了五年时间，终于取得博士学位。

自始至终都有人问我为什么要读博。他们之所以问这个问题，是觉得读博对我无益，还是过于艰难？在他们眼中，可能我已经年纪偏大，读博不会帮我升官；已经有了自己的企业，读博不会帮我加薪；在烦琐忙碌的企业管理中，更不可能有时间上学。但是，对于我而言，却从来没有怀疑过这个决定。

商业，是对的就蕴含商机；人生，是对的就不会后悔！

事业在成长，时代在进步，摆在自己面前的管理问题和人生思考也越发抽象而深邃。**在不进则退的境遇中，我从未放弃求知这条"捷径"。**既然多年前的硕士研究生经历给了自己巨大的助力，那么现在的我未尝不可以读博。我用了十年时间创业，用了五年时间读博，**在每次向正确的目标奋进的过程中，自己都不确定一定能成功。但能确定的是，不做一定不成功，因此我别无选择。**成功固然好，经验也告诉我，坚持做，多数都会成功。即便不成功，过程也是宝贵的财富。它让我站得更高，看得更远，也更接近目标。

因此这就是我的答案：读博对我而言是对的，再难也要做。可惜的是，即便如此，在选择读博之初，还是有人不理解、不支持。只有我那八十多岁一辈子从没在社会上工作过，也不知道什么叫工作忙的母亲，听说了马上赞成。**母亲是我的第一位老师**，读博后又有幸拜在周南老师门下，他们都是不断用正能量影响我的人，我心怀感激。

有一天，儿子突然跟我说："老爸，我很佩服你。我也要像你一样做对的事，坚持做。"后来，参加儿子在加拿大的中学毕业典礼，听老师说了才知道，儿子长期坚持参加公益活动做义工，是全校学生中累计参加天数最多的，远远超过学校的要求。

我明白,他知道做义工是对的,因此就做了,而且坚持做了。其实**我并不在乎儿子是否崇拜自己,却真的很在意自己是否给了他足够多的正面影响。**

其实"影响"不只在家庭和教育中才会这样一代一代地传下去,生活中我们也是这样默默地影响着身边的每一个人。每每想到这里,我都感到身上的责任之重。一家追求卓越的企业必须有一个追求卓越的领导者。因为有了追求卓越的领导者,才有可能聚拢一支追求卓越的团队;**有了追求卓越的团队,才有可能最终成为一家追求卓越的企业。**因此,我别无选择。在四五年前的一次新业务讨论会议上,我诚恳地对管理层成员说:"我们大家认识十几年了,十几年前我们都是本科,现在我读了博士,你们还要原地踏步吗?"令人欣慰的是,最近几年不断地看到公司里有新老员工主动到高校进修,或是利用业余时间学习英语,或是考各类专业技能证书。整个团队从创业之初的拍脑袋团队,已经逐步成长为有一定科学管理、科学决策能力的高效团队。

读博五年深深地影响了我,也影响出一支认准敢干、追求卓越的团队。

2016 年 1 月 6 日

作者简介:卢志森(alo@css-group.net),世纪睿科集团总裁,2009—2014 年在武汉大学经济与管理学院读博士学位,专业为市场营销,师承周南教授。

周南感言:欲穷千里目,更上一层楼。志森为了"站得更高,看得更远,也更接近目标"而读博,也给儿子树立了一个好榜样。与他交流中,我加深了对古谚"人往高处走"的理解,也增加了对企业家精神的认识。有理想,不畏惧,立足当下,心想未来。

2-33 我与两位师长的故事

牟宇鹏

与周南老师相识于武汉大学，接触不多，仅知先生爱好传统文化，常论阴阳之道。先生早年赴美学习营销之道，花甲之年在内地高校传播中国文化，提携营销学子，满满的"家国"情怀。先生编著新作，我坐在办公室一角，写下两个与自己交集甚多的师长的小故事。

珞珈山下的"修忘书院"

2009年年底，邮件联系汪涛老师，表达报考博士研究生的意愿，**老师提出了三条希望：专心研究，心无旁骛；热爱研究，享受研究；不论何时，不忘初衷。**当时自思如能考上，幸甚焉，遂仓促答应。半年后，真正进入"汪门"。一年级快要结束之际，一次师门例行的讨论会上，汪老师对我的不长进大为光火。后来得知，我是他历届学生中唯一被他痛批至发火的一个。半夜里，回想一年来的各种努力、期待，五味杂陈。给汪老师写了一封长长的信，表达自己虽"苦苦修行"，却终"不得善果"的焦虑。汪老师仅回："**每一次讨论会都是一次在挫折中成长的机会。**"此后，我的研究工作方才慢慢进入轨道，也陆续有了一些自己的心得和成果。于今日，念及此，亦颇多感怀。

毕业时，即将毕业的博士们都如临大敌。此前汪老师都习惯于用电子邮件联系学生，此间却经常收到他的电话、短信，询问各项面试事宜。偶尔深夜，还能接到他带着沙哑嗓音的电话，深感愧疚。

因自己不喜言辞，毕业后，不遇大事，不常联系汪老师。毕业后一两年，却常常得到他的关心，嘱咐自己在新的岗位上打好根基，加快脚步。入职后第二年，顺利拿到各种资助项目，电话沟通时，从他的声音中能感受到他发自内心的喜悦。

毕业的弟子们在微信上建了一个沟通平台，取名"修忘书院"，意为"修学问道，不忘初心"。专注、喜爱、不忘初衷,这是拜师前汪老师对我的期许,也是毕业后汪老师留给学生们最好的礼物。

岳麓山下的"奇女子"

初识周玲,在武汉大学小观园饭店,提及5月即将要复试的研究设计,希望得到她的评价。彼时,**周玲博士一年级,锋芒正盛,给我的全是来自专业视角的打击。**对此女子,印象顿时变得很差。入学后,因自己"旁门左道"出身,各种"打击"之下,章法全无。其间,得到鼓励最多的,却也来自周玲。我写成的第一篇小文章,被周玲密密麻麻修改过四稿后才得以发表。后来进入课题组,主攻国家自然科学基金课题,我成果有限,周玲却在《管理世界》、IMM上发表了多篇文章。**外界给予各种荣誉和艳羡,我却常常想起周玲熬夜分析数据时的坚韧。**

周玲在武汉大学营销专业博士圈人缘很好,受其"恩惠"的同窗也很多。2014年与张辉、余婧、刘洪深、张琴相约长沙,6月的长沙酷暑难耐,周玲接待关心无微不至。两日后,游玩橘子洲头,离湘之际,周玲却因中暑在橘子洲头晕倒。**有友人如斯,乃人生一大幸事。**周玲于同年8月飞赴美国访学,我随中国矿业大学管理学院市场营销系10月底访问湖南大学工商管理学院市场营销系,未曾得见。再见时,已是2015年12月底,她已是湖南大学工商管理学院市场营销系副主任,**为人处世依然果敢坚韧,言谈举止却更见谦和。**

可能也只有岳麓山这样的净土,才能容下这样的"奇女子"。

2016年3月8日

作者简介: 牟宇鹏(mouyp@hotmail.com),中国矿业大学管理学院讲师,2010—2013年在武汉大学经济与管理学院读博士学位,专业为市场营销,师承汪涛教授。

周南感言: 患难见人心,日久见真情。当年宇鹏读博,周玲苦口良药,汪老师疾风细雨。如今虽天南地北,但师友情深,宇鹏牢记。师友情像营养丰富的橄榄,入口苦涩,越嚼越香,生津止渴,回味无穷。

2-34 做研究，难也不难

彭 玲

12年前，我在读博士一年级时跟随导师亚当·芬（Adam Finn）教授做了一个研究项目，完成后第一次与他合作写了一篇英文小论文，辗转各个相关领域多次尝试发表未果。去年他退休时跟我说，"这篇小文章交给你考虑是否继续吧"。虽然不是什么赶时髦的题目，但相信类似这样的传统的研究课题，发表需求虽少，却也不会过时。如今我终于可以对他有所交代了，12年前的这篇小论文终于到达了发表路上的终点。

芬教授带我写这篇论文时，早已是德高望重的首席终身教授。他治学严谨，做研究不急不躁，改论文一丝不苟。

我从写这篇论文开始，对芬教授的崇敬和对做研究写论文的兴趣与日俱增。此后**我每做一项研究、每写一篇论文，都与第一篇论文的做法和态度类似**，有芬教授看着也好，没有他看着也罢，这种沉下心来把文章写完的经历，类似"不念过往，不畏将来，只关注当下"的感觉，这是我从研究中体会过的最大的乐趣。

在忙碌的学期当中，每次与他互动的交谈，每次看到这个领域新的文献，都能帮我渐渐理清今后的研究思路。做研究难也不难，**我们缺的可能不仅是想法，更是完成它的耐心与执行力。**

芬教授做学问从来没有表现出对功名利禄的急切渴望。 我的论文发表，在他眼里，无论大小，无论苦乐，全是收获，弥足珍惜。所以现在面对每一篇即使不是A类文章的发表，我也总是知足地表示欣喜，因为**走上研究这条路，每一次的收获都不是一个终点，而是又一个新的起点，下一站要走的每一条路，可能都会更加漫长与艰辛，但勤奋磨炼、持之以恒却始终是做学问和立身之本。**

虽然学术圈有一定的规则，但还是需要凭本事讲话。每年都有大批博士毕业，基本功扎实的比比皆是，凭什么在这个职场江湖中立足并屹立不倒？我们面对治学研究路上的坎坷波折，即便自认不是资质平庸之辈，也别指望一定能成为无敌天下的绝世高手，多少人走的路都是"十年磨一剑，霜刃未曾试"。

回想自己这十来年走过的求学与研究之路，忽然感慨万千。在那个有半年时间会被冰雪覆盖的城市里，我度过了六年的光阴，却从来没有过寒冷的感觉，因为屋里的暖气总是非常温暖；我也没有过寂寞的感觉，因为**一路有名师指点，潜心于学，做学问如入无我之境，躁动的心绪变得沉静充实**。导师教会我的不仅是治学的方法，还有严谨治学的态度，更重要的是他让我坚信学识与成就，都是日积月累的结果，无须刻意地追求。这些年来置身于竞争激烈的学术圈，感觉经营职业和攻读学位的不同之处是，前者更容易心有旁骛，靠磨一把重剑未必就能等到"今日把示君"的机会。

芬教授虽然已退休，但治学精神仍长伴我左右。**做学问要修入无人之境，必先修出无我之心**，人心不空，所谓的万千境界就都是空谈。我相信无论学术风气如何变化，一定会有一条我们可以潜心于学，又可以慢慢进步的路，只要我们永不言败，就可以再攀高峰。

2016 年 1 月 25 日

作者简介：彭玲（Lingpeng@Ln.edu.hk），香港岭南大学市场及国际企业学系副教授，2001—2007 年在加拿大阿尔伯塔大学商学院读博士学位，专业为市场营销学，师承亚当·芬教授。

周南感言：小故事，真性情。彭玲从感激导师带她走上研究之路开始，讲了一个感人的故事。蜡烛与太阳，一小一大，都是燃烧自己，照亮他人。导师退休了，但精神留下了，学生做研究变得不难了。谁言寸草心，报得三春晖？

2-35　学问与生命——记老爷子的"游学课"

彭璐珞

在香港城市大学周南老师门下，有一门人人踊跃的"必修课"——"游学"。

午后云淡风轻之时，三五同学少年，轻装简行，跟随矫健敏捷的"老爷子"（周老师昵称），从学术楼乘电梯、穿公路、越天桥，行至香港城市大学以北的笔架山，沿山径拾阶而上，至山顶折返。这段路，是游学的"主干道"。山气清新，树木葱茏。行人少至，倒是曾遇见猴群若干、山猪一二，与行山队伍迎面而过，相安无事。山顶可向南眺望维多利亚港湾，楼台及岛屿，天际与远山，奇丽景象，尽收眼底。

初次游学，颇感不适。原以为可以悠游信步，随意所至；不料这**行山之旅，松而不懈，宽中有严**。老爷子步履轻快，有时像小跑，常令跟随其后的我们气喘吁吁；他则自在地穿梭于队伍中，与大家闲话笑谈，更多的是切磋学术、探讨研究。老爷子思维井然，即使路中偶遇胜景，大家欢喜驻足、一阵雀跃后，他也总能迅速重拾之前的研究话题，不落分毫。我不解：以老爷子如今的资历和声望，为何还每天思考不辍，连行山也念兹在兹？老爷子说："我16岁插队，种地近六年。庄稼每天都在生长，农民每天都必须浇水施肥。一日不劳作，等'秋后算账'时，就只有挨饿。这样久了，也就慢慢没有了放假的概念，无论何时何地，都不敢松懈。"这份戒慎、勤谨，令我肃然起敬。正是在这宽严并济的行山途中，大家的许多研究构想悄然成形，日积月累，成果渐硕；老爷子的三言两语，常令心头困扰已久的难题迎刃而解。我恍然明白**老爷子为何将行山称为"游学"——从教室到山巅水涯，广袤天地间，无一不是切磋琢磨、酝酿学问之所在。**

游学日久，从中受用最深的，倒不是研究，而是老爷子接人处事的智慧。我素喜诵读中国传统经典，向往其中"道通为一"的境界；但在处理现实的人与事时，却常感叹"知易行难"。随老爷子游学，我发现，老爷子乃是"通经致用"的现实范例。

在香港城市大学，老爷子几乎人皆识之。他事不轻诺，言出必随。面对各种境况，总能举重若轻，游刃有余。对待"人情""关系"这些中国社会里的"独特基因"，常人或深陷其中，或视为畏途，老爷子却能如庄子所言"不将不迎，应而不藏"。其中有何窍诀？老爷子笑答："**中国人的智慧是圆融通达，不是黑白对立。我为人人，人人为我。**"这令我想起《道德经》里的句子"以其无斯邪，故能成其私"。

我好奇，老爷子留洋多年，为何能深谙中国的世道人心，通达经典的智慧？他回答："早年的生活让我领会了很多人生智慧，只是日用而不知。后来读费孝通的《乡土中国》，发现他写的不少东西都像是我当年的经历。""我真正读书很少，但对于经典，读过一两句，就受用终生。""**文章在研究之外，学问在生命之中。**""**有思想高度比看到理论前沿更重要。前沿只是一个方向，而高度将四面八方、前后左右，都涵括其中。**"我忽有所省，老爷子早年丰厚深刻的人生体验，实为"读一本大书"（沈从文语）；后来留洋，扎实的学术功底令生命充养，日益饱满；时至今日，精研覃思的学问工夫与千锤百炼的生命智慧，已经相互渗透，所思所悟，皆合于道。

过去常疑惑，为何老爷子言语如此朴实，却总如金石般掷地有声？现在想来正是因为，于老爷子而言，"生命之全体即为学问之自身"。他的学问与生命，通达无碍，互为印证，故而笃实、真切、有力。对于我们这些"大时代"下的青年知识分子，如何在学术的渊海与人事的江湖间穿行自如，如何贯通自身的学问与生命，老爷子当为典范。

如今为人师，身在岳麓山下的湖南大学，常会想起那段游学时光。记得老爷子曾说：教育是以生命影响生命。期待有一日，我也能携三五学子，从游岳麓山，相与切磋，相共问学。**学问与人生，在山色有无间，交融无碍。**思及此，更觉海天辽阔、境界无尽，更当进德修业、努力勉之。

2016年3月8日

作者简介：彭璐珞（pengluluo@139.com），湖南大学工商管理学院助理教授，2006—2012年在北京大学光华管理学院硕博连读，专业为市场营销，师承彭泗清教授。

周南感言：才女璐珞，当年以湖南高考文科第二名的成绩进入北京大学，燕园十年寒窗，其间，当过北京大学国学社社长，出版过个人文集《掬水月在手》。她答应来香港城市大学从事博士后研究时，我喜出望外。她中国文化的功底深，我虽年纪大，许多时候却要向她求教，她的解释总使我豁然开朗。璐珞心想事成，回三湘故里任教，千年学府多了一颗未来之星。

2-36 如何敲开研究的大门

孙 瑾

俗话说，先苦后甜。回想自己读博的经历，中间有过读博初期对未来迷茫的徘徊，有过精心准备的投稿被拒后的失落，有过在做月子期间修改论文的困苦，也有过论文被接受的喜悦。虽然其中的滋味三言两语无法说清，但非常重要的一步应该是博士论文的写作。

首先，**心态保持端正**。我的导师郭贤达教授曾经跟我分享过两句话，一句是世界著名的物理学家牛顿说的："如果说我比别人看得远的话，那是因为我站在巨人的肩膀上。"还有一句是哈佛大学教授同时也是中国科学院及中国工程院院士何毓琦说的："除了专注于努力工作，科研成功没有任何捷径可言。"一个好的研究基于两点：一是**前人所做的研究**；二是**自身的努力，坚持不懈的努力**。二者缺一不可。在国际期刊上**发表论文周期较长，通常需要 2—5 年的时间**，因而应该将论文写作视为一个系统工程，作者要规划自己的写作进程，尽量让论文写作形成一个草稿、评审、修订、接受的循序渐进的时间梯度。在这一漫长的论文写作过程中，坚持就显得尤为重要了。尤其是投稿后，拿到评审修改意见时，保持良好的心态非常关键。在阅读收到的审稿意见时，你可能会受挫、愤怒、伤心。审稿人会对你提出各种各样的要求，从重新建立理论模型到重新收集数据，甚至有时你会觉得审稿人并没有读懂你的论文，但他们仍然提出了大量的要求。这时，良好的心态是先把审稿意见放在一边，直到你愤怒或伤心的情绪缓解后，再慢慢地消化这些意见，然后再对论文进行修改。应该尽量多地回复审稿人的评论，但是记住，一定不要与审稿人过分争论。

其次，**论文精确定位**。选题是开展课题研究的一个重要环节。不同的营销期刊风格不同，有的偏重论文的理论贡献，有的则偏重论文的管理实践意义。**论文应与所投期刊的风格相匹配**。这就要求我们投稿前，参照准备投稿期刊中已发表论文的风格，并查看编辑委员会名单和该期刊的合作编辑名单，推测谁有可能会是审稿人，由此去阅读他们发表的论文和引用的论文，设想你在为他们写作，考虑他们会喜欢你怎样去设计并完成你的研究。在论文最后投稿前要反复雕琢、仔细修改。尤其有必要关注一些细节，因为审稿人会通过这些细节推断你对其刊物的重视程度、你是否做了足够的工作以及你的研究是否严谨。例如，在论文格式上要十分注意，确保遵循了该期刊投稿的格式要求；确保里面没有印刷排版和拼写、语法错误等；**如果研究者的母语不是英语，可以求助于做英文编辑工作的专业人士，更正和润色原稿的文法等。**

以上是我自己在博士论文写作过程中的一些心得和体会。相信大家在学术道路上的苦苦追求，终会敲开研究的大门。

2016 年 3 月 1 日

作者简介：孙瑾（sunjin@uibe.edu.cn），对外经济贸易大学国际商学院副教授，2004—2008 年在北京大学光华管理学院读博士学位，专业为市场营销，师承郭贤达教授。

周南感言：知己知彼，百战不殆。孙瑾分享了她写论文的两点宝贵经验，心态是做人，论文是做事。前者保持端正，后者精确定位，二者都包括己与彼，因此要"将论文写作视为一个系统工程"，所以她"敲开了研究的大门"。祝贺孙瑾，起帆了。最后，请各位注意她说的这句话："如果研究者的母语不是英语，可以求助于做英文编辑工作的专业人士，更正和润色原稿的文法等。"我英文写作的水平比中文高，但一样没有把握。我投稿给英文期刊前，一定请英文编辑改过。这几年开始写中文论文，也一定请博士或教授级别的学生修改文字。我的前两本书，每一篇都经过学生们的修改。有些文章被他们改到"面目全非"，返回来时，我已经完全认不出了。

2-37　承受挫折，不断成长

田　鼎

读博的决定是在我考研结束之后作出的。最初的动机其实并不是出于单纯美好的对学术的热爱，而是因为考研失利，只能调剂回本校，当时的我心里憋着一口气，希望能通过某种方式证明自己。本科时的指导老师周明结合我的特点，建议我在读研期间专心学术，然后申请到北美读博。这个"偶然"的决定让我走上了一条"必然"会走得无怨无悔的"不归路"。读硕士期间，有幸跟周老师和我读硕士时的导师阮丽华老师从事学术研究，让我对消费者研究有了最初步的认识，并对学术研究产生了浓厚的兴趣。**不知不觉中，做学术的外在动机转化成了内在动机**。身边没有任何同道中人的孤独感，让我能够奋勇坚持，在申请读博的道路上有条不紊地一步步前行，最后幸运地被阿尔伯塔大学录取。两年多的努力让我获得了一次宝贵的"被蹂躏"的机会。

虽然已经预期最初的适应过程会很辛苦，但还是没料到竟然需要自学编程写代码来设计实验，吃力地啃一篇篇英文论文和写论文读后感的崩溃感，以及在跟老师讨论学术问题和上课时无法完全听懂的那种惶恐，都让我几近崩溃。不过，人们往往会低估自己对情绪和新环境的适应速度，我也不例外。因为一入学就跟着导师做研究，所以我很快就在不知不觉中适应了读博的新环境。每学期邀请来的"大牛"教授们的学术报告、每年的消费者研究协会（Association for Consumer Research，ACR）会议、每周系里博士生的学术研讨会、每学期的讨论课程以及在实验室做实验的经历等，让我学会了如何进行批判性思考，如何从事严谨的学术研究。尽管如此，挫折和困难依旧会不时地出现，诸如第一学期经常想出一堆的研究想法，然后被导师一个个地秒杀掉；为了准备第二年年末四个半小时的综合测试，要背下两百多篇文献的作者年代和研究结论；准备第三年年末的候选人报告时，通宵达旦改了无数遍，等等。让我最有挫折感的是头两年花心思做的两个研究项目，最后都没有作出结果，数据几乎总是无法完全印证自己的想法，有时甚至怀疑自己的想法是不是太过另类，自己是不是压根就不适合做学术。幸运的是，我遇到了一位**非常负责的导师杰拉德·赫伯**（Gerald Häubl）教授，他让我明白能够承受挫折并从中汲取经验不断成长，才是一名合格的**学术工作者**。他并不会下指示要学生去做什么，而是会引导学生独立思考，产生自己的研究想法，这种授之以渔的做法让我受益匪浅。

五年的读博生涯不仅让自己的学术，也让自己的人生得到了一次升华。做学术毫无疑问是艰辛和困难的，但更是幸福和奢侈的。人有求知欲，学者不同于其他行业的人，能够以一种特殊的满足自己求知欲和好奇心的方式生活，自己的研究发现还能应用到我们的生活当中，何其妙哉！同时，做学术还培养了我们的批判精神和独立思考的能力，这对学术以外的生活也大有裨益。

对博士生的几点建议：首先要有远大而明确的目标。古人说得好：取乎其上，得乎其中；取乎其中，得乎其下；取乎其下，则无所得矣。在客观条件允许的情况下，尽量只做可能发高质量期刊的论文，如果一个想法在研究之前，自己都觉得无法发表在好的期刊上，不如直接放弃。因为哪怕是做这类项目也一样会占用读博期间大段的宝贵时间。其次，在**遇到困难和挫折时，要迎难而上，视其为一次提升自己的机遇**，把做学术当成娱乐而非工作（用框架效应激励自己）。做学术时切忌急躁和只注重眼前的利益，要有足够的耐心和毅力。同时，也要学会管理自己的研究项目，不合适的要学会放弃，不要什么都想研究，把项目铺得太宽，避免自己的项目之间毫无联系。毕竟作为营销学者，我们也要有自己的"品牌"。选择研究领域最重要的标准就是要做自己喜欢的研究，这样才会有足够的动力坚持下去。最后，在做学术时，**不要只读自己那个领域的文献**。很多时候我们的理论创新是一种整合式创新，需要把其他领域的一些理论引入另一个领域当中，促使自己跳出框框来思考。

2016 年 1 月 26 日

作者简介：田鼎（tianding827@163.com），武汉大学经济与管理学院助理教授，2010—2015 年在加拿大阿尔伯塔大学商学院读博士学位，专业为市场营销学，师承杰拉德·赫伯教授。

周南感言：舟覆乃见善游。田鼎考研失利，但遇上好老师，结果念了个博士，"让自己的人生得到了一次升华"。他以自己的亲身经历，对博士生提了几点建议。我看了之后，觉得这些建议对我也适用，比如：目标远大，迎难而上，切忌急躁。"我心匪石，不可转也。我心匪席，不可卷也"（《诗经·邶风·柏舟》）。

2-38 改文字，修心性

童泽林

读博之前，我没有听说过《管理世界》；读博时，看到导师黄静和师兄王新刚、张司飞在《管理世界》上发表了论文，我顶礼膜拜；博士毕业近三年后，我第一次以第一作者的身份在《管理世界》上发表了论文。现在回想起来，仍觉得虚幻。

发表的这篇文章修改自 2013 年我的博士毕业论文。经多次修改，5 月份，投稿给当年在清华大学召开的 JMS 会议。文章题目是"过犹不及吗？企业领导者道德行为对新产品购买意愿的影响"。会议结束后，文章没有再作修改，也没有向杂志社投稿，就这样一直搁在手里。

直到 9 月初，接到周南老师发给我 10 月份来京讲学的电子邮件，我才与周老师开始了频繁的交流。9 月 15 日，我把文章发给周老师，请他提修改建议。10 月，周老师在北京帮我从文章中提炼出"差序格局"的文化亮点，让我重新组织和设计。从此，奇妙的化学反应开始发生作用。

文章改到第 11 稿后，题目为："企业家公德和私德行为的消费者反应：差序格局的文化影响"。文章改到第 13 稿时，终于在 2014 年 3 月 10 日被投了出去，5 月 8 日通过初审，5 月 28 日第一轮修改，8 月 5 日第二轮修改，8 月 22 日终审，8 月 24 日拟录用，2015 年 4 月刊登。

投稿前，文章修改主要集中在三个方面：第一，画龙点睛。虽然文章投稿 JMS 会议的时候就已经修改了多次，但始终缺少神韵。直到周老师提出"差序格局"后，终于有了画龙点睛之笔。得到初审意见后，我们分析**文章之所以能够通过初审，是因为提炼出了"差序格局"这个亮点**。后来周老师总是谦虚地说："想法是学生的，文章也是学生写的，我只是在后面轻轻地推了一下。"如果把周老师说的话当真，那么他的这一推就是化腐朽为神奇！没有这一推，我可能仍在黑暗中挣扎，这种暗无天日的挣扎，读过博士的人都懂。更重要的是这一推，把我推到了中国文化与道德营销的研究方向上，让我有了"要做个学者"的感觉。

第二，重构故事。 对比文章修改前后的结构和写作逻辑，尽管故事没有太大的变化，但故事的结构与逻辑发生了重要改变。这一改变**把"茅草棚"改造成了"钢筋水泥大楼"**。文章骨架立了起来，条理清晰了，故事的可读性也强了。

第三，去毛除糙。 修改文字，力图做到精细、简洁、简练。这个过程，看似改文字，实则是修心性。当时周老师说"文字写作方面要小心，不能毛糙"。什么叫毛糙？就像刨得不平整的木头。可怎么才能刨平整？这**不仅关乎技术，更在于心性。内心浮躁，自然会反映在文字上**。虽然不能彻底解决浮躁的问题，但至少在某些事情上，要做到百分之百的不浮躁。

接着，想分享一点文章之外但与发表有密切关系的问题。首先，方向和路线一定要明确。学习西方，在国际期刊上发表论文，与国际接轨是一条路；但结合中国文化进行营销研究，并不意味着不能在顶级期刊上发表论文。大道相通，我想只要做出好的研究，也会被国际期刊接受。其次，为做研究找一个理由。如果是出于功利目的去做研究写文章，效果恐怕不会好。相比较而言，至少要能从道德境界找到理由。周老师说过：**"教育是以生命影响生命"**，那么我就是被影响的生命之一。如果能够上升到天地的境界，或许效果会更好（请参阅周南：《佛光山的星巴克——〈道德经〉的启示》3-20 职业，事业，人生）。

最后，**心怀敬畏**。对每一个研究都要心怀敬畏，如履薄冰，战战兢兢，**任何一丝半点的骄傲、狂妄都将令研究坠入深渊**。

2016 年 1 月 7 日

作者简介： 童泽林（Leotong@126.com），北方工业大学经济与管理学院讲师，2009—2012 年在武汉大学读博士学位，专业为市场营销，师承黄静教授。

周南感言： "专气致柔，能如婴儿乎？"（能把体内之气保持得像婴儿一样柔和吗？）（《道德经·第十章》）。泽林的书生气得益于两个"气"：先天之气和后天之气，用英文说是 by nature 和 by nurture。他是湖南省湘西土家族苗族自治州花垣县人，那里风水好，传给了他湘西人的灵气；在武汉大学，他遇上了一个循循善诱的导师，黄静老师教得好，培养了他做学术的底气。我只是给他提了一些小建议。2016 年新年伊始，他又在《管理世界》上发表了一篇文章。泽林说："任何一丝半点的骄傲、狂妄都将令研究坠入深渊。"我也要以此说法不断告诫自己，活到老，学到老。

请参阅： [1] 童泽林、黄静、张欣瑞、朱丽娅、周南（2015）："企业家公德和私德行为的消费者反应：差序格局的文化影响"，《管理世界》，4：103—111。

[2] 童泽林、王新刚、李丹妮、周玲、周南（2016）："消费者对品牌慈善地域不一致行为的负面评价及其扭转机制"，《管理世界》，1：129—138。

2-39 教学之路,始于"自卑"

万 炜

我在山脚的园子里长大。山是岳麓山,园是湖南大学的校园,山脚立有提醒人们"登高必自卑"的小亭。几十年于亭边来往,"自卑"两字已钻入脑海、融入血液,成为我人格的一部分。

父母均毕业于名牌大学,工科背景,敏锐犀利,邻居的伉俪来自北京大学外语系,儒雅风趣;另一单元的伯伯是儒学大家,满腹经纶。每日梭巡其中,受母亲训诂,看父亲搞发明,流连于张叔叔家的书刊,怔忡于陈伯伯的即兴考题。**少年"自卑",只因高人在侧**,不敢妄语,听其言,观其行,心向往之。

随后,文科略有优势的我跌跌撞撞地考入湖南大学电气与信息工程学院电气系;毕业时侥幸在省对外贸易经济委员会的招考中名列前茅,因而就职于国有外贸公司;离职后就读中山大学岭南学院与麻省理工学院斯隆管理学院合办的国际工商管理硕士(IMBA)项目进行全英文学习,想生吞活剥却只得皮毛。**青年"自卑",源于跨界学习**,专业切换,身无长技,腹空心虚。

而立之年,来到湖南大学工商管理学院市场营销系,**同事友善,学生好学。之前使我自卑的种种,糅杂在教学之中,产生了奇妙的化学反应**。少时的耳濡目染,习得了为师的姿态与风度;四年工科思维训练,使我在教学内容拓展之后一定要收拢归纳到主线,力求逻辑清晰;七年的贸易工作经验,令我每讲一处必要思忖知识点在真实商业社会中会以什么形态出现,务必沾些地气;IMBA项目的学习,助我及早地把视觉辅助、案例讨论、分组辩论等方法纳入教学,每次课堂都有亮点。

尽管教学上逐渐有了正面的反馈,此时的我,仍是自卑,一方面是研究一直没有突破,另一方面是教学上时感无力。我常在课前辗转,不敢面对学生。譬如:他,大型制药企业的营销总监,如何面授营销技艺才不辜负他四天的时间?他,本科学生,星巴克小伙伴，耸耸肩外加一个遗憾的小眼神就能让来店的老外痛快地办卡，还怎么向他传授销售技巧？他，农场主管，如何帮他解决令人头疼的农产品渠道问题？每当不安之时，我就会念叨"惟教半学"以及"弟子不必不如师，师不必贤于弟子"来劝慰自己，课堂内外放下身为教师的"偶像"包袱，与学生进行坦诚交流，并由此获得源于实践的知识累积。

进一步的修炼，践行着以下几点：读书，摸清理论的脉络与发展；**听课**，从Coursera（国外公开课）、学堂在线的名师授课中汲取精华；**追新**，关注有影响力的自媒体和公众号，从中获得教学灵感；**勤问**，将新管理现象的出现、新资讯与新思想的涌动与大家探讨；**善思**，不仅对学科理论进行思考，也对教学方法进行总结与反思。

去加拿大维多利亚大学访学期间，有感于国外商学院的教学，我写了《教过必有反馈》《教学即服务》等系列文章，在《案例教学：层层设问，步步惊心》一文中感叹道："我不止一次地回味这两堂在不断提问中推进的案例教学课。教授们提出的问题根植于案例，随着提问的深入又从案例中跳脱出来，每个问题都语义清晰、逻辑严密、环环相扣、追根究底，不仅鞭策学生提前预习积极思考，还能通过启发，让他豁然开朗，深感柳暗花明又一村。这不只是把案例的教学建议（Teaching Notes）背熟的技术活，绝对是投入自己多年的专业知识以及教学经验对案例的再次发掘和再次提升。"另外，站讲台时间量的积累也很重要，课堂站久了，自然会形成走动授课时最顺遂的路线、讲述与答疑时最从容的语调、掌控课堂氛围时最适度的气场。

这些年，因时时自卑而自知不足，唯刻刻心虚才虚心受教。**修炼之路，以山下的自卑亭为起点，步入岳麓书院半学斋为正途**，登上山顶亦不足以自傲，毕竟它只是南岳七十二峰最末的这一座，**更高的山，更远的路，没有尽头**。营销学科的授课，怎样更好地将实践融入理论，让理论指导实践？有待与众学友探讨。

2016 年 2 月 20 日

作者简介：万炜（wanwei@hnu.edu.cn），湖南大学工商管理学院助理教授，2005—2013 年在湖南大学管理学院读博士学位，专业为创新管理，师承曾德明教授。

周南感言：为什么当老师不容易？因为没有学生不好学，只有老师不善教？万炜亦教亦学，亦学亦教，善教好学，教学相长，获得 2015 年湖南省高校教师课堂教学竞赛一等奖，实至名归。登高必自卑，行远必自迩！向万炜学习，教好学生！

2-40 此动机非彼动机

王丹萍

我看文献时喜欢整理,所谓整理就是将文章抽象的过程。我喜欢做表格,或者用最简短的话概括文章主旨,然后将一堆文章或表格分门别类地打印出来,边阅读边删减,删减到最后,**把所有的文章变成一张图,或者一段话。**之后,我把这张图,或者这段话,留在脑海中。

这个过程极像人类的认知过程。我们从跌宕起伏的世界中、瞬息万变的日子里,按照我们的价值观把一个个片段、一幕幕电影抽象成一个关系,存储在大脑里。待日后遇到相似的情景,就从大脑里调出这个关系,赋予这个刚刚碰到的情景以意义,好的还是不好的,然后本能地趋利或者避害。

自工作以来,一方面因为初上讲台,在教学上投入了更多的精力;另一方面,在外漂泊十三载,初回故土,便一头沉溺于家乡的秀山丽水。也许是山水婉约、花草清新,这一年半来花了不少时间摄影、写散文和诗歌。这样的日子多是观察、记录为主。有时会在学校东区的芦苇荡里坐坐,只是听听池塘里的蛙呱呱、鸟叽啾,感受微风拂面、野菊溢香。这样的日子过久了,便习惯了纯粹的观察与记录,习惯了有血有肉、有滋有味的生活。

都说世界是跌宕起伏的,可看看我们的认知世界,那可不是起起落落,而是呈螺旋式的发展。我们儿时的亲身经历,或是家庭、学校的教育,在我们的大脑里刻画了各种价值观。**面对具象的现实时,我们将其抽象为符合我们价值体系的图式,**如此一来,我们的价值观被一次又一次地加固,到后来看到一个陌生的场景,会本能地将脑海里的价值观投射出去,赋予其意义。由于个人经历的不同,同一个场景不同的人便有了不同的看法。这个投射,让本无颜色的世间万物有了五光十色,让本无情感的人间万象有了爱恨情愁,但也让处于烟火尘世的我们慢慢迷离于这光怪陆离的幻象中,将其当作世界的本真、生活的原样。

想起宋代禅学大师青原行思的话语：参禅之初，看山是山，看水是水。禅有悟时，看山不是山，看水不是水。禅中彻悟，看山依然是山，看水依然是水。回顾自己参加工作的一年半时间，基本上就是慢慢地意识到此山温那水软不过是当下内心境况的投射。**山水本无情，有情的不过是观山赏水的人。在这个意识的驱动下，我更像是一个记录员，记录着时空的变幻、内心世界的更替。渐渐地，我对科研的目的和意义产生了疑问。**我想真实地走在一分一秒的时光深处，不想叫停时光的脚步，来评判这个人说这些话是什么意思，去思考那朵花为什么点缀了些许珍珠白。我只想静静地听他说，默默地守着它开，不管他说了些什么，它开成什么样子。

这样的心境与我原本所认为的研究俨然相左。在那时的我看来，我所做的研究可能在某种程度上是在利用人性认知上的弱点来为企业谋取利益。所以，我不想做那样的研究，一点都不想。具体忘了是什么机缘，忽一日，我意识到**研究只是一个工具，我们是用这个工具为自身谋利益还是为消费者、企业、社会谋福祉，全在我们的动机上。**如此一想，便又有了科研的动机。只是此动机非彼动机罢了。愿我们能用好手中的工具，还世界一个清明，还内心一片澄净。

2016 年 1 月 20 日

作者简介：王丹萍（wangdanping09@aliyun.com），浙江工商大学工商管理学院讲师，2008—2014 年在西安交通大学管理学院读博士学位，专业为市场营销，师承庄贵军教授。

周南感言：古人云：天下熙熙，皆为利来；天下攘攘，皆为利往。一念三千。丹萍想得深。如何平衡自己与他人、小我与大我，安身立命，每个人无时无刻不在面对。愿内心澄净，祝世界清明。

2-41 坚持，调整，向往远方

王殿文

之前看过很多老师和同学关于读博的感悟，深深地为他们的努力和坚持所感动。相形之下，自己见绌之处太多，需要继续努力。读博的几年，自己做得好的东西太少，失败的经历比比皆是。因此，在这里想和大家分享一下：当面对失败时，我是如何度过的？希望能给正处在爬坡阶段的同学们些许慰藉，同时也互勉互励，共同进步。

第一个想和大家分享的经验是**坚持**。我们都明白，读博士不是一件太轻松的事情，博士阶段的学习和努力会在一定程度上重塑一个人的思维方式与习惯，让我们有机会向一个真正的学者靠拢。但是，这个过程对于有些同学（包括我自己）而言可能不是那么顺利。内心的冲突和外部的压力都会在不知不觉中滋生懈怠的念头，对于我来说，**最困难的时候是在博士一年级的下学期**。那段时间比较压抑。多亏了周南老师、黄敏学老师和武汉大学其他老师、同学的鼓励与帮助，自己才坚持了下来。印象最深的是修改文章。那个时候，我连研究的大门都没有摸到，每一次修改都像是一次艰难的重生，可是依旧很难达到学术文章的要求。每次修改之后，我都会在文章的文件名后面标注当天的日期。我改得最多的一篇文章已经有四十多个版本。尽管这篇文章现在还在审稿阶段，但我想，如果之前不努力就轻易放弃的话，可能连审稿人给予批评意见后修改的机会都没有。

第二个希望分享的经验是**自我调整**。在不断的调整中以一个更好的心态来面对遇到的困难。特别是在苦闷的时候，一定要给自己的负面情绪找一个出口。我最好的情绪宣泄口就是运动。刚读博士那会儿，自己的英语很差，一篇文献即使花一个星期的时间也很难完全理解，几个简单的方程浪费了很长时间也不知道作者究竟是怎么推导的。我感到非常沮丧，学习效率自然也高不到哪里去。**为了排解负面情绪，我就去踢**

足球，到了球场不惜体力，每次都会让自己很累。这样，之前的烦恼和郁闷就减轻了**很多**。等到再次去看文献或是学习方法的时候，负面情绪就会缓解很多，自然地，效率也就提高了很多。这样周而复始，自己才能在学术这条路上继续前行。

第三个想分享的经验是**保持一颗向往远方的心**。这样才能更有动力。平心而论，对于资质平平的我来说，读博士从来都不是一件轻松的事情：四年的时间里**几乎没有什么游刃有余的时候**，大部分时间都感觉很吃力。很多时候，眼前的困难都会让我怀疑读博士的初衷。这个时候，我经常会想起宋朝理学家张载的一句话，他认为读书人的使命是"为天地立心，为生民立命，为往圣继绝学，为万世开太平"，自己既然选择了读博士、做学问这条路，就有责任通过自己的努力，在以往学者的研究基础上更进一步，不忘初心，做到"为往圣继绝学"。也正是在这样的激励之下，我才能完成博士阶段的学习。

2016 年 2 月 28 日

作者简介：王殿文（wangdianweng@163.com），中国矿业大学管理学院讲师，2011—2015 年在武汉大学经济与管理学院读博士学位，专业为市场营销，师承周南教授和黄敏学教授。

周南感言：人生万里，一动一静。殿文心向远方，不弃不离，方能到达。坚持是心里不放弃，为静；调整是不偏离，为动。如果不坚持，文章确实"可能连修改的机会都没有"；而不惜体力地踢足球，与其他运动一样，可以使心静下来。黄老师和我将继续与殿文互勉互励，共同进步。

2-42 多读，多想，多投

王 峰

学术路，酸甜苦辣涩，走起来不容易。谈几点不成熟的感想：

第一，坚持多读。读论文是学菜谱，熟悉每种食材的特性（理论）。武汉大学2009级营销博士班的兄弟姐妹都知道，每位同学的寝室里，最多的物件就是打印出来的论文（我们那个年代买不起平板电脑）。老师布置的、课后发的、自我搜索的，同学们还会私下里开讨论会，集体读论文，一起吃饭，一起讨论，互相学习。奋斗路上，友人相伴，不孤独。答辩后，我好像一共卖了三大麻袋论文。

第二，坚持多想。想选题是拼菜谱，重新组合各种食材（框架）。我是理科生，从数学专业至营销专业，思维差异太大。一直记得2009年在香港城市大学做研究助理时接受的"黄埔训练"，三个月，感觉周南老师最"讨厌"我，经常问我："So what（那又如何）？"我每次都无言以对，下次还问我，我又无言以对，就继续再问我……他不厌其烦地问我，而我只会就数据谈数据、就公式谈公式，至于深层理论和背后含义，没想，也想不到。从那以后，每当我有个新想法，汇报之前，都会先问自己："那又如何？"回答不了"那又如何"的选题不敢做；我全都能回答的，更不能做了。

另外，想法跟吃喝有关，读论文要闭门，想选题要开门。第一篇仿真论文是跟寿志钢老师喝茶时谈起的，第一篇建模论文是跟黄敏学老师在酒桌上想起的，第一篇SSCI论文是跟方二老师在饭桌上聊起的。受惠于周老师"那又如何"的鞭策，受教于三位"老板"的激励，我才慢慢"上道"。

第三，坚持多投。萝卜青菜各有所爱。读博时，投遍了所有中文管理类期刊（真的是所有），每次漫长的等待之后，都是无情的拒绝。长期在崩溃的边缘徘徊，对于被拒也麻木了（此处省略一万字的内心独白），直到2012年博士最后一学期，才发表了论文，得以毕业。中文受挫，就改投英文，根据文章选杂志，按级别由高往低一个一个地投，总有一款审稿人会相中你。被拒的过程和回复审稿人的经历，就不说了，跟大家的经历都类似，**要么欢呼鼓掌，要么准备改投吧**。

2016 年 1 月 9 日

作者简介：王峰（fwang@hnu.edu.cn），湖南大学工商管理学院副教授，2009—2012 年在武汉大学经济与管理学院读博士学位，专业为市场营销，师承黄敏学教授。

周南感言：王峰"记仇"，念念不忘当年我最"讨厌"他，老问他："那又如何？"君子报仇，七年不晚？我是"恶有恶报"啊！不久前，他在 JM 上发表了一篇论文，又荣升为副教授，看他习惯了不停地自问："那又如何？"我开始问得少一些了。他和陈漫最近当父母了。事业有成，家庭幸福。祝贺他们。

2-43 不念过去之无所成,不畏将来之有所败

王 辉

犹记 2011 年收到博士录取通知书时,我给导师张广玲教授发电子邮件,誓言不后悔;如今回想起头枕珞珈、面朝东湖、身居湖滨的三年读博之路,既有学习的艰辛,也有收获的愉悦。记得几许午夜清醒为论文的写作而百爪挠心;记得多次伏在布满饼干渣、牛奶等混合物痕迹的键盘上沉沉睡去,意志载浮载沉;记得无数次为午夜梦见年幼的女儿哭叫而揪心;更忘不了为我传道授业解惑的恩师们。

那一年,年近 36 岁,已为人母的我步入了武汉大学读博。之前,尽管已目睹了爱人读博的煎熬,可"子非鱼,安知鱼之乐",驱使我身体力行。明知到毕业之时,会因年龄问题而被人拒之门外,我还是义无反顾地选择了全脱产。旁人因为我的选择,在不可思议中竖起了大拇指:"你太勇敢了!"

说句心里话,我读博,于己于师均是诚惶诚恐。毕竟之前的专业与营销并无多大的关系,外加硕士毕业已近四年,科研早已随女儿的落地而被我无情地打入了"冷宫"。怎么办?张老师决定让我提前找感觉,在暑假读论文。还记得某一天(离正式读博入学还有两个多月),张老师一个电话打给我:"立即前来武汉大学听方二老师的讲座。"我欣喜若狂,立马赴会。三天的讲座听完后,满脑子均是听不懂的英文、看不懂的模型、搞不懂的方法……之前的诚惶诚恐又添加了几层,近乎有了放弃读博的念想。张老师安慰我:"刚开始大家都是这样的。"我信以为真,将放弃的念想弃之千里。

开学后,才发现自己什么都不懂,一切都得从头学习。每天读论文,每周汇报。博一结束后发现竟然连一丁点儿科研的"泥泞"都没沾到。天黑心灰之感使我几近疯狂,害怕向张老师汇报,不敢与其他老师交流,无法正视自己的无知,一心想放弃。正当这时,一群"启明星"微笑着指引我:张老师鼓励我"你已经很不错了";苏晨

汀老师语重心长地对我说"在博一、博二阶段基本就是看文献、写综述，不要急，慢慢来"；寿志钢老师、曾伏娥老师毫无保留地将他们的学识和经验倾囊相授于我。如今回头看，**如果当时没有老师们的鼓励，我又怎会在绝望中重燃希望，坚持走完那段路？**

正式开始写论文，应该是博一第二学期的事情了，论文的想法是同张老师和寿老师讨论的结果。文章至今仍未发表，但我收获了很多。后来，香港城市大学给了我一个当研究助理的机会。在香港第一次参加讨论会后，自信心又被无情地打击了，自卑感倍增。苏老师把我叫到一旁："在香港这三个月，你写一篇文献综述，一定会有收获的。"就这样，我不再那么浮躁与不安了，重新开始找主题、查阅文献。香港学习结束时，我也如期完成了文献综述。回到武汉大学，开始构思选题、琢磨模型、着手写论文。2013年7月，论文初稿终于出来了。因为当时只想着三年能顺利毕业，于是没有与导师多作讨论，修改了几次后抱着试试看的态度将其投给了《经济管理》。

已记不清12月那天是因为什么事，学院的导师和博士生聚集在一起，小明师弟奔到我面前说"恭喜师姐"，我很纳闷："喜从何来？""你的论文发表了！"我瞪大眼睛，"啊"地大叫一声，而后，飞奔到张老师身旁，告诉她论文发表了。**张老师比我还开心，全然不顾周边有人，与我相拥而笑。**今天细想起来，跟其他师兄师姐们相比，那篇论文平凡至极，可于当时的我，那是一种努力的见证与肯定，更是能如期毕业的砝码，我岂能不高兴？那一刻，顿感所经历的艰辛与折磨都是值得的！

2016年1月16日

作者简介：王辉（392274885@qq.com），湖南中医药大学管理与信息工程学院助理教授，2011—2014年在武汉大学经济与管理学院读博士学位，专业为市场营销，师承张广玲教授。

周南感言："学不厌，智也；教不倦，仁也"（《孟子·公孙丑上》）。2014年秋天，刚毕业的王辉去湖南中医药大学任职。几个月后，2015年1月，我到那里做讲座，王辉的领导和同事都对这个新同事赞不绝口，而她只是谦虚地微笑。我想，她的微笑和她随笔里提到的"启明星"张广玲、苏晨汀、寿志钢、曾伏娥老师的微笑有关。她的微笑尤其像张老师的微笑。你再注意一下，会发现张老师所有博士生的微笑都很相似。

2-44 千里之行,始于足下

王江安

2008年,我进入香港城市大学商学院读DBA学位。选择这里有两个原因:一是**在全球化大趋势下,香港作为连接东西方文化、教育和管理思想的桥梁,有助于我了解和体会经济、文化的相互交融**;二是作为一名内地上市公司的董事长,我希望有一**个平台能接触国际化的同学,借此互补与提升**。现在看来,这些当年的期望都已实现,甚至超过预期,让我在兼任集团两家欧洲子公司的董事长、开拓全球业务时,有了更多的从容和自信。

谈起学知识,在研究方法学习阶段,有两门课对我这个一直在内地受教育的人来说很受冲击。一门是"学术道德",用了一天时间讲解;另一门是"英文写作",用了两天时间讲解。我们这一届有十多个人,大多是外籍和香港地区的同学,其中多数是在美国和英国名校受的教育。我们在和教授一对一交流作业时,个个冒汗。研究推理要求逻辑严密、概念描述要求细致精准,这让我们感到紧张,也让我们受益良多。**两年的时间几乎都在"精确"、数据、相关性的课程里度过。对我来说,缜密的思维能力得到了很好的训练。**

说起写论文,首先是选题。我从事企业管理多年,最初的想法是选一个具有普遍规律的题目。因为从事汽车行业,我就想研究一下全球汽车行业一百多年来的演化规律,于是研读了许多与著名的汽车企业相关的书籍和文献。导师们没有制止我,只是让我侧重于某个更具体的点来研究。现在想来,这是让我摸索摸索,知道如何选题。就这样花了近一年时间,阅读的文献好像与最后的论文没有多大的关系,但却让我对海外大型汽车企业了解甚多。这也是收获!后来在导师们的启发下,我选择了全球大热的新能源汽车开发中的企业家意愿作为研究方向。目标明确,假设清晰,数据可以获得,引用的理论体系可以精确。通过问卷和访谈,我体会到收集、整理数据的乐趣和重要性；**通过理论研究，我体会到学术的创造力和价值，也倍感自己知识的浅薄和学海无涯，更要求自己"千里之行，始于足下"。**

"千里之行，始于足下"这句话，从小到大听过无数遍，但真正让我感受到这句话的分量的，是在周南教授的办公室里。记得那次在谈完论文进展后顺便聊聊我的新事业时，周老师很深情并语重心长地说到这句话。他的这句话让我再次感到来香港城市大学读博士，除了学到知识外，更多的是增加了自己人生的体验，是区别于其他工作、学习的价值观和思维逻辑的一种体验。

人生有很多老师，但周南教授和另一位导师苏晨汀教授给我的不仅仅是知识与研究上的教导，更多的是品格和人生的示范。他们引领我在研究上找到乐趣，也示范其在生活和工作中的宽容及谦和。正如他们用学术的方法解释**"缘分"：首先，相识是一个大概率事件；其次，在交往的过程中投缘；最后，重在相处。**

感谢香港城市大学，感谢与老师、同学们的"缘分"！

2016年2月8日

作者简介：王江安（wangja@chtgc.com），中国恒天集团公司助理总裁，中国恒天新能源汽车有限公司董事长，2008—2014年在香港城市大学商学院读博士学位，专业为工商管理学，师承周南教授和苏晨汀教授。

周南感言：一阴一阳之谓道。企业高管人员实践一脚深，理论一脚浅；大学教师理论一脚长，实践一脚短。两者互相学习，可以共同进步；这里的进步来自学习，共同进步来自相互学习。江安好学，读DBA，我们双赢。百尺竿头，更进一步。

2-45　为一个梦想而努力

王　凯

我很有学术情结，可能跟从小喜欢读科学家的故事有关，当时的一个梦想是要读个博士当科学家。

1997年，我进入一家世界500强企业工作。外企的工作强度和压力及国内的考试制度，使我无法实现读博的愿望。2007年，在通用电气公司做年终个人规划时，**我把读博这件事放在了第一位，下决心一定要实现梦想**。我首先换了份轻松的工作以保证时间和精力，接着开始寻找学校和老师，但几个月下来都不理想。2008年8月，一次出差中，无聊地翻看航空杂志时，法国格勒诺布尔高等商学院工商管理博士生入学资格的要求和课程与自己的想法不谋而合，打电话得知面试老师明天就回法国，便直接订票赶去，与老师沟通后知道当时申请已来不及，课题及资料要准备很多，但是得知明年入学肯定没问题，今年可以好好选课题和确定全职与否。

入学当天，在巴黎戴高乐机场遇见一位师兄，诉说他五年多来读博的经历，结论是，世上最难的就是读博士学位，能坚持下来就万幸了，最后毕业的不到20%……听他一路唠叨到了学校，随之而来的惶惶不安的学习生涯中印象深刻的是，教授们反复强调，大家要**做自己研究领域这面墙中的一块砖或一把泥土**，不要刻意创新和发现，否则很难毕业。与导师卡洛林·高蒂尔（Caroline Gauthier）沟通好课题后，我不停地检索文献并把它们下载下来，高蒂尔教授也时时发些文献给我，要求我写心得和进行反馈，几乎每周一次。有时导师的建议洋洋洒洒好几页，我在庆幸自己遇到一位好老师的同时，也感觉压力很大，有些力不从心，就打算向学校提出退学或休学的申请。

"私与往来，结为奔走之友。"无助时，校方主管杰夫和国内负责人约我谈心，分享他们在海外求学的经历，推荐已毕业的同门与我交流，更庆幸的是根据研究方向，庄贵军教授成为我的国内导师，后来发现自己苦苦追寻的文献全在庄老师那里时，实实在在有种"蓦然回首，那人却在，灯火阑珊处"的感觉，顿时信心倍增，宛如重见天日。**天下之事，常成于困约**。无论出差还是在办公室，我一般都是五点起床，坚持阅读、整理资料两三个小时，每次出差，处理完业务后都设法闭门留在酒店一天或两天看资料和写论文，有一次差不多三周没出酒店的大门。周五晚上到周日晚上不是在外地的酒店，就是在家附近的酒店，聚餐及宴请尽量安排在中午，婉拒一切外出娱乐及夜生活，充分把控自己的生活节奏，保证学习时间。就这样也是常常食不知味，夜不能寐，辗转反侧，一晚上躺下、爬起反复几次，思路不断，却又无从下手，于是抓耳挠腮、捶胸顿足。差旅中座位只选靠窗的以便看资料，一半的行李都是打印出来的资料，没有娱乐聚会，每周固定与同学互相督促汇报、工作、写论文和陪家人，就这样坚持了三年多。

四年之后完成论文的初稿，内外部专家评审同意答辩，经过几个月不眠之夜的修改，学校同意组织口试，理应欢呼庆祝，却一点都不兴奋，反而有种平静和解脱之感。7月正是休闲度假期，我带着家人去法国答辩，或许因为有时差，整晚睡不着，感觉有些恍惚。由于对论文很熟，所以心情还不错。论文答辩约两个小时，所有提问都在预料之中。评委们闭门讨论时，我脑袋中一片空白，呆呆地立在走廊里。最后，评委组长告诉我，全票通过，对论文的评价很高，计划上报作为优秀论文参加欧洲博士论文评比。学位授予仪式和参加导师请吃的法国土菜时，我一直昏昏沉沉，感觉他们比我还兴奋。

下午带女儿逛学校，在图书馆里再见到那么多商业伦理方面的图书时，一种空虚和孤独感贯穿全身，自卑感油然而生。想到高蒂尔导师让我检索文献，写阅读心得，并逐字逐句地阅读和修改，突然感到导师的耐心、容忍和不弃多么不易。尤其是庄老师的指导、鼓励及认可给了我努力向前的动力，同门对论文文献和数据的分析给了我无私的专业支持及帮助。五年来的努力和付出感觉如此的不易，这种感觉是如此强烈，以至于一直萦绕在心头。恐慌人生之短，**时不我待，焦虑时光在滴答声中流逝，做人做事能有几个五年？**

"等闲识得春风面，万紫千红总是春"，回忆读博的过程，作为职业经理人，重新调整人生轨迹可视为弯道超车实现梦想，也是一种思想的传承和生活的历练，确实为了一个曾经的梦想而努力了一把。

2016年2月21日

作者简介：王凯（kai.wang@vip.163.com），上海鑫束科技投资公司联合创始人，2008—2013年在法国格勒诺布尔高等商学院读博士学位，专业为营销道德，师承卡洛林·高蒂尔教授和庄贵军教授。

周南感言：人生无非逐梦。王凯读博，老虎吃天，"思路不断，无从下手"，又废寝忘食，"食不知味，夜不能寐"，更可怕的是，闭门造车，竟然"一次近三周没出酒店的大门"。自找苦吃，博士梦圆。我在黄浦江边见到他时，他说正在向下一个山头进军，谈笑风生中，酸甜苦辣咸。只要有梦想，凡事可成真。

2-46 乐在其中，苦也甘

王立磊

博士毕业虽一年有余，可读博期间的点点滴滴仍然历历在目。如果现在有人问我："读博累不累，读博苦不苦？"我会毫不犹豫地回答："如果乐在其中，又怎会累？又岂会苦？即使当时觉得'苦'，过后回忆起来必定甘之如饴。"**我曾经为论文选题、论文的创新点等问题愁得寝食难安，很感谢有这样的经历，因为它会激发你无穷的动力与斗志，会让自己越挫越勇。乐在其中，再苦也甘甜。**

记得博士入学考试结束的那一刻，我还信誓旦旦地说："如果今年考不上，明年必定卷土重来。"等待的过程是一种漫长的煎熬，还好等来的是录取通知书。

带着对读博生活的无限憧憬，我满心欢喜地来到学校。原以为读博士和读硕士应相差无几，可一篇篇的论文让我措手不及。后知后觉的我方知晓：**读硕士和读博士简直一个天上一个地下。若说硕士我是"混"过来的，那么毫不夸张地说，博士是从一篇篇的文献、一本本的方法书籍里钻出来的。**读博之前我甚至都不知道该如何查阅与下载外文文献，更不用提认真而完整地阅读了。

博一上半学期，没课的时候，我就带着文献去图书馆阅读。这对于其他专业的同学来说不可思议——他们不读英文文献。刚开始的时候，确实吃不消，一篇文章要看一周左右，就这样有的还是看不懂。我自卑过，为此也偷偷哭过。哭过之后，认真反思究竟为什么看不懂？怎样才能看懂？**反思后，发现自己：第一，英文太差；第二，对相关专业术语不太熟悉；第三，对实证分析方法一窍不通。针对如上原因，恶补相关专业知识、专业术语和研究方法。**功夫不负有心人，经过一段时间的努力，终于有了起色，面对英文文献不再害怕了，专业词汇也熟了，终于有点开窍了。看着打印出来的文章上中文标注越来越少时，我体会到"一分耕耘，一分收获"。**不抛弃、不放弃以及坚持不懈是进步的前提。**

自强不息与持之以恒固然重要,**得到优秀老师的指导与帮助也必不可少**。导师张剑渝教授循循善诱,引导我步入市场营销专业的殿堂;读博期间还有许多老师对自己的博士论文进行过悉心指导;一篇工作论文经过庄贵军老师数次指导后终于得以发表。读博期间能够遇到如此之多的好老师,是我一生的财富。

未来的路还很长,我会一直努力下去。只要不停下前进的脚步,终有一天我会实现自己的梦想。

2016 年 1 月 16 日

作者简介:王立磊(18931218432@163.com),山东青年政治学院经济管理学院讲师,2011—2014 年在西南财经大学工商管理学院读博士学位,专业为市场营销,师承张剑渝教授。

周南感言:君子如水,随方就圆,无处不自在。立磊进步得很快,她哭时我没有看到,但我清楚她的勤奋,欣赏她的热忱,也懂得她的梦想。"人有知学,则有力矣"(汉·王充:《论衡·实知篇》)。祝她取得更大的进步,早日实现自己的梦想。

2-47 事成,是因为缘分修到了

王新刚

2008年是我生命中不寻常的一年,那一年,我进入武汉大学经济与管理学院念博士。9月份入学后不久,同班同学李小玲在《管理世界》上发表的文章就见刊了(2008年第10期),让我倍感压力。在黄静老师的指导下,2008年年底2009年年初,我们发现了一个有趣的现象:2008年,万科的老总王石在汶川地震期间因言论违背人情而广受谴责;国美的老总黄光裕因重大违法行为被捕,社会谴责却相对较少。**从对公司品牌的影响看,为何企业家的违情行为比违法行为产生更负面的影响呢?**

最初,企业家违情与违法的说法是在《情理法与中国人》一书中看到情与法的概念后,**与导师讨论提出的**。可对一个初学者来说,违情和违法怎么区分及测量呢?难以找到参考文献。幸运的是,香港城市大学商学院的**魏国基教授来作报告时,讲了一个类似的研究**,恰好解决了这个难题。之后我就开始了漫长的写作过程,变换过很多关键词,搜索前人对企业家行为的研究,结果发现大多是研究企业家内部经营管理行为的,而对企业家社会行为的研究却较少。

直到2009年5月,**我找到一篇极为相关的研究之后,才开启了写作这篇论文的艰难历程**。与此同时,我们还收集了1998—2008年新浪财经专题中,52个企业家负面行为事件,后经筛选保留了17个。当设计问卷时发现,17个企业家事件,问卷要做好几十页,谁愿意填这样的问卷呢?此时,**黄敏学老师建议我们分两步做**,将企业家负面行为(违情和违法)、事件的严重程度(高和低)、企业家与企业品牌的关联度(高和低)组成八种情境,第一步,调查分析17个企业家负面行为事件分别属于哪种情境,第二步,从每种情境中挑选出一个有代表性的事件。这样我们的问卷就简化了很多,一个企业家负面行为事件就像实验设计中的一组情境。

同年6月至9月,我在香港城市大学做研究助理。8月中旬,**黄静老师去香港城**

市大学交流，讲了这个研究，事后寿志钢老师对模型修改给予了很大的帮助，讨论了模型该怎么绘制，都有哪些控制变量。至此，模型得以基本确定。回来后，论文的写作和修改得到质的飞跃，记得**彭泗清老师提出违情/违法可视为恶人/罪人，周南老师提出企业家与企业品牌高/低的关联可视为做人/做事**。这些都是非常有趣而且重要的思想，可我怎么把它们写进文章中呢？住在樱园，每天带着这些问题与从这里出去的前辈对话、与自己对话。功夫不负有心人，终于把这些思想与论文的研究结合起来，写了进去。在很多老师的帮助下，论文终于定稿。

但到数据分析部分就不行了，不知道自己做得到底对不对。**向曾伏娥老师请教时，她熟练掌握 SPSS 的程度让我吃惊，不看软件就可以告诉我不同的分析在哪个菜单下**。终于，论文在 12 月初投给了《管理世界》，半年的时间，经历了三轮修改后终于被接受了。每次回复审稿人后，都怀着忐忑的心情，非常害怕被拒掉。幸运的是，从提出想法到发表，一年半的时间，文章终于被接受啦。

一人拾柴火不旺，众人拾柴火焰高。**一篇好的文章，是集体智慧的结晶**。要坚持不懈，相信付出总是有回报的，**不仅人与人的缘分是修来的，人与事的缘分其实也是修来的**。"事"成了，是缘分"修"到了；"事"不成，是缘分未"修"到。

2016 年 1 月 7 日

作者简介：王新刚（wxg263@126.com），中南财经政法大学工商管理学院副教授，2008—2011 年在武汉大学经济与管理学院读博士学位，专业为市场营销，师承黄静教授。

周南感言："有匪君子，如切如磋，如琢如磨"（《诗经·国风·卫风》）。新刚当学生时，我就注意到他惯勤学苦练，后来发现他善切磋琢磨，现在注意到他爱索道求德。他今年又来香港，与我一起游学半年，不时上笔架山读无字书。登山大学问，一遍一遍攀，永远有惊喜；求知如登山，一点一点做，日日有新意。

请参阅：黄静、王新刚、张司飞、周南（2010），"企业家违情与违法行为对品牌形象的影响"，《管理世界》，5：96—107。

2-48 研究之路，贵在坚持

王雪华

记得第一次在香港城市大学见周南老师的时候，周老师笑着说："雪华，你要尽快适应香港的生活，抓紧时间做研究！"虽然香港是中国的一部分，但文化与内地相比，还是有很大的不同。到香港之后，我就开始想家。农历八月十五，在系办公室我的信箱里发现周老师给我的月饼，立刻热泪盈眶。在香港四年，前两年用来摸索自己的研究兴趣，也曾经有过自己为什么要读博士的困惑，始终觉得自己是研究路上的"门外妹"。时间就这样一点一滴地过去了，幸好我还是继续坚持走在这条路上。现在想想，虽然在香港的四年很短，却改变了我的人生。

读博第三年的时候，我开始写毕业论文，经常与周老师、杨志林老师和苏晨汀老师讨论，每次讨论后都出一身汗，总有很多问题要去解决。第一次作有关我毕业论文的汇报时，教授们的问题都很尖锐，让我感到非常紧张。但汇报完之后，发现自己对所要研究的问题更加清楚了。是的，理不辩不明！

我的第一篇文章是关于研究方法的，在杨老师和苏老师的指导下，我慢慢知道了如何与审稿人打交道，过程是痛苦的，但文章终于被接受了。这对增强我的自信心有很大的意义，也开启了我的研究之路。之后陆续做了好几个研究项目。我的经验是，一定要多想，多与其他研究者交流。

现在，我依然在摸索。收到刊物拒信的时候，刚开始会沮丧失望，经过调整和自我安慰，会积攒勇气继续往前走。收到拒信虽然痛苦，但一般都会伴有这个领域两三位专家非常宝贵的意见。先搁置几天，等心情稍微平静一些再去看，或许可以根据这些意见修改原稿，然后投给下一个杂志！如果有幸可以获得再修改再提交（Revise & Resubmit，R&R）的机会，就一定要珍惜，审稿人的每一条评论都要去回应，并且不能抱有侥幸心理。改动需要花费更大的气力，也一样不容易。

研究之路，贵在坚持。虽然这条路不好走，但幸好有这么多可敬可爱的前辈、老师以及同行跟我一起走。因此，我心里充满感激之情，感恩一直关心、鼓励我的老师们！

2016 年 2 月 3 日

作者简介：王雪华（wang. xuehua@mail. shufe. edu. cn），上海财经大学国际工商管理学院副教授，2003—2007 年在香港城市大学商学院读博士学位，专业为市场营销学，师承周南教授。

周南感言："学者如登山焉，动而益高"（汉·徐干：《中论·治学》）。开门学生，关门弟子。雪华是山东人，十几岁时就登过泰山。她说，过南天门时开心，十八盘最陡，最后一段最难；虽然累，但是很值。读博也一样，像拿把钥匙，开启人生与知识的一道大门，有时欢乐有时愁，但是很值。还在摸索，贵在坚持。

2-49 搬出"地下室"

王 毅

2006年我博士毕业离开武汉大学，不知不觉已进入职业生涯的第十年。看到学弟学妹们热烈地探讨博士阶段的酸甜苦辣，难忘的博士生活片段也一幕幕地浮现在眼前。今日提笔写下我所历经的一些小小的风景，与大家共勉。

对我来讲，真正的学术研究是从2002年开始的。那一年，我读硕士二年级，景奉杰老师从美国访学归来，带给我们国外营销学界的新思想和新成果，鼓励我们踏上定量研究之路。当时，国内营销研究的主流范式还是规范性研究，定量研究刚刚起步，没有很多定量研究的著作可以阅读学习，也没有丰富的文献可供参考借鉴。面临着一个全新的研究范式，我们这些初涉研究的年轻人简直毫无头绪。

第一次接触全英文文献时，论文中所涉及的模型及方法令我们一头雾水，甚至连常用的术语都需要一一确认。在景老师的指导下，课下，老师与同学一起阅读文献、琢磨方法，讨论到深夜；课上，每个人汇报学习心得，其他老师和同学则"拍砖""挑刺"，再共同讨论。听起来这个过程有些痛苦，但当时我们却丝毫都不觉得，因为**对研究的兴趣和执着成为支持我们的强大动力。在这个持续投入的过程中，我一点一点地感受到自己的进步**。英文文献阅读起来逐渐顺畅，定量研究的基本思路、主要方法和研究范式亦逐渐熟悉及掌握，直至"照猫画虎"地写出了自己学习生涯中第一篇真正意义上的学术论文。

2004年10月22日，周南老师第一次访问武汉大学，我负责接机，这是我第一次近距离接触周老师。陪同周老师的几天时间里，我听了他的演讲，并且在向他请教的过程中，我的视野得到了进一步的拓展，前方的道路也越加清晰。之后的几年中，周老师多次与香港城市大学的老师们访问武汉大学，不仅带来前沿的学术讲座，还逐一指导我们开展研究。同学们的研究进展也加快了，**从最初"照猫画虎"地模仿学习，**

发展到主动寻找有意思的研究问题并进行系统的研究。

2005年6月，JMS创刊号发刊及首届JMS博士生论坛在清华大学召开。景奉杰老师和汪涛老师带领我们前去学习。当时，营销学界不像现在这样有充裕的研究经费资助学生们参加学术会议。博士生若想参会，需要自己负担一切费用。为了节省开销，我们一群博士生住在海淀黄庄的一家地下室旅社里。虽然条件简陋，但我们参会的热情却非常高涨。记得深夜时，我们仍在昏暗的灯光下热烈地讨论，并准备着第二天学术汇报的幻灯片。**在首届博士生论坛上，武汉大学一行的四位同学全部获奖。**景老师"龙颜大悦"，决定挤出一笔经费为我们支付参会费用。于是，我们一帮人马上毫不犹豫地搬出地下室，兴高采烈地住进了一家地面酒店。

随后，在JMS 2005年第2期上，这次博士生论坛的获奖论文在经过几轮评审和修改后，大多得以发表。如今这些研究看起来或许已经不那么重要，但在当时对我们这些刚踏上研究之路的年轻的博士生们来说，却是莫大的鼓舞和激励。彼时我们所收获的不仅是荣誉，更是踏上学术之路的自信。

现下忆及初涉学术研究的求索与挣扎，我仍为能得到各位恩师的悉心指导而感到庆幸，在与一群勤奋优秀的同学的学习切磋中，我怀揣着梦想，踏上了学术之路。随后的研究道路上，我遇到过波折，曾有过彷徨、想过退缩，幸而身边总得恩师们的照拂与学友们的鼓励，才能坚持一路走下来。

2016年2月22日

作者简介：王毅（wyimkt@163.com），中央财经大学商学院副教授，2003—2006年在武汉大学商学院读博士学位，专业为市场营销，师承景奉杰教授。

周南感言：有缘千里来相会。上一个猴年——2004年，应景老师之邀，我第一次访问武汉大学。飞机正点抵达天河机场，王毅将我直接接到做讲座的教室，那里已经挤满了听众，座位上有，走廊上有，窗外也有。我心里一阵感动。我同武汉大学从此有缘有分。又是猴年，景老师早已另谋高就，王毅早已成家立业，但我们仨仍常见面，关系也永远那么亲密。

2012年王毅来香港城市大学当研究助理时，当了三个月的"夏令营"班长，全心全意地为大家服务。借此机会，感谢王毅！

2-50 选择了一种生活方式叫教研

韦 夏

我本科毕业后工作了几年，觉得青春已经晃荡没了一半，却看不到令人兴奋的未来。为了改变人生，我读了北京大学光华管理学院的国际 MBA，毕业那年手里攥了几个还算不错的工作录取通知，没有男朋友，北漂。尽管那时已经到了该安顿下来的人生节点，但在拿到北京大学光华管理学院市场营销系博士录取通知书的那一刻，还是欢天喜地地决定就读。也许是因为在光华的学术氛围里浸泡了数年，得睹大师风范，春风化雨、润物无声；又得大师指点，得以初窥营销研究的瑰丽绚烂，所以我变得理想主义起来，**觉得读博本身就是人生的圆满，教研就是我想要的人生**。至于资质平凡的我能不能博士毕业、能不能找到高校教职等问题，顾不得了。晚点总比没有强，先做做看吧。哪知我运气极好，接触到许多不平凡的人，一次次得到贵人相助，最终真的成了一个"青椒"。

做学术研究可能是很苦的事，但我想真正的苦是看不到希望和成长的人生。读博士时的我像金庸笔下的那个小张无忌，面对教授箴言、"大牛"著作那些武林秘籍，难求甚解，囫囵吞枣先努力记下来再说。我们系的博士培养模式是先不区分具体研究方向和定导师，好好修满两年半的课再说。我好像一下跳到了知识的大海里，每天都有读不完的文献，写不完的读书笔记、阅读心得、研究方案。那种感觉是"啊……不明觉厉（指虽然不明白你在说什么，但好像很厉害的样子。该缩句出自周星驰的电影《食神》中的角色对白）……哦……原来是这样……真好玩……"。慢慢地，自己也会去问"为什么会这样……能不能那样……哇，可能是这样吧……"。**慢慢地，看世界的角度和方式有了变化，能尝试进行批判性思考、探讨答案、与人分享。人生变得丰盈和有趣起来。**

直到挣扎着通过了资格考试，涂平教授指导我写毕业论文。涂老师做事极其认真，治学极其严谨，为人公正严明。他表面上不苟言笑，却是一个心细如发、对学生体贴慈爱的人。他给了我很大的自由探索空间，并总是及时指点迷津，我给他发的稿件和问题，通常不迟于第二天就会得到精心的修改和回复。

得到许多天赐和恩泽，我的人生也蓬勃展开，博士期间成了家，女儿诞生了，按时毕业，还到了深圳大学任教。梦想终于渐渐变成了现实，笨小孩也有春天。

如今，在教学方面，科研也还在给我丰富的滋养。同学们和我一样，在探索未知时都是好奇的孩童，在课堂上和大家一起探讨、思考，分享"意料之外，情理之中"，这种教学方式让**我得到了很多认同和喜爱。慢慢从教研相长中尝到了甜头，我感到工作非常充实和幸福**。我常会跟同是"青椒"的丈夫笑谈，说世上还有这么好的工作，给你机会去不断学习，不但不收学费，还给你发工资。

王国维说古今之成大事业、大学问者，必经过三种之境界："昨夜西风凋碧树，独上高楼，望尽天涯路""衣带渐宽终不悔，为伊消得人憔悴""众里寻他千百度，蓦然回首，那人却在，灯火阑珊处"。**找到自己能做的、爱做的，是幸运的；能做自己爱做的，爱自己在做的，是幸福的**。认真努力，一直坚持，乐在其中，人生就会不断绽放灯火阑珊般的美好。

2016 年 2 月 20 日

作者简介：韦夏（weixia@szu.edu.cn），深圳大学管理学院讲师，2009—2013 年在北京大学光华管理学院读博士学位，专业为市场营销，师承涂平教授。

周南感言：春天美好，万象更新，大地欢笑。"笨小孩也有春天"——因为韦夏努力、坚持、乐在其中。三者之中，"乐在其中"最要紧。"不苟言笑"的涂老师培养出了一个爱笑的学生，学生认为他"心细如发""体贴慈爱"；这个学生得到她自己的学生的认同和喜爱，感到充实和幸福；涂老师听学生这么说，应该也要笑了。生命中的每一天都可以是春天的开始啊！

2-51 坚持与信任

肖 莉

2008年秋，我去美国宾夕法尼亚州立大学开始攻读博士学位。毕业迄今已近三年。我仍处在"路漫漫其修远兮，吾将上下而求索"的阶段，**谈不上经验，有两点感悟**想跟大家分享。

第一点是坚持。这一点的确是"知易行难"！我仍清楚地记得第一次跟我的博士生导师丁敏教授见面时，他对我说"能通过申请来读博士的学生智商都不低。学得好坏不在于智商间的差别，而在于投入时间的多少"。**量变才能催生质变**，每周有效工作时间低于40个小时和达到或超过60个小时的，他们的成果一定有天壤之别。我曾询问过宾夕法尼亚州立大学几位研究做得比较好的年轻教师，他们每周的有效工作时间确实都达到60个小时甚至80个小时。要达到这么多有效工作时间，并不是让你牺牲睡眠时间，更不是让你放弃家庭生活，但逛街、朋友聚会、看电影这一类的休闲活动就要尽量压缩了。5年的博士生活说起来感觉时间很长，但过起来真的觉得时间不够用。在这5年中，我共修了25门课程，其中包括6门统计学课程和7门计算机课程，毕业时同时获得了营销学博士学位以及统计学和计算机科学辅修学位；完成了3篇工作论文。如果不能保证每周60个小时的有效工作时长，这些任务是难以完成的。

保证每周有效工作时长只是基础，遇到困难还能坚定不移地做下去是坚持的另一个方面。我在刚开始做"人工神入"（Artificial Empathy）方面的研究时，经常被人泼冷水，有人会质疑我所做的东西，对营销学有什么意义。当时我也很彷徨，多亏丁老师的开导和鼓励，才能坚持相信自己，相信自己做的东西，坚持继续做下去。直至关于人脸的论文在《营销科学》（Marketing Science，MS）上发表出来，这些质疑之声才戛然而止。

第二点是与导师间的相互信任。我在博士期间最幸运的就是遇到一位非常好的导师，丁老师无论在学术、工作还是做人上都是我的楷模，亦是良师益友，像家人一样。我看到过一些学生和导师之间交恶的例子，也听到过学生在背后抱怨和指责导师，我觉得这一切的根源都是双方之间不够信任。现在学生和导师之间都是双向选择。作为学生，你要仔细想好这个老师的研究方向你是否感兴趣、治学态度你是否推崇、为人你是否欣赏。**一旦指导关系确立，就是双方对彼此的承诺，要相互信任。**现在有种观念认为博士生只是导师的免费或便宜劳动力，我认为这是一种误解，至少在商学院是不成立的。丁老师指导我写一篇文章要花费大量的时间和精力，足够他自己写好几篇文章的。而且，老师指导学生要冒巨大的风险。如果指导的学生成功了，成功是学生的，老师并没有什么实质性的好处；但如果指导的学生失败了，或者做出一些不好的事情，那将对老师的声誉带来很不好的影响。然而对大多数学者而言，声誉是他们最为珍视的东西。所以**老师指导学生，通常是奉献多于回报，若不是对这个领域怀有热情，为了将学术传承下去，老师是没有太多的动力去指导学生的。**

我出错时，丁老师对我十分包容，"你现在是学生，你到这里就是来试错的"。如果不是丁老师对我充分信任，相信我不是有意犯错，我就没有这些发现错误、改正错误、获得提升的机会。当然，他也会说："类似的错误不可再犯。"同样，丁老师对我的批评和建议，我也会欣然采纳。我们之间也会争论，也曾出现过几次谁也说服不了谁的情况，但我还是会按照他的建议去做，因为我相信他的建议，是他能给我的最好的建议。而且事实证明，这些建议都是对的。作为学生，我们和导师的经历、见识、想问题的深度和广度等都有差距。这也正是他是导师、我们是学生的原因。有时导师的有些做法或者建议学生确实不能完全理解，但你一定**要坚持信任你的导师，相信他在尽其所能地帮助你。**时间会证明一切的。

2016 年 2 月 1 日

作者简介：肖莉（lixiao@fudan.edu.cn），复旦大学管理学院讲师，2008—2013 年在美国宾夕法尼亚州立大学商学院读博士学位，专业为市场营销，师承丁敏教授。

周南感言：学生既聪明又勤奋，老师既良师亦益友，读博就顺。学生对自己要求严，只是一面。子曰："文质彬彬，然后君子"（《论语·雍也》）。当老师的，仁术（文）仁心（质），定是君子（彬彬）。肖莉遇上丁老师，是她的运气。

2-52 练好基本功,勤思考、多动手

谢 毅

读博六年,毕业后工作已五年有余,自己逐渐从对研究懵懵懂懂的"门外妹"成长为现在有着一定学术热情和素养的青年学者。这个过程并非一帆风顺,正是其间的种种波折和磨砺才使我完成了蜕变。常常反思自己这段谈不上精彩的博士求学经历,如果再来一次会有哪些有益的经验可以吸取,有哪些弯路可以避免。以下是我的一些体会:

初入北京大学光华管理学院读博时,我的导师彭泗清教授就引导我**扎扎实实练好基本功。必修课包括:多读文献,勤练写作,积极参与学术活动,培养批判精神和严谨性**。经典文献要反复研读,争取可以庖丁解牛般地对文章进行分解、剖析,作为写作模仿的范例。老师们与我讨论研究问题时,一步一步地讲解如何提炼想法;帮我修改文章时,一个标点符号、一条参考文献也不放过;教我作演讲时,仔细示范如何通过手势和眼神与听众交流;鼓励我时,在我青涩的文献评述后写上"优秀"二字;参加学术会议时,鼓励我在报告中抒发己见;等等。彭老师等老师认真严谨的为学态度、广阔的学术视野和全心全意培养学生的精神深深地影响了我。

干中学。在博士学习期间要**找机会多参与研究项目,从简单做起,早点找感觉**。比如,在低年级时帮助实验室的师兄师姐招收受试者、开展实验、整理数据。这样能够激发研究热情,使学到的理论和方法不只是停留在概念层面。只有做才能发现纸上得来终觉浅,有些经验可意会却难以言传。在这个过程中,也可能发现志同道合的伙伴,成为日后的合作者。随着年级的升高,博士课程往往会以完成一篇半成品的论文作为结束。应该特别重视和珍惜这些小论文,把它们作为自己未来开展研究的基础。平时也要养成积累研究想法、及时捕捉思想火花的习惯。将它们记录下来,并经常拿出来思考玩味。我发表的第一篇英文文章,就是在课程论文的基础上完善而成的,我

还记得自己当时是多么的欣喜。很多前辈都提过"多个项目"的经验，意思是，在精力允许的情况下，除毕业论文之外还可以进行其他的研究项目。

博士阶段做研究、写文章，应该学会重点思考理论贡献和创新性，而不只是关注技术性的内容。判断一项研究是否具有理论贡献并不容易，需要对文献有比较全面的掌握。在文献的基础上有所创新更是难上加难了。当心态过于急躁、不够踏实时，就可能会避难行易，沉浸在技术性的细节上，而没有想清楚研究到底有什么样的理论贡献。然而，在前期的理论构建阶段必须要像审稿人一样反复问自己这个问题，反复推敲。虽然求学期间"理论贡献"这四个字已经在耳边磨出了茧子，但在我投稿的稿件被拒、评审意见是理论贡献不足时，我才真正体会到它对研究成果的决定性作用。

博士期间难免会有情绪低落的时候，特别是遇到挫折后，甚至会怀疑自我或否定自我。有段时间我也怀疑自己到底适不适合读博士、做研究。我的经验是，首先要明确，**消极情绪很正常，不用害怕，也不必回避，打开心灵与老师和同窗多交流，将负面情绪疏导出去**。然后思考问题出在哪里，是暂时的挫折带来的不愉悦，还是与自己长期的价值追求不符，以此检验自己的选择。找到答案之后会对学术有更深的认同感。而且，这样的体验往往是精神力量增长的契机，每次类似的反思之后，我都会感觉自己的内心又坚定了一分。读博这段对知识的探索之路应该是甘苦同在、苦中有乐、苦中作乐的，要学会享受这个过程。

都说学术勤为径、苦作舟，也许很多年后才能见到雨后的彩虹。在不断地学习思考、经历挫折和反省感悟中，**收获的不仅仅是专业知识，还有更宝贵的精神历练和价值反思——什么才是值得自己追求的事业？怎样的生活才是自己期待的生活？**

博士训练的过程是我人生中宝贵的财富。

2016 年 2 月 28 日

作者简介：谢毅（xieyi@uibe.edu.cn），对外经济贸易大学商学院副教授，2004—2010 年在北京大学光华管理学院读博士学位，专业为市场营销，师承彭泗清教授。

周南感言：读博路难行，尽管"过程并非一帆风顺"，要强的谢毅是怎么走过来的呢？靠勤，靠做，靠想，靠交流。"一旬半雷雨，泥泞相牵攀"（《杜甫·彭衙行》）。"种种波折和磨砺才使我完成了蜕变……见到雨后的彩虹……还有更宝贵的精神历练和价值反思。"雨常下，彩虹精神常在。

2-53 纪念我"无趣"的读博历程

谢志鹏

我不是一个很会总结的人，平日里做事也不会有太多的感想，想干什么直接去做就好了。不过提到读博士，却还是颇有感触的。

小时候，每当听到别人提起"博士"，都觉得那应该是电影里面的人物，戴着眼镜，抱着厚厚的书，很严肃的样子。从小我学习成绩并不拔尖，对于"学霸"向来是敬而远之。读硕士期间，我还经常和朋友们调侃说干脆以后去读个博士好了，哈哈一乐。不过，这句笑谈却成了事实，时间过得飞快，一转眼我已经博士毕业两年了。

读博第一年懵懵懂懂。觉得自己在**做一件非常神圣但又不太擅长的事情**。所以每次和同学以及我的导师汪涛教授讲话时都畏畏缩缩。"自己会不会说了一句很蠢的话？""他们会不会觉得跟我不是一类人？"讨论课时，我大多选择沉默。提到论文，我更是摸不着头脑。自己觉得写得挺好的提案，被大家批得体无完肤。我最怕的事情就是在自己汇报完研究想法之后，师兄师姐们都不知道该从哪里开始评论。而这种情况却经常出现。

第一年年末，我去香港城市大学商学院市场营销学系做研究助理。三个月的时间里，周南老师和苏晨汀老师不厌其烦地教导我这半个"门外汉"，使我打下了一些研究基础。更重要的是，香港城市大学的老师们对待科研积极的态度让我看到了一丝曙光。

汪涛老师的两句话陪伴着我度过了读博关键的第二年："**一句话说明这个变量和另一个变量在什么情况下有什么关系**"，意味着写文章必须聚焦于一点；"**有反转效应的模型才是好模型**"，意味着文章必须要有所创新。于是本着"做自己能做的事"的原则，我开始试着仅按照这两个原则写文章。

读博第三年，我终于确定了自己的主要研究方向是"拟人化营销"。这个话题来自讨论课上汪老师的点拨。在师兄师姐和老师们的帮助下，我磕磕绊绊地写出了几篇还算像样的论文。尽管在核心期刊上发表了一些论文，但学校毕业资格要求的权威期刊一直如鲠在喉。师兄师姐提醒我说，写好了文章要尽快投，要不然就会被别人占了先。于是我抱着等待奇迹发生的心态，向《心理学报》投出了我写出的第一篇定量方面的论文。运气不错，几个月过去，编辑部给我回复让我修改。几次修改过后，竟然被接受了。这个过程其实挺"无趣"的，不痛苦，但也不容易。

既然是随笔，就可以容我没有逻辑地说这么久。**回顾博士生涯，并没有发生任何"可怕""痛苦"的事，最多不过是累一些。但是话说回来，做什么工作又不累呢？我要感谢老师和师兄师姐们，他们不仅给了我知识，更是向我传授了对待科研的态度。科研是一种生活方式，做科研是一份体面的工作。高校氛围相对单纯，工作要求基本明确，时间安排比较自由。何乐而不为呢？**

2016 年 2 月 6 日

作者简介：谢志鹏（469491018@qq.com），中南财经政法大学工商管理学院讲师，2011—2014 年在武汉大学经济与管理学院读博士学位，专业为市场营销，师承汪涛教授。

周南感言：因为是"随笔"——随随便便地下笔，所以读起来轻松、"无趣"。其实，志鹏是努力的，可能属于"Work hard, Play hard"（工作起来拼命，运动起来玩命）的类型。我这么说，是因为他的聪明、用功是公认的，而且他还是运动健将，读博时是武汉大学学生羽毛球比赛的冠军，工作后是中南财经大学教工羽毛球比赛的冠军。人也比较纯真，真有点像"电影里面的人物"。一张一弛，文武之道，并不痛苦。

2-54 学做事,学做人

熊小明

转眼间,我已 30 岁。2015 年 6 月底,我顺利在武汉大学经济与管理学院获得博士学位,结束了我的学生时代。7 月初,我来到母校江西师范大学商学院报到,开始了我的职业生涯。我的后 30 年将是一名大学老师。我想用 30 年作为一个分界点,谈谈学习心得,也说说自己的规划。

学"做人"、学"做事"是我一辈子的学习目标。在武汉大学求学的三年里,我真真切切地体会到了如何学"做人"和学"做事"。

我相信大多数武汉大学市场营销与旅游管理系博士生的在校学习生活,应该都非常"忙",且充满焦虑和苦恼,忙是因为有看不完的文献,焦虑是因为遥遥无期的毕业资格论文,苦恼是因为研究计划模型总不成熟。三年的学习,让我的逻辑思维能力、创新能力、语言表达能力都有了本质的变化。**专业训练("做事")让我感觉自己变成了"另一个人"**。

除了专业上的训练,还有一点小插曲。我担任市场营销与旅游管理系的秘书两年多,有时确实需要费点时间和精力,去配合老师们做一些事务性的工作,导致我积累的文献可能没有其他同学多,虽有一点小遗憾,但我却有其他收获,因为我对"做事"有了新的理解,**"做事"不只是要把专业的事情做扎实,有时还需要同时兼顾好几件事**。

我每天都有自己的学习计划,从没有因为做了其他事而耽误学习。已记不得有多少个夜晚是凌晨两点后睡觉,原因很简单:当天的学习任务没有完成。尽管那段时间有时会觉得有点累(仅是身体累),但感觉生活充实。时至今日,我都觉得那段日子过得很有意义。

三年的博士学习丰富了我对"做事"的理解,也锻炼了我如何学习"做人",这要感谢武汉大学市场营销与旅游管理系所有的老师，与他们交流总是能让我"脑洞大开"。老师们风格迥异（比如，黄静老师沉稳，汪涛老师睿智，黄敏学老师犀利，张广玲老师严谨……），让我感觉与他们在一起是一种"享受"，因为我从他们身上学会了要从不同的角度、以不同的角色去看待和解决问题。耳濡目染下，我也能做到站在他人的角度去看待问题，用一颗真诚、善良的心与他人相处。我感觉自己进步了，**变成了"另一个人"**。

前面的30年，我学"做事"和学"做人"；而后的30年，我要做"好"事、做"好"人。因为刚工作不久，心得谈不上，只能对自己提两点要求：**做"好"事**——把事做好；**做"好"人**——做个善良、真诚的普通人，踏实、用心地完成教学和科研工作，不备课就不能上课，没有科研就不是在工作。这两点既是我的工作目标，又是我必须坚守的准则。

2016年2月3日

作者简介：熊小明（604397059@qq.com），江西师范大学商学院讲师，2012—2015年在武汉大学经济与管理学院读博士学位，专业为市场营销，师承黄静教授。

周南感言：从做事到做人，从小我到大我，从成长到成熟。小明说："我感觉自己进步了，变成了'另一个人'。"我为他的进步和成熟喝彩！"做事"体现工具价值，而"做人"追求生命价值，"好"通过感悟实现，小明已经"感觉"和"享受"到了。

2-55 浪子回头，不惑于情

许志炜

我年少时下过乡、出过国，是一个在异国他乡四处流浪的孤独的小提琴手。那时我没有信念、没有理想、没有追求，似乎只有每晚拉琴的时候，我才感觉自己还活着。有时我交不起房租，睡过马路，睡过教堂。回国后，进入武汉大学经济与管理学院读博士时，我已经31岁了。

博一时，我基本上是胡乱学，胡乱做研究。首先，我以前的专业不是营销，感觉自己在这里读博士，就像瞎了一样，眼前一片漆黑。最关键的是，尽管挂着个武汉大学博士生的头衔，但我的人生还是跟以前一样**迷茫、困惑，没有信念，也没有追求**。

我回顾了一下这么多年的挫折和困惑，发现原因在于自己天生拥有强烈的情感。这也许正是让我在艺术上有些天赋的原因。后来，我做品牌个性研究时，查阅了很多心理学方面的书籍。在**精神分析学泰斗荣格的著作中，情感与思维，是一对相互对立的事物，无法共存，此消彼长**。这时，我似乎明白了为什么得道高僧一定要到深山老林等远离人烟的地方独自修行。也许只有这样，才能把自己的情感需求降至最低，才能极大地提升自己的思维能力。

于是，我对自己说，想要明智，先要学会不惑于情！从那时起，我尽一切可能**把自己的情感需求降至最低，一切涉及情感的事情，要么看得非常淡然，要么看得非常幽默诙谐**。慢慢地，我发现自己确实有了很大的变化。首先，我不再焦虑了，也不再抑郁了，脑子也变得更好使了。同时，对孤独和寂寞，也有了完全不同的认识，开心地投入于自娱自乐之中。每天，我独自待在一个安静的房间里，戴上噪音屏蔽耳罩，安安静静地看书、做研究、写论文，累了就拉会儿小提琴或出去健身锻炼。慢慢地，我不仅完全习惯了这样的生活，同时也觉得人生变得更加充实和美好，更重要的是，**我似乎找到了这辈子最渴望的东西：一颗平静的心**。

博士生涯还算顺利，三年一晃就过去了，我顺利地毕业了。现在我经常看到很多博士写的学习和研究心得体会，虽然这些都是宝贵的经验，但我觉得，每个人都有最适合自己的生活和学习模式，别人的经验只能参考，不能照搬。最重要的是，**每个人都要明白自己性格的优点和缺点，为自己找到最合适的生活方式。**只要你找到了，面对压力和烦恼，你就可以战胜它。然而，真正地去认识自己的心灵，可不是一件容易的事。也许少数人在童年时期，心灵就已觉醒，而我一直苦苦挣扎，到而立之年才模模糊糊地体会到什么是"明智"。

爬过博士学位这座大山后，我回想了自己的成长历程，觉得非常幸运，在读博时遇到了一位好导师，那就是黄静老师。黄老师严谨客观、实事求是，在她循循善诱的教诲之下，我性格中的主观任性、形而上学等缺点，得到了最好的克服。在这里我要再次对黄老师说："师恩浩大，无以为报，学生将永远铭记在心！"

如今的我，从一个流浪的小提琴手，变成了讲台上的大学老师。回首十年前那个浪子，感慨万千，因为他很不容易，坚持走了过来，成为今天的自己。在经历了两种完全不同的人生后，我对心理学的很多理论，尤其是人格理论，又多了一份理解。我现在的研究方向就是把心理学和营销学结合起来，希望一个不惑于情的新的自己，能拥有一双清澈的眼睛，看到更多的真理，并在未来做出一些有趣的研究。

博士毕业时，我在自己穿博士服的照片下，写了一段话，作为对自己终于醒悟的青春的一个总结：

尽己力，听天命，不惑于情，无愧于心，顺势而为，随遇而安，知错即改，迷途知返。如此一生，甚好。

2016 年 2 月 13 日

作者简介：许志炜（1258660910@qq.com），湖北大学商学院讲师，2012—2015 年在武汉大学经济与管理学院读博士学位，专业为市场营销，师承黄静教授。

周南感言：往事如烟，前路如梦。志炜有荣格和黄老师两位"贵人"引路，明白了自己的优缺点，走上了一条最适合自己的生活和学习的道路。昨天流浪的小提琴手，今天讲台上的大学老师。人生是个寻找自己的征途。宁静致远，如此甚好。

2-56 从现在开始，一切都不算晚

杨 艳

成功的故事不外乎"勤奋＋天赋"。每个人的资源禀赋不同，需要克服的困难和解决的问题也很不一样。我的故事大抵可以概括如下：一个曾经三心二意、半路出家、不太年轻的研究者如何折腾的经历。

2004年，我硕士毕业于武汉大学，现在看来，那时内地的营销学术研究还处于早期发展阶段，高校教职的位置相当空缺。但一向保守的我，觉得还是出道太晚，因此在"先进高校占个坑"和继续深造之间选择了前者，进入一所二本高校。时间久了，感觉自己的进步十分有限。加上被身边不断出现的优秀年轻学者的故事耳濡目染，决定还是回校园攻读博士学位。当时已经是2008年了。读硕士的时候在班上被称为妹子，而念博士的时候同学都叫我杨姐。硕士班上一直念上去的同学都当副教授了，我还在为毕业论文开题而烦恼。好像我晚了？不过既然已经选择了重新开始，也只能逼迫自己一切向前。读博期间的种种折磨和烦恼，不再赘述。阴差阳错的是，我的博士生导师是人力资源方向的，不是主流的组织行为学研究领域，与我硕士时的研究方向和兴趣差别很大。

很不励志，缺乏正能量，是吗？但俗话说得好，上帝给你关上一扇门，会同时为你留下一扇窗。博士毕业时恰好有一个到澳门大学做博士后的机会。我意识到自己的问题是研究缺乏专注性。所以，2012年5月我去澳门大学，做了一个科研"临时工"，把自己隔离起来，开始进行真正的独立研究。我用一年的时间完成了一个独立的研究。2013年夏天，我到香港城市大学访问，并开始投稿，期间得到周南老师和苏晨汀老师的热情指导及帮助。2014年春天，我终于第一次在SSCI期刊上发表了一篇关于旅游的论文。自此，我的研究才算真正开始。

我的感悟是，**只要开始，永远都不算晚**。其实2004年我硕士毕业时，发表论文相对容易，谋得高校教职也是很轻松的，但当时我作出了保守的决定，没有拿到博士

学位就工作了。幸亏后来又重新回到学校。到2012年，一直念上去的硕士同学都拿到两个国家自然科学基金项目了，我才刚刚"混到"博士毕业。幸好后来我选择了去做一段时间的博士后研究，研究才走上正轨。到现在开始为各个国内外学术期刊审稿，评审国家自然科学基金项目，指导研究生写作……如果没有开始，这一切都不存在。

专注。这种专注**不仅是投入时间的连续，更包括心智意识上的长期警觉**。因为研究灵感是稍纵即逝的，想法可能隐藏在你身边的某个时点或角落。只有保持对研究的警觉，灵光闪现时你才不会错过。我申请的国家自然科学基金青年项目的题目就是在去学校食堂吃饭的路上聊天聊出来的。

热情自信。这一点我做得并不好。但我在澳门大学的博士生同学贾斯汀（Justin）给了我很大的鼓励和启发。贾斯汀同学作为"高考移民"考上的只是普通一本院校，学的是文科，并读了本校的硕士，后来考上澳门大学的博士。所以，贾斯汀同学的研究基础和很多年轻学者相比是较差的，但到了澳门以后，他的进步可以说是有目共睹的。每天一边学习英语，一边学习各种数理统计工具、研究方法，一边做研究。他对人和事都非常热情，口头禅是"没事，我来搞定"，仿佛什么也难不倒他。这么一个热情的人，真是对什么都全身心地投入。为了尽量做好一次学术汇报，他可以一晚上不睡；为了吃到好吃的湘菜，他可以跑很远的路；为了第二天的课程助教任务，他会反复练习；对所有的学术会议，他都积极参与，据说去美国做博士后研究的机会就是在一次会议上"勾搭"上的……当我第一次见他时，他还是一个各方面都欠缺的博士生；而我离开澳门大学两年后的现在，他在所在领域的顶尖期刊上已经有好几篇论文被录用了。

当我们选择了学术研究这条路后，**自信会让我们愉快，热情会让我们专注，而专注会给我们收获**，只要开始，一切就不算晚。祝大家开心研究，愉快生活！

2016年1月25日

作者简介：杨艳（yangyan@ecust.edu.cn），华东理工大学体育经济理论研究所副教授，2008—2012年在华中科技大学管理学院读博士学位，专业为人力资源管理，师承胡蓓教授。

周南感言："两岸猿声啼不住，轻舟已过万重山。"杨艳看来起步晚，但她说："只要开始，一切就不算晚。"我被感动了！尽管岁月越来越无情，在我脸上画上了越来越多的"杠杠"，但我要学习她的这种精神，坚持每天学习新东西。"苟日新，日日新，又日新"？

2-57 寒冬教给我的道理

杨 治

武汉的寒冬有时真让人受不了，湿漉漉地从骨子里冷到牙齿，这不由使我想起自己在研究道路上所经历过的寒冬。对我而言，寒冬是最好的教练，教会我如何自处，如何在困境中安静下来，思考研究的本质。

2008 年，我从香港大学商学院毕业，加入华中科技大学管理学院。因为以前的背景是经济学，向管理学转型并不容易。研究范式不同，理论不同，逻辑表达也不同，似乎一切都要从头学起。至今都记得自己尝试转型投出去的第一篇文章，改了五遍，但还是带着浓浓的经济学味道，被拒是可以预见的。内隐智力理论（Implicit Intelligence Theory）说不同的人对自己能力的假设不同，因此有些人看重结果，有些人看重过程。寒冬的考验是当你面对各种压力时，能否静下来自我反省，提高能力。这是寒冬教给我的第一个道理：**坚持学习，莫问出路**。文章被拒本身令人沮丧，但我很欣喜地发现这是一面很好的镜子，能够照出自己在哪些方面存在不足。从经济学转向管理学，方法不是问题，但在理论的把握上我却存在严重的不足。

于是，我开始认真思考，**一个管理学研究到底怎样才算有学术贡献，才算是一个有价值的研究**？我找来二十多篇顶级期刊上的文章逐个分析，每篇文章读完我都尽量用一句话去总结一个问题："作者到底做了什么？"这个问题看上去简单，但是读过文献的同学都知道，真让你去总结，其实一点都不简单。**如果你没有真读懂这篇文章，你是说不清楚的**。这个总结还同时隐含着另一个问题："为什么这个研究有价值？"顺着这两个问题下来，当然你还可以问第三个问题："这个研究有什么不足？"后来我发现，不少人读文章时脑子几乎是一片空白，二十多页的文章读完什么都不记得。我的经验是，如果读每篇文章，你都能时刻问问自己上面的三个问题，效率就会大大提高，而且日积月累就能形成关于某个领域发展的宏观概念，也更能发现潜在的研究问题。这其实是批判性思维的训练。**我让学生读的所有文章我自己都读过**，不仅自己坚持如此训练，也要求我的学生这样做。每次文献阅读后我都会问他们这三个问题。开始时他们很紧张,常说不到重点。慢慢地,他们的归纳能力越来越强,更可喜的是,开始慢慢能提出有深度的理论问题了。

在寒冬里,我学会的第二个道理是**必须聚焦**。迫于压力,我们会本能地想去抓住任何可能的发表机会,因为这关系到考核、奖励、晋升,等等。可这种看似积极的努力,到头来可能浪费了你最宝贵的时间和精力。而坚持深耕一个方向或主题,才是厚积薄发的基础。我曾尝试过很多研究主题,从经济学到社会学,甚至心理学,发现自己读得越多却越迷茫,研究的现象也杂乱无章。很快我就发现这样不行,一来,精力有限,实在顾不过来;二来,每块都做不深、做不透,浅尝辄止。**研究因聚焦程度的差别而存在四种方式:(1)用不同理论解释不同现象;(2)用不同理论解释一个现象;(3)用一种理论解释所有现象;(4)用一种理论解释一种现象**。我最初的研究是第一种方式。这种方式可能会有不少产出,但很难提高研究水平,更讨厌的是没有自己的"特质"。每个研究者都应该在圈内建立起自己的标识,而这种标识的建立是基于对某个问题的深入研究。所以,我开始有意识地聚焦,从第一种方式向第二种方式过渡,聚焦于一个现象。目前,我80%的研究和企业创新相关,所做的两个国家自然科学基金项目也是关于创新的。逐渐地,我的研究层次丰富起来了,有组织内的微观分析,有组织间的企业分析,也有行业层面的宏观分析。所用理论也尽量聚焦,集中在社会网络理论和企业行为理论上。

科学的本质是探究真理。尽管研究之路犹如寒冬,但真理的光芒可以令我们走出寒冬,迎接春天。在这个过程中,希望我们能够不忘初心,追求真理。

2016年2月2日

作者简介: 杨治(zhiyang@hust.edu.cn),华中科技大学管理学院副教授,2004—2008年在香港大学商学院读博士学位,专业为经济学,师承陶志刚教授。

周南感言: 真理像天上的星星,从高寒处冷眼看世界;追星者满腔热血,奋不顾身。前者是事,后者是人,理智加感性,严谨加豪迈,聚焦于某一条主线,从专到精,每个人都可能在自己的学术领域种出一席之地。杨治的话很有哲理,使我联想起自己在学术道路上走过的三个阶段——功利、道德和天地。第一个阶段,我主要研究广告以及营销的社会和经济作用,属工具理性层面;第二个阶段,上升到关注主导营销的品牌力量和支撑品牌的文化精神,属价值理性层面;第三个阶段,向上跃升至思考人生意义和哲学问题,属道德和天地范畴(请参阅周南:《佛光山的星巴克——〈道德经〉的启示》3-20 香港:职业、事业、人生)。一步步向上走,越来越聚焦,也越来越"乐以忘忧"。路遥知马力,岁寒知松柏,高处不胜寒。

2-58 莫听穿林打叶声,何妨吟啸且徐行

姚 琦

我的科研与很多同行比起来并不出色。但是,把自己这些年做研究的心得写出来,即使不能给后来的同仁们太多正面引导,或许也可以当作经验和教训。

举一反三,做学术的"悟性"。刚开始读博士时,我对什么是做研究、如何做研究、怎么选题的认识几乎是一片空白。记忆深刻的是,第一次参加 JMS 会议,面对台上所讲的内容,就是在听"天书",看到所谓的模型、统计分析,一头雾水。心里暗自"打鼓":"原来营销学的研究这么难,我自己什么时候才能上道啊?"然而,会议中的压力很快转化成学习的动力。让我受益最大、获得帮助最多的,是每周一次导师团队的"文献交流",同门的每位博士生各自根据导师黄静教授的研究方向,阅读最新的英文文献,"消化吸收"以后,集中在每周的讨论会上进行分享,并提出对自己研究的启示。慢慢地,自己开始对做研究、写文章、定思路的"套路"有了一些体会,从最初的"哑口无言"变得可以说上三言两语了。在日积月累的过程中,**从文献的"言传"开始,到梳理和思考之后"意会",逐渐悟出了一些道理。**

坚持不懈,做学术的"韧性"。做研究,尤其是基础研究,需要坚忍不拔、坚持不懈。读博第一学期的寒假,黄老师让我写一篇关于"公司品牌个性塑造"的综述性文章,由于还没有接受系统的写作训练,第一次写出的撰写提纲被导师严厉地打了"板子",两次、三次、四次,数九寒冬,大家都张罗着过春节的时候,也曾想过放弃,觉得自己太笨,但在黄老师每次耐心细致的面谈和引导后,文章离老师的期望也越来越近了。最后,经过努力,文章发表在《武汉大学学报》上,这也是我学术生涯中的第一篇作品。"梅花香自苦寒来",要感谢武汉的寒冬和黄老师的温暖,帮助我"迎来春天"。

选好方向,做学术的"惯性"。博士的"博"是指在广博知识基础上的精深。选

好方向，就是在"精深"上下功夫。精深的好处在于：对一个问题了解得透彻和细致入微。然而，"陷"得越深，越难以自拔。**每个方向，都大有文章，找准自己最感兴趣和最有感悟的问题，深入下去，一定会有所收获。**从读博士开始，我一直是在消费者行为研究领域，曾经也因为做消费者行为研究的人多，而想过转到战略领域。然而，转方向并非易事，需要从零开始的勇气和毅力。另外，选方向还跟发文章有关，例如，《管理世界》并不太喜欢偏重微观的消费者心理和行为方面的研究，这一点也算是自己的经验。所以，做研究是有惯性的，有的知名学者，围绕一个话题，在一个领域可以研究 10—20 年。因此，选对方向，不摇摆，深耕细作，必有回报。

"莫听穿林打叶声，何妨吟啸且徐行。"悟性（天）、韧性（人）、惯性（地），这三点我还做得不好，让我们大家共勉！

2016 年 2 月 4 日

作者简介：姚琦（tonyyao1218@hotmail.com），重庆交通大学经济与管理学院副教授，2007—2010 年在武汉大学经济与管理学院读博士学位，专业为市场营销，师承黄静教授。

周南感言："功崇惟志，业广惟勤"（《尚书·周书》）。姚琦将自己做研究的心得归纳为含义深刻的悟性、韧性、惯性，三个"性"，按顺序，分别代表天、人、地。为天地立心，有信念，有毅力，有干劲。"回首向来萧瑟处，归去，也无风雨也无晴。"

2013 年姚琦来香港城市大学当研究助理时，当了三个月的"夏令营"班长，全心全意地为大家服务。借此机会，感谢姚琦！

2-59 仰望星空,脚踏实地

余 樱

万事开头难,我发表的第一篇 SSCI 论文,从构思到被接受,差不多花了三年半的时间。我没有试过写中文的论文,而是直奔英文。这是因为华中科技大学管理学院对博士生毕业的要求不低,若是中文的,就要在《南开管理评论》上发两篇,或者在《管理世界》上发一篇。这对我而言要花太多的时间,而我想按时毕业。于是**从博一开始,就确定走 SSCI 之路毕业**。博士一年级,踌躇满志(初生牛犊),看到身边好多人都发了 SSCI 论文,觉得自己一定也没有问题,准备大干一场。

文章的立意来自和导师景奉杰教授的讨论。数据收集过程中遇到了不少麻烦。原定收集纵向数据,但回复率太低,只能改用横截面数据。因此,后续的投稿过程中也有审稿人提出这个缺陷,所幸数据分析的结果还算理想。从收集数据到论文初稿完成,大概花了一年的时间。投稿之前在网上找了一个论文编辑帮我修改语言。第一次投到 JBR 后,居然没有被直接拒绝。**审稿人认为我们的选题挺有趣,但是语言实在太差,影响阅读,最终还是拒了,不过给了我们很多宝贵的修改建议。**

第一次被拒的理由只是语言问题,因此我没有觉得很难过。后来到了上海,景老师介绍了他的一个外籍同事班(Bang)给我,让他帮我修改语言。2014 年 1 月,我再一次信心满满,去香港城市大学,向在那里访问的 JBR 的主编伍德赛德教授展示这篇文章,他提出要我再加实验。我选择转投《服务营销杂志》(*Journal of Services Marketing*,JSM)。JSM 的主编很和善,说很喜欢这个想法。但要我们重新写一篇关于服务领域的文章。于是我们就考虑把这篇文章投给《消费者行为杂志》(*Journal of Consumer Behavior*,JCB),再写一篇投给 JSM。JCB 的**两个审稿人,一个很满意,说小修即可,另一个用了两页纸,把我们的文章批得一无是处,结果可想而知,我们又被拒了。**

此时，离正常毕业只有一年时间了，我感受到了压力，不再想着发两篇了，赶紧把这篇文章好好修改，回投 JSM。比较顺利，我们的文章很快获得审稿人的审读。三个审稿人，一个认为要小修，一个认为要大修，一个要拒。还好主编比较喜欢我们的文章，给了我们修改的机会。花了一个月时间，修改完毕。投出去后**暗暗祈祷，一定要中，否则就不能如期毕业了**。可是两个月之后发现，JSM 主编换届，喜欢我们文章的主编被换走了，这对我们而言可能不是好消息。就这样，怀着忐忑的心情又等了三个月，终于收到二审意见，三位审稿人一致通过，就连原先要拒绝我们的那位，也愉快地同意录用。

收到录用邮件时，我正在汽车 4S 店里，不顾旁人异样的眼神，笑出了声，立即与我的合作者们分享了这个好消息。**第一次发 SSCI 论文，并且能够顺利毕业，真是双喜，还有点儿小激动**。虽然离自己最初的梦想还有一点儿远，但我不会放弃，要慢慢实现它。

回想自己的学术之路，可以用"仰望星空，脚踏实地"来概括。**有梦想，有信心，多向身边的"大牛"们学习，踏实走好每一步，成果自然而然就会出来**。当然，我觉得自己很幸运，遇到了景老师和其他老师，在关键时刻总是伸出援手。因此，我的**学术之路虽然艰辛，却也充满了乐趣**。

2016 年 1 月 9 日

作者简介：余樱（yingyucky2@163.com），华中农业大学经济与管理学院讲师，2011—2015 年在华中科技大学管理学院读博士学位，专业为市场营销，师承景奉杰教授。

周南感言："人生在勤，不索何获？"（东汉·张衡：《应闲》）。余樱攻坚，目标明确，措施有力，边带孩子，边写文章，结果显著，"自然而然"。"虽然离梦想还有一点儿远，但我不会放弃，要慢慢实现它。"万丈豪情，万事不难！

2-60 从自卑、逃避到匍匐前行

袁 兵

我本科念的是数学教育,硕士读的是西方马克思主义,但是心中一直有学商科的愿望。在阅读了不少经济管理类的书籍之后,发现营销是我的兴趣所在。2010 年 9 月,我成为武汉大学黄静教授的博士生,成了武汉大学营销大家庭中的一员。开始了读博之旅,喜悦之情难以言表。

兴奋过后总要归于平淡。在经历学期初的几次讨论会之后,我深感自己的理论基础薄弱,文献阅读和分析能力极差,实证研究方法更是一片空白。当时,一种莫名的自卑感,在不知不觉中滋生。以至于在脱产一年读博的时间里,我不敢在博士楼枫 13 长住,每当课程或讨论会结束,我就逃回家里,**因为心慌,静不下心来学习。我在逃避,不敢正视自己的不足,没有勇气面对,更做不到淡定**。不过,幸好没有自暴自弃。

2011 年暑假,我回到单位,开始了边工作边读博的日子。或许是因为远离了优秀的师兄弟、同学,没有了相形见绌的感觉,也**没有了依赖,内心反而开始变得平静,思想也开始变得独立**。经过自我剖析,明确了自己最大的目标就是要三年顺利毕业。围绕这个目标,通过一年的不懈努力,我发表的论文达到了毕业的要求。同时,还深入学习了实证研究的一些基本方法和统计分析软件操作,并在黄老师的指导下,确立了博士毕业论文的选题和研究模型。后续的研究和写作还算顺利,最终,我于 2013 年 6 月顺利毕业,如愿以偿获得了博士学位。

回忆起来,其中**最值得回味的是如何选题**。我想这是每一个过来人都经历过的一个煞费苦心、备受煎熬的过程。我有三点粗浅的体会:首先,要及时浏览国内外顶级营销期刊上的论文,找出自己可能感兴趣的文献。然后仔细研读,找出真正感兴趣的研究领域。通过二次文献检索,梳理和整理该领域的文献,总结研究现状,结合营销实践，发现值得研究的问题。最后，寻找研究视角。这是确立选题的核心环节，也是研究的创新点。这仍然要从文献阅读中寻找理论支撑，实现突破。

从博士毕业至今，我已经在 JMS 上发表了一篇论文。虽然还没有获得国家自然科学基金项目，但内心已经不再自卑了。我相信**自己一直在路上，没有放弃。功力不够，没"捕到大鱼"，可还是"捞到小虾"**。感谢黄老师和周玲学姐对我的项目申请书提出宝贵的修改意见，2015 年，我幸运地获得了一项教育部人文社会科学青年基金项目和一项浙江省自然科学基金项目。收获虽小，但毕竟是**阶段性的进步，仍可以照亮梦想和远方。**

一个人的进步、成长，离不开师长的指引和朋友的扶助，我会怀着感恩的心，将这份无私的爱传递给我的学生们，我想，这也是营销研究本应秉持的精神和意义所在。

2016 年 1 月 23 日

作者简介：袁兵（serpent66@163.com），浙江师范大学经济与管理学院讲师，2010—2013 年在武汉大学经济与管理学院读博士学位，专业为市场营销，师承黄静教授。

周南感言："知兵者，动而不迷，举而不穷"（《孙子兵法·地形篇》）。袁兵属"兵"，不屈不挠。他在武汉大学读博士时，我和他接触不多，因为他大多数时候只是静静地坐在那里，认真地听其他人谈研究。但他成长得很快，毕业后已在 JMS 上发表了论文，去年还获得了部级和省级研究基金。先有外功，后有内功，前面"捞到小虾"，后面就可能"捕到大鱼"。从"功力不够"到"以'功'带'力'"，勇者胜。

2-61 每天都学些新事物

曾仕龙

有人觉得教授的社会地位崇高,有人以为教授享有高薪厚职,有人觉得教授的理想是培育英才,有人认为教授醉心于探究自己感兴趣的话题,亦有人向往当教授的自由自在。

当教授的理由可以各式各样,难说什么是对、什么是错。而我最初决定读研究生的理由其实很幼稚:可以继续读书,钻研自己喜欢的话题,然后找些机会"发伟论",更重要的是,有助学金,不用忧柴忧米。正好周南教授愿意将我收做门下,于是我就开始了这段旅程。

最初心中并未打算读博士,只想拿下一个硕士学位,然后再找工作。那时从未想过学术界可以是事业的出路,更不相信自己有能力拿下一个博士学位。这跟自己的教育经历并不是一帆风顺有关。中学时代,我读书的成绩不尽如人意,但爱好绘画,立志成为平面或广告设计师。后来进入香港理工学院(香港理工大学的前身)修读设计文凭课程,毕业后从事产品设计工作,载浮载沉几年,渐明白学历不足,决定尝试报读大学,本打算如能有幸被取录,毕业后在同行业找寻管理工作。而后,我渐渐**发现读书的趣味**,亦幸运遇上周老师,终归其门下,做其劣徒。

相信大部分的同学和我当年一样,刚步入硕士研究班时,每日发慌,不知会遇上什么,亦不知自己应做什么,天天像在摸着石头过河。可能是自己工作和学业互有穿插的成长经历的缘故,**慢慢建立起一种心态,把上硕士研究班当成事业的起点,而不是学生生涯的延续**。不再当自己是学生,而是当成部门的新进员工;指导教授不是老师,而是自己的上司或老板。**就当自己正式投入喜爱的事业,累积经验,争取好的表现**。

后来,我发现,**研究生和教授的工作是异曲同工的**;我们都肩负着教学与行政的担子，当然更少不了研究的责任。有些研究生十分抗拒教学和行政工作，明显的理由是占据了做研究的时间。但事实上，不少研究出色的教授都十分喜爱教课，也是出色的老师，他们认为能把自己所学与学生分享是愉快的体验，从中亦能试探出自己是否真正了解了研究的话题。有人说，**如果你不能把话题向他人解释清楚，就说明你并未完全明白**。有时候，**你的研究题目走进死胡同，你的学生时常会从年轻人的角度，给你崭新的视点，科技日新月异，对市场营销学研究来说，这是常见的事**！至于行政工作，例如协助筹办学术研讨会，虽花费时间，但你能从中更明白大学和学术界的运作程序。再者，从中建立人脉，也可能是你未来事业突破的关键。慢慢地，我明白生活中的每项任务，都可能充实自己，投入心力，就能获得更多的经验。

你为何要念个博士，当个大学教授呢？或者你当时有自己的答案，但当你真的当上教授，这些理由都会慢慢改变。学术研究对我们这些被选上的一群人来说就是人生事业，漫漫长路，不要想太多职场压力，那是挺好玩的冒险。**能每天学些新事物，能每天和年轻人打交道，并非一些朝九晚五的刻板工作所能媲美的。**

2016 年 2 月 22 日

作者简介：曾仕龙（tsangSL@hkbu.edu.hk），香港浸会大学工商管理学院副教授，1998—2001 年在香港城市大学商学院读博士学位，专业为市场营销学，师承周南教授。

周南感言：有教无类。1994 年，我到香港城市理工学院（后来改名为香港城市大学）工作，仕龙是班上成绩最好的本科生；1996 年毕业时，我邀他读研究硕士学位（MPh）；两年后升读博士学位。2001 年，我的博士生们进行学位论文答辩时，庄贵军排在第一天，仕龙排在第二天。按入学时间，仕龙是我的开山弟子；按答辩时间，则贵军是大弟子。"理由可以各式各样"，两人并列"第一"吧！"这些理由都（不）会慢慢改变。"仕龙聪明、好学，做研究想得深、做得细。我以他为荣。

2-62 心向往之，唯一"诚"字耳

曾宪聚

以时间之矢，射空间之盾，大致可以画出一个人的成长轨迹。18 岁之前，我在河南南阳乡野的"生活世界"里，形成了对乡土中国的天然认知。2008 年，在古都西安，我完成了博士学业，紧接着赴香港城市大学进行了为期一年的博士后研究，算是在"科学微世界"里蹒跚良久。而后到北京一家中央企业办公厅工作一年有余，机缘难得，几乎全方位深化了对企业及其所根植的制度土壤的理解，也使我再次将目光投向"生活世界"。今天回望，作为一名受过些专业训练，也经见点儿"企业那些事"的青年学人，难以释怀的，还有一道心灵轨迹：**我从哪儿来，又往哪儿去？**

今日之中国管理学院，给每个人的方向是"国际化"，主要是美国化，我身在其中也未能免俗，但内心真正好奇的是，在我最"熟悉"的这块乡土上，在我最"熟悉"的组织中，有哪些人总令我思之念之，有哪些事总令我念兹在兹。

自我定位，**与其说是学问中人，毋宁说是"问题中人"。一个长久以来萦绕心头的问题就是"逆淘汰"。**当初在香港城市大学做研究，访谈过三家国有企业的高管团队，发现了一个颇令人困惑的现象：每一家企业都有一个大家眼中的"干才"被边缘化了。于是顺口问道：为什么有些高管被边缘化了？问题真实，带点新意，但问得浅，因为就现象本身而言，边缘化实属正常——在权力的动态配置过程中，总是有人获得新的权力，有人失去部分或全部权力。后来到企业结合"局中人"的经验观察才问出些深意来：为什么能干的高管也会被边缘化？平淡无奇中蕴含着刺目的"悖论"：**为什么一方面倡导的是"能者上，平者让，庸者下"，另一方面却是拥有良好绩效的高管（"能者"）要"靠边站"，而绩效意义上的"平者"与"庸者"却能够"说了算"？**

后来，我以"能者为何靠边站"为题得到国家自然科学基金项目的资助。在研究中，我们不断追问国有企业高管到底遵循什么样的晋升规则。研究发现：**在中国情境下，国有企业高管晋升存在三种规则，通俗地说：一是自己行，二是有人说行，三是

说行的人行。"自己行"是业绩规则,"有人说行"是关系规则,"说行的人行"是权力规则,三种规则在转型经济时期的共生并行,既反映了国有企业改革深层次的体制之困、社会之困和价值之困,也为国有企业的市场化改革进程带来了稳定性与灵活性之间的微妙平衡。而这些对国人来说司空见惯甚至"日用而不知"的规则,未尝不是多重逻辑相互嵌套情境中制度化生存与制度化套利的理性应对。转型是一个破旧立新的过程,涵盖了宏观制度变迁与社会动态演化,转型过程中包括国有企业高管在内的个体的观念与行为,终究脱不开历史所形塑的特定约束——这或许会让我们在思考一系列具体而重要的问题时多一分"直面历史"的敬畏与慎重。

文以载道。如果某篇文章能够"有所寄托",请不要妥协,落笔不为稻粱谋,怀着诚意,但求心安。中国经济的转型是前所未有的大变局,**我们躬逢其盛**,正是历史的参与者、见证者和研究者。"文章千古事",研究者想"求得心安",更应该扑下身子去看鲁迅先生所强调的"地底下"。我们在现实中提炼出来的问题,或许乍看起来像是"常识",但未必不言自明,可能更需要"看见"与"洞察",去挖掘常识背后那些并非"理所当然"的道理,更重要的是,中国的未来固然急需修复那些遗失的"常识",但更需颠覆、打破那些我们熟视无睹的"常识"。当然,这是一种"使熟悉陌生化"(Defamiliarization)的努力,为克服世间之重重遮蔽,没有一点儿单纯为满足自己理解管理世界好奇心而生的诚意作为内在驱动,为什么要看"地底下"呢?

我们终将远去,唯有诚意长存。作为一个"个人文本",我想说:后来的人们,有缘自会在白纸黑字中窥见曾经的我们,而那来自未来深处带着温情的一瞥和共鸣,确是源自我们字里行间自然流淌的诚意。个人而言,更倾向于把从事的工作或曰"志业"称为"管理理解"而非"管理研究"。我以自己微不足道的努力,增进一分对管理微不足道的理解,不过是为了将来回看射雕处,可以笑对老天,说一句"求仁得仁"。

2016 年 2 月 20 日

作者简介:曾宪聚(zxj@szu.edu.cn),深圳大学管理学院副教授,2003—2008年在西安交通大学管理学院读博士学位,专业为企业战略管理,师承席酉民教授。

周南感言:立意于平常之外,演绎于情理之中,下笔于雅俗之间。乡土中国的"生活世界",平淡但真实,神秘而诱人,见微知著。宪聚以"地底下"为"天际边",跳进去,跨出来,"欲以观其缴其妙"。持之以恒,定能神游星空,跨入"众妙之门"(《道德经·第一章》语)。

2-63 走在寻找课题和创新的路上

曾小铧

寻找合适的课题，做创新的研究，是我这些年一直努力在做的事。十几年前的我，应该属于最不会创新的那一类。当年在国内读本科写毕业论文，篇幅占得最多的是综述，主要是看了好多本书后写成的总结，创新的成分不到5%。**一个不会创新的人，要生存在科研这样一个以创新为中心的行业，真是一件冒险的事。**

去加拿大英属哥伦比亚大学读博士时的第一次讨论课，至今记忆犹新。老师一般会事先列出几篇顶尖期刊的文章，大家课前阅读后课上讨论。第一次课前，我自认为做足了准备，每一篇都写好了总结，信心满满。讨论一开始，便傻了眼，好好的一篇文章，大家为什么都在"批判"呢，顶尖期刊的文章怎么还有缺点呢？一堂课下来，大家讨论得热烈，我一句话都没说，深受打击。回家反思，应该是太习惯于"学习"这种心态了，很少想过'批判'。并不是说那些文章没有优点，而是**每篇文章都有自己的局限性和弱点，能够去发现不足方知改进的方向。要学习，更要学会批判。**

我的导师最喜欢说的一句话是"这很有趣"。平时聊点什么，他会突然睁大眼睛说这句话。他是个非常和蔼的人，我一开始总觉得这是客套话，后来发现他真觉得有趣。比如去一趟超市，我们没有发现任何特别之处，他却能看到市场的变化。他注意观察，而且想得深。

导师这句"觉得有趣"的话鼓励了我，我才一下子发现世界上原来有那么多有趣的课题。每看一条新闻，我都会像他一样多想几步。我以为从此获得了法宝。可是，当我拿着那些"有趣"的题目去和他讨论时，突然发现他还有第二句话"这很有趣。但是，我不很确定……"后面这句话通常是在说，如果真的做这个课题，我不确定它带来的新意能超出现有的文献——你得去多看看。

说起看文献，我最受用的一句话是别看得太早（Do not look at the literature too

soon)。"太早"这个词很关键,说的是要看却不能太早看。曾经想做一个题目,为了知道别人都做了什么,我一开始就去看文献。看完一圈沮丧极了,感觉所有的东西都被做过了。后来发现其实不是,我只是被"洗脑"了。看文献的过程会被前人的思路带着走,这样走下去便很难有新路可走。后来尝试自己先思考一两个礼拜,等有了一套比较清晰的思路再去看文献。这样就发现很难有和别人一模一样的东西。其实很好理解:每个人都是一个独特的个体,只要认真想,就很容易有自己独特的见解(营销领域也相对容易做到,因为我们自身就是消费者)。

创新有很多种,我的导师查尔斯·温伯格教授很善于在现有课题下发现创新点,而另一位老师达伦·达尔则喜欢开创全新的课题,还有的老师像周南老师那样,提出了覆盖很多课题的新学说。学无止境。我需要向他们学习,需要更加努力地思考、阅读,增加阅历。

2016 年 2 月 29 日

作者简介:曾小铧(xiaohua.zeng@cityu.edu.hk),香港城市大学商学院助理教授,2003—2008 年在加拿大英属哥伦比亚大学商学院读博士学位,专业为市场营销,师承查尔斯·温伯格教授。

周南感言:有其师必有其徒。系里开学术研讨会时,小铧总是一边微笑,一边提出一个个有趣的问题。学海无涯。我们都需要更努力地阅读和思考,向牛顿看齐,"怀着对世界的好奇和敬畏……快乐地嬉、戏,还寻、找到一两块卵石或一两片贝壳,尽管它们大多数不那么光滑或漂亮"(请参阅周南:《佛光山的星巴克——〈道德经〉的启示》1-18 剑桥:那个在海滩嬉戏的孩子)。

2-64 难亦乐！

张 辉

2009年，我到武汉大学经济与管理学院读博士。三年的时间里，一直是在职状态，两边兼顾，有些辛苦。一般是周五晚上回单位所在地孝感，坐得较多的火车是K864，经常晚上11点多才到，有时甚至晚点到凌晨。周六、周日回孝感学院给学生上十多节课，周日晚上再回武汉大学，有时在等饭的时候就睡着了。而且，我入校之前的经历，跟学术没有半点关系，数学、英语的基础也很差。外文文献基本是看到后面，忘了前面，需要来回反复看，重点单词要在旁边写下中文，才能一句句读顺畅。基础的统计软件也不会用，现在还经常想起与同学刘洪深到社会学系蹭本科生SPSS课的经历。我俩经常去得最早，坐在最后，共用一台电脑，还期望有同学逃课，这样电脑才不用还给上课的同学。每周的讨论课总觉得信息量很大，很多不知道的东西，要回来翻文献学习。同时，也有点尴尬，博士前两年讨论问题时都没有什么意见反馈，也很少作汇报。

现在想来有些学习的细节都模糊了，但**有两点记忆深刻。一是老师们的热情。一方面是对学生的热情。**不管什么时候，我们的问题都能得到老师的热情回应，经常在夜里12点后收到老师回复的邮件。**另一方面是对学术的热情。**只要谈起学术问题，老师们就常常忘了饭点，即便给我们上课讨论了一整天，也依然热情高涨。老师不仅是我们学业上的领路人，更是言传身教，为我们播下学术兴趣的种子。**二是同学们的友情。**我们同届的营销博士生有12人，人数是历年来最多的，再加上低一届的同学，人数就更多了。同学之间学习的氛围特别好，好的文献、工具、网址、发文章的窍门都会相互分享，几乎每一篇论文、每一个思路都会有同学提供帮助。同时，**同学们的努力相互传染，**感觉大家都睡得很晚，通过文献阅读作业就知道大家都在不断进步。其实，**共同学习体现的友情只是一小部分，**更多的会通过聚餐、散步、打扑克等各类活动，互相分担并释放学习和生活上的压力。

结婚6年，女儿5岁，家庭就一直处于两地分居的状态，也想稳定些，与妻子在一起（她有稳定的工作），就回了原来的工作单位孝感学院（现在改名为湖北工程学院）。同一届同学中，只有我在地方院校工作。我们学校是纯粹的教学型院校，虽然也有很多博士，但并没有太多与研究相关的"学术"氛围。有意思的是，可能与大家想象中的并不一样，**教学型院校或许因为科研对学校发展的推动力度更明显，以及科研工作的开展难度相对更大，反而感觉更关注科研，愿意对项目、论文给予更大程度的奖励**。当然，这种关注可能被认为更加功利，更加看重短期效应。

毕业后，工作又有三年多了，有两个感觉很强烈。一是地方院校并不轻松。有人可能会觉得仅仅教学，没有太多的压力，能有很充裕的时间做自己的事情。但事实上时间会被自动充满，**无效的杂事和低效的工作节奏，会让人不自觉地丧失对时间的警惕**。二**是项目基金申报难度大**。我是同学中的后进分子，现在都没有国家级基金资助的项目。当然主要是因为自己没有好好努力，但**学校缺少氛围、孤军奋战**也是重要原因之一。教师都是按教学需要引进，造成在具体方向上没有很好的人才积累，很难形成合力。

工作的选择，每个人有不同的考虑，很难评判对错，个中滋味只有自己能体会。**但工作还是要有一定的压力才好，压力会让我们昂首想办法、去学习，没有压力反而会让我们习惯于低头**。

七七八八说了好多自己的感受，与大家共勉，也希望今后能继续得到老师和同学的帮助，不断进步！

2016年2月7日

作者简介：张辉（zhang_if@126.com），湖北工程学院经济与管理学院副教授，2009—2012年在武汉大学经济与管理学院读博士学位，专业为市场营销，师承汪涛教授。

周南感言：少小离家老大回，乡音无改事业璀。张辉在他那一届的武汉大学营销博士生中，年纪是较大的之一，还要学业、工作与家庭几头兼顾。一方面同学们尊他为兄长，一方面有几个"小丫头"老是找机会"欺负"他。张辉只是笑笑。毕业时，他选择回原单位。在本乡本土育人教书，亲情，乡情，师生情，感觉应该特别好。张辉现任湖北工程学院经济与管理学院副院长。看得出来，他还是比较满意目前的状况的，同时继续"昂首想办法、去学习"。大学有好多类型，按侧重点或可分为"创造知识"的研究型、"传播知识"的研究教学型和"应用知识"的教学型。博士毕业后找哪种类型的大学工作最合适呢？

2-65 不脱尘世，不离本心

张　慧

现在回想起来，读博真的是我生命中一个非常明智的选择。

2005 年硕士毕业时，我选择了参加工作而不是继续读博士，因为当时的我，对于读书这件事情已经感到厌倦，并没有足够的热情去完成博士学业。随后，工作、结婚、生子，就这样按部就班地过着我的安逸人生。

2012 年，**刚到而立之年的我突然发现，自己的未来没有可追逐的目标与挑战，似乎可以一眼望到头，这与垂暮之人有什么分别？** 于是，我重新燃起热情，下定决心要攻读博士学位，以此为自己重新打开一扇门，迎接充满挑战的新天地。2013 年，我顺利进入西南财经大学攻读博士学位。回到了阔别八年的全职学习生活，一种老友久别重逢的喜悦感油然而生。随后，在导师张剑渝教授及师兄师姐的帮助下，我明确了研究方向，并着手大量阅读文献。这种方向感和秩序感正是我工作的那八年期间所深深渴望的，所以感到莫大的满足。更重要的是，**读博的这个过程让我认识了很多优秀的前辈、学长与同学。这让我有了归属感，也看到了自己的价值。** 有人说，读博是"苦"的，但于我而言，却别有"苦中作乐"的情怀，而且"乐"的成分更多。因为对我而言，**读博远远不止是学位上的提升，而是开启了一种新的生活，人生有了新的方向。** 与这种"乐"比较起来，焚膏继晷地阅读，甚至做梦都在推导模型的"苦"又算得了什么呢？

虽是这样，但读博只是我生命中的一段旅程，到站后，我还是要回到原先的工作和生活中去的。就此，我在心里问过自己：在校时我可以全心全意地做研究并乐在其中，那回到工作单位之后呢？会不会又像原来一样沉溺于安逸之中，或被琐碎之事绑住手脚？这个问题一直让我惴惴不安。2015 年 7 月底的时候，一篇题为"印光大师永怀录：法雨闭关"的文章让我受益匪浅。该文讲到了这样一件轶事：印光大师第一次三年闭关结束后，其护关侍者融明法师要回家乡。印光大师担心其在世俗世界中会逐渐淡忘念佛求生净土，专门写信嘱咐其要"时时努力，念念在道，随忙随闲，不离弥陀名号，顺境逆境，不忘往生西方，这样才可以在家乡随缘常住"。

一百多年过去了，大师的嘱托却也似为今天的我而作。当离开闭关修行的"净土"而"堕于尘世俗务"时，一方面要承担自己应做的工作及应负的家庭责任，另一方面也要"时时努力，念念在道"，保持研究本心。甚至说，**要把自己分成两个我：一个我要努力承担所有应尽之义务，享受与家庭、朋友、学生、相聚相交之欢愉；另一个我要时时清明，虔心于研究之道。这样才可以"随缘常住"，虽不脱尘世但不离本心。**

我现在还处在研究之路的起跑线上，但我有信心，也有决心，努力地、好好地走下去。

2016 年 1 月 12 日

作者简介：张慧（zhhui@hainu.edu.cn），海南大学经济与管理学院副教授，2013 年至今在西南财经大学工商管理学院读博士学位，专业为市场营销，师承张剑渝教授。

周南感言：古人云：壮而好学，如日中之光。张慧说，读博远远不只是学位上的提升，而是为人生打开了一扇门，她好似找到了一个新的人生，随缘常住，何其快乐！

2-66 学术生涯的"一五"规划

张磊楠

我的博士阶段,有三件关键的事情:研究目标(目标)、自我效能(能力)和研究方向(外部机会),恰好是战略规划的三要素,深感博士阶段本质上就是制定和实施学术生涯的"一五"规划。

研究目标。学术生涯的起点往往是从设定标杆开始的,通常会把自己的导师或研究领域中的知名学者作为学习标杆。虽然每个博士生心中的标杆不同,但实际上就是设定自己的研究目标。这往往是最重要的环节之一。既然踏上了"不归路",设定高水平的研究目标就是上选,正所谓"谋其上者取其中,谋其中者取其下"。虽然每个人的研究目标不同,但高水平的研究目标往往有些共性,通常要求研究有更强的普适性,更能经受实践的检验,能够跨越时空影响更多的人和事。在高水平研究目标的指引下,需要逐步完成一系列的子目标,既要目光远大(发展),又能脚踏实地(生存)。

自我效能。每个人的时间和能力都是有限的,能做的仅仅是在不浪费的基础上加以善用。我们常说"自知者明",但对自身能力甚至可支配时间的客观认知,都是件不轻松的事情,因此,通过积极心理学管理自我效能(自身能力的感知)成为更直接的选项。随着年龄的增长,面临更多生活和家庭的压力,容易产生焦躁情绪。有时会夸大自我效能,做兼职贴补生活,认为可以和学业并行;有时会低估自我效能,自我否定、情绪低落,对未来过于悲观。这两种情况都会对博士阶段的学习和生活产生负面影响。

研究方向。把握前沿的研究方向,**挖掘有价值的研究话题,是对博士生的一个重大考验,是研究生涯自我定位的第一步**。找研究方向,首先需要扎扎实实地把文献梳理等基本功做好,搞清楚一个研究领域的来龙去脉,把文献前推后展读熟吃透,那么这个研究处于什么位置、有什么价值就变得清晰了。如果理论挖掘不深,即便确定了研究方向，构建模型也大多沦为搭积木，几个变量做换位游戏，难有大的发展。

另外，研究方向的确立，从营销实践的角度进行发掘也是一条好的路径，观察到现象只是第一步，能否发现现象背后的规律决定了研究的水平和贡献。如果能把理论和现象高度结合，得到顶天立地的研究观点，将有机会改进和拓展理论。**研究方向需要以实践为蓝本的大故事，没有情节就有臆测之嫌，客观性就会大打折扣，很难得出经得起逻辑推敲和时间考验的结论。**

导师刘益教授对我的论文进行的修改和指导，至今仍历历在目。不停地反复修改，有时推倒重来，恰恰是要求我树立正确的研究目标，管理自我效能，把握研究方向，督促我制定和完成自己学术生涯的"一五"规划。所以，在博士阶段，**导师对我们不管是肯定还是否定，其用意都是一样的，那就是激励我们成长。**

2016 年 2 月 22 日

作者简介：张磊楠（lnzhang@uibe.edu.cn），对外经济贸易大学国际商学院副教授，2006—2010 年在西安交通大学管理学院读博士学位，专业为市场营销，师承刘益教授。

周南感言：这篇短文对刚开始读博的同学尤其有用。磊楠做事踏实，计划性强。我想，刘老师对他的影响很大，因为她督促磊楠"制定和完成自己学术生涯的'一五'规划"，具体做法是要求他"树立正确的研究目标，管理自我效能，把握研究内容"。真是：千里之行，始于足下。

2-67 学习与生活

张　宁

转眼间到了2016年，回想十年前（2006年9月）在深圳大学第一次与硕士生导师周志民教授的谈话，仿佛就发生在昨天。当时，他问我毕业后有什么打算，我说我想回深圳大学当老师。他说："深圳大学（的教师）只要博士。""那我就考博！"我坚定地回答。因为我一直向往大学老师的生活（尽管当时对大学老师的真实生活还不是特别了解）。于是，"考博"就成了我那时生活中最重要的两个字。研二那年，在师兄师姐们的毕业论文答辩会上，我有幸见到了周南教授，并明确了想要跟他读博的决心。

我连考两年，2010年9月，终于如愿成为周老师的学生。黄静老师、周志民老师以及武汉大学市场营销系的各位老师和师兄师姐也给予我很大的帮助。2013年5月，我带着刚满一岁的女儿参加了毕业论文答辩，如期毕业。博士三年的生活转瞬即逝，归纳几点心得体会，希望能对师弟师妹们有所帮助。

第一，**明确目标，坚定信念**。读博时曾经与几位师姐聊过一个话题"以后会不会让自己的孩子来读博士"。谈论这个话题的原因很简单，因为我们觉得在某些时候，读博是一件备受煎熬的事情。从确定研究方向到选择研究问题，从收集数据到处理数据，从写论文到修改论文，整个过程都会遇到各种问题和困难。如果**没有坚强的意志，随时都有可能放弃**。

第二，**人生历练，苦尽甘来**。读博士的感觉与读硕士完全不同，压力比我想象中的要大很多。读硕士时，虽然周志民老师在第一节课上就告诉我们要读JCR和JM等顶级期刊上的论文，但硕士三年却没有完整地看透一篇英文文献。读博开始，面临的第一个困难就是阅读英文文献。清楚地记得第一篇英文文献读了一整天，整篇文献被标注得密密麻麻（不是心得体会，而是翻译的不认识的单词）。尽管如此，文献的数据处理部分还是似懂非懂。在博一的"圈地"（确定研究选题）时期，一个个自以为很不错的研究模型在与老师和同学们的讨论中被否定,一次次的兴奋与失望贯穿了我的整个博一生活。但是,博士生活终会苦尽甘来,经过不懈的努力,我读文献的效率不断提高;经过大量阅读文献,有趣的研究问题终于确定下来。

第三,合理规划,兼顾生活。博士毕业时,同学们开玩笑地说我读博期间发了一篇"A",这个"A"不是指顶级期刊,而是指我的女儿。读博时,我已经年近三十,周南老师教育我说"**要兼顾学习和生活,不能为了学习和工作而耽误生活**"。博一快结束时我怀孕了,由于妊娠反应很严重,我在医院住了三个多月;出院后身体仍很虚弱,只能在家休养;女儿出生后,我便在家,边照顾孩子边学习,却没有放慢学习的进度。**我发表的第一篇 SSCI 论文就是和女儿一起孕育与成长的**。怀孕期间,我总是拿着打印出来的英文文献看,不仅没有耽误学业,还有助于胎教。女儿出生后三个月,论文初稿基本成形;女儿一岁时,文章被期刊正式接受;2013 年 5 月回学校参加毕业论文答辩时,女儿已经一岁多了。

读博的日子对于每个博士毕业的人而言,都是人生中一段难忘的经历。读博期间,**学习就是生活,学习也是为了以后能有更好的生活**。我曾经以为"鱼(学习)和熊掌(生活)不可兼得"。是老师们让我明白,学习和生活是相辅相成的,是可以兼顾的。老师们不仅在学业上指导我,更对我的人生观和价值观产生了深远的影响!

2016 年 2 月 8 日

作者简介:张宁(zhangning8280@163.com),深圳大学管理学院讲师,2010—2013 年在武汉大学经济与管理学院读博士学位,专业为市场营销,师承周南教授、黄静教授和周志民教授。

周南感言:如人饮水,冷暖自知。人生像场马拉松比赛,有些人前面慢,后来快。张宁本科毕业于一所"很一般"的学校。读硕士时,志民帮她打下了好的基础。2009 年在南开大学参加 JMS 会议,她宣讲论文时,我觉得她的水平不比博士生差。第二年她进入武汉大学读博。因为我人在香港,她在黄静老师和周志民老师的指导下,进步加速了。她是文中提到的 SSCI 论文的第一作者,那时她的英文水平已经赶上来了。毕业后,她如愿回到深圳大学当老师。深圳大学不光"面朝大海",而且一年四季"春暖花开"——可望;张宁平衡工作与家庭,取得更大的进步——可即。最后,因为她推论写论文是胎教的一部分,我预测张宁的女儿——长大后从事的工作会与写作密切相关,用英文说,是"Like mother,Like daughter"(有其母必有其女)。

2-68 响必应之于同声，似苦实乐

张 琴

如果以"苦""乐"做味觉维度将我的研究之路进行二维分割，苦固然有且所占面积不小，但其中多半被乐环绕。这些苦乐之源泉除研究本身外，大半来自读博期间"收割"的一群人。这群人有长有幼，虽与我无半分血缘相干，却"堂而皇之"居于我差序格局的最内圈。个中缘由容我道来。

先说"苦"。我刚接触研究时，导师汪涛教授为了让我尽快领悟研究所谓何物，安排了大量的文献阅读和研究汇报任务，完成起来颇为辛苦。他的教导方法以**鼓励为主**，在言语上较为温和，印象中最为严厉的一句只是："你这个说好听点是执着，说难听点是固执。"这些**温润却不乏智慧的点拨**，让我从读博开始直至工作一直受益良多。而第一次清晰明确地感觉到苦，则来自周南老师。博一下学期去香港城市大学学习三个月。成行前，按照周老师的要求，必须找一个跟中国文化相关的研究问题在香港城市大学学习期间汇报。于是，我翻阅了大量文献，找到了一个自觉十分有意义的问题，搭建了一个自觉十分有意思的框架，信心十足地站到讲台上发言。我打开演示文稿，才说了几句，周老师就开口了："你的研究问题是什么？我没看到什么有意思的东西。"于是，几十页的演示文稿才翻了两页，我就从台上下来了。委屈、愤怒顿时涌上心头："我觉得很有意思啊，为什么被说得一文不值！原来周老师的和蔼可亲是假的啊！"于是一整天都沉浸在悲伤苦闷之中。后来，当我问其他人**"你要研究的问题是什么？这个问题有意思吗？"**时，我才明白当初周老师为什么问那两个问题。这是成就一个好研究的基础和关键。

良药苦口利于病，忠言逆耳利于行。相信每一个有读博经历的人都曾经遇到过类似的情景，自己花费大量的时间和精力准备了一个自己觉得不错的研究设计，却往往被导师不经意的几句话就摧毁了。但正是在这种研究设计被摧毁后的委屈和苦闷中，

我们逐渐理解了什么是值得研究的问题、什么是真正的研究。过程虽苦，但却伴随着进步与成长的喜悦。

接着说"乐"。博士期间的朝夕相处自不必说，老师们的谆谆教诲、同学间的针芥之合，无一不是快乐所在。**难能可贵的是毕业之后，我们虽然"天各一方"，却从未"咫尺天涯"**。每年我们都要想方设法地为讨论研究问题专程相聚一两次。

去年，在周老师的支持下，以武汉大学已毕业的营销博士为主的"营销武工队"（营销·武汉大学·工作队）微信群决定将学术讨论常规化，每年举办一次我们自己的专享学术讨论会。2015年12月的第一个周末，首届讨论会在长沙举行，名叫"**麓山论道**"。整整两天，参会的15个人每人都介绍了自己的研究。**不出所料，读博讨论时"剑拔弩张"的场面又多次上演**。论坛结束后，大家一起爬岳麓山。好像在山脚下的学术"大餐"没"战斗"过瘾，于是**在山顶的湘菜馆吃晚餐时，我们先是坐着吃，很快变成站着吃，到最后转起来抢着吃，又"大战"了一场**。下山时，夜色已黑，从山顶到山脚，伴着温暖的路灯，我们一路高歌，抒发团聚的喜悦，体味生命中的酣畅淋漓。回去之后，每个人都写了篇《论道有感》，古言体、散文体、叙事体……体裁各不相同，但都可以概括为三个词：幸福、快乐、收获。今年1月，我和周玲、周元元、童泽林四人，结伴去了香港一周，和周老师继续探讨麓山论道时讨论的研究，又是一次温馨的团聚。

响必应之于同声，道固从至于同类。学术道路漫长，似苦实乐，因有良师与益友的陪伴而精彩和幸福。

2016年3月2日

作者简介：张琴（qqzhang11@126.com），中南大学商学院讲师，2009—2012年在武汉大学经济与管理学院读博士学位，专业为市场营销，师承汪涛教授。

周南感言：鱼儿相濡于陆地，不如相忘于江湖？张琴思维敏捷、爽朗直率，当年博士生讨论时就经常一语中的。因为说话有分量，同学们都不敢小看她。我现在年纪大了，说话速度好像慢了，但学生们还是那么快，毕竟年轻，如日东升，光芒万丈。看着他们不断进步，由衷地高兴，自己好像也年轻了很多。

2-69 真理一线间

张 涛

博士四年级快结束时，我手中算做毕业条件的论文只有 1 篇普通的 CSSCI 论文。虽然还有写成的 5 篇论文，但这些论文不是被拒，就是在被拒的路上（投高水平的期刊，只为获得审稿意见）。学校要求发表 3 篇 CSSCI 论文（其中 2 篇必须发表在国家自然科学基金委所认定的 30 种期刊上）才能毕业，形势逼人，不容乐观。当时我觉得，**科研工作是一只长着巨大漩涡状嘴巴的巨兽，不管你投入多少时间和精力，瞬间都会被无情地吞噬掉，且连骨头都不吐出一根来。**

我挺消沉的。紧要关头，赶写了 1 篇论文，投给《管理世界》，首次投稿即中，着实倍感惊喜！写这篇论文时，导师庄贵军教授一直鼓励和帮助我。他帮助我一句句地修改论文，跟我讨论怎样调整模型。论文写成后，大胆地投给了《管理世界》，想着即便被拒也能获得很好的评审建议。幸运总是在不经意间降临，两个月后我收到了修改意见，修改完成后半个月左右就被接受了。虽然如此，但我心里很清楚，这篇论文还有很多不足，**一次就中有许多运气的成分。**

从这次投稿经历中我认识到一个道理：**不论之前碰到怎样的挫折，只要坚持下去，就一定会有好事出现。**这篇论文的录用给了我极大的信心，让我看到了毕业的曙光，也让我第一次感觉见到了真理。

见到真理之前，你无法驾驭它，它就是一只恐怖的巨兽。但见到它之后，若你能驾驭它，它就变成这个世界上最精致和美丽的东西，使你能看穿周围的一切。这时，即使外在的"象"变化万千，你也能挥洒自如而"不逾矩"。你会有一种喜悦感，进而迸发出一种冲动，一种立刻将它描绘和记录下来的冲动，论文就能一气呵成。接下来，被拒抑或接受已不会扰乱你的心情。因为你已经见过它的美，这就足够了。

从这篇论文之后，我撰写的任何一篇学术论文，都是我见过真理之后的记录。因为我相信，只有先见过真理，再记录真理，这样的论文才有灵魂和生命力。不过，见真理的过程非常艰辛。打个比方，就像翻越一座看不见顶的山峰。开始阶段比较平缓，而且地势低，空气好，鸟语花香。这个时候你还可以有说有笑，身边还有很多同路人。随着地势逐渐升高，道路越来越不好走，同路人开始逐渐减少，大家都开始变得少言寡语，每个人只顾着自己行山。越往后攀爬，地势越陡峭，空气也变得越来越稀薄，你每往上攀爬一步都要付出巨大的努力，只能听到自己粗重的喘息声。你爬上一个坡，以为就是山顶了，但抬头望去仍然有一个或者数个坡。这时你只能继续前进，因为除了前进别无选择。终于，你咬紧牙关拖着灌满铅般的双腿攀上一个坡，此时的你已不抱任何希望，但突然之间，你眼前出现了一扇门。推开那扇门，一道强光闪过，你心中所有的疑问突然都有了答案，所有的付出突然都有了意义，所有之前走过的路都清晰地呈现在你眼前。这，就是真理。

愿大家都能找到真理。学问无穷尽，执着地探寻答案，揭示未知。攀登，永无止境。

2016 年 1 月 7 日

作者简介：张涛（flinkzt@163.com），西安财经学院商学院副教授，2005—2011 年在西安交通大学管理学院读博士学位，专业为市场营销，师承庄贵军教授。

周南感言：学问无穷尽，云深不知处。庄贵军是我的博士生中第一个通过学位论文答辩的，张涛是贵军的博士生中第一个毕业的。张涛说："见真理的过程非常艰辛。"我想，这是因为他明白"攀登，永无止境"。见真理怪兽，攀学问高峰，是我们师徒三代共同的喜好。

2-70 谋定而后动,功夫在平时

赵 君

我是一个极其平常的"青椒",没在《管理世界》上发过论文,也还没有 SSCI 论文,但拿到过国家自然科学基金项目,并且,从动笔到提交申报书只用了 16 天的时间。在这里,我跟大家聊聊一个什么也不出彩的"青椒"怎么去做研究,特别是如何在最短的时间内拿到国家项目。

做研究的学者都清楚国家自然科学基金的分量。我听过很多资深专家的点评,有的说要准备 8 个月,有的说要准备半年,但基本上大家都认为,至少得准备三个月。这确实是正常情况下的最短时间。那么,能不能在更短的时间内完成?或者你们会问:"为什么他只用了 16 天?"答案只有两句话,即"谋定而后动,功夫在平时"。

先说"功夫在平时"。2008 年,我考入华中科技大学廖建桥老师门下。廖老师是一位非常有亲和力的老师,带领着一支学术气氛浓厚、实力强劲的科研团队。在这种氛围下想混日子很难,你不努力的话,别人一眼就能看出来。我不敢懈怠,只能跟一帮志同道合的兄弟们"死磕",拼命看文献、写论文,除了过年的前后几天,其他时间基本都泡在办公室里。那时,**我只想着一定要按时毕业,因为承担不起延期毕业的学费和生活费。**

几年间,除了自己的科研和学习,我最重要的任务之一就是参与廖老师的国家自然科学基金项目。虽然我的贡献很小,但却收获很多。这一段完整的项目学习经历为我的学术生涯奠定了坚实的基础。从选题、文献积累、申请书撰写、申报、进展检查到中期检查,再到结题报告、后评估报告,整个过程都是超近距离地观摩。

正是这段经历,使我后来在自己申报国家自然科学基金项目时少走了很多弯路,一气呵成写完申报书,再花一两天校正错别字,接着就交上去了。当学生时,在额外任务的高压下,我们经常会抱怨"这对我发论文没帮助",或者"这根本不是我的研究兴趣"。我们愿意花时间去找各种借口,但就是没有时间马上动手去做。现在看来,导师安排任务是有深意的,只是那时我们幼稚,不能理解罢了。

再说"谋定而后动"。创意的重要性怎么强调都不过分,我的创意来源主要是文献阅读和现实观察。文献阅读帮助我思考现实,而现实观察帮助我提炼新的研究方向。**能做到"从实践中来再回到实践中去"的研究才是好研究**,这在当前实用主义导向下的中国特别明显,国家自然科学基金亦不能完全"免俗"! 申报项目是这样,好论文又何尝不是,这就是所谓的"顶天立地"吧。

2010年前后,重庆文强案发,我注意到《长江日报》于当年5月31日刊发的一篇报道,"但他(文强)在痛悔之余似仍心有不甘,在悔过书中用大段篇幅发牢骚,怪组织多年没提拔自己,升官不成便腐败"。"升官不成"用学术术语来讲就是职业生涯高原,"腐败"不就是现在正流行的反生产行为的加强版吗,那么职业生涯高原和反生产行为之间会不会有关联呢?想到这一点,我就经常思考这个问题,无论在学习还是生活中,都尽己所能地去完善后来申请国家自然科学基金项目时进行的理论模型建构。

所以,文章开头说"16天拿到国家自然科学基金项目"不是个噱头,其实我是花了16天的时间去把三年多的思考和感悟以文字的形式呈现出来。任何成功都不是随便来的。**虽然每个人成功的路径不一样,但潜藏的汗水、泪水是一样的。**在这里,特别感谢恩师,当年慧眼,相中了我这颗顽石,用宽容和慈爱点化了我心中的歇斯底里。

做学术如同煮咖啡,苦中带甜,还有一股沁人肺腑的芬芳。**一路前行,很幸运有学术相伴,让我对生活有了更深层次的理解和感悟。**

2016年1月14日

作者简介:赵君(zhjun_521@126.com),中南财经政法大学公共管理学院副教授,2008—2012年在华中科技大学管理学院读博士学位,专业为人力资源管理,师承廖建桥教授。

周南感言:当人家的学徒,学自己的功夫,从无到有,无就是有。赵君像水花,融入知识的大海,受爱心点化;又像蜜蜂,看到生活中的善恶,将其变成自己的学术食粮。相信他的思考和观察会给他带来更加丰硕的学术成果。

2-71 磨砺与感恩

郑冉冉

转眼博士毕业已快三年，回想那段痛并快乐的日子，感慨良多。

2008年，我以38岁的"高龄"成为具有博士生和副教授双重身份的人。在别人看来，我在职读博轻松愉快，学业、工作、家庭多头兼顾且小有成绩：在博士论文开题报告未给导师看前就申报了2010年的教育部青年基金项目，非常幸运地一报即中；2013年在家中书房"自编、自导、自演""五年磨一剑"的博士论文被评为校级优秀论文，2015年在博士论文基础上的延伸研究申报国家社会科学基金项目也一报即中……但其实**我写博士论文的整个过程充满了艰辛、迷惘、彷徨与无助**……

以下，我摘录博士论文后记中的部分内容，和博士生们分享，或许有一定的激励作用。

在25万字的博士论文即将脱稿之际，我并无丝毫轻松之感，相反，深感自身才学疏浅，很是遗憾。以我有限的学识来研究"消费者伦理"这样一个前沿课题，显然只能是浅尝辄止。我不奢求有重大的思想突破，但求这篇论文能起到抛砖引玉的作用，若能引发更多学者来深入研究、共同探讨"消费者伦理"问题，那本研究的目标也就实现了。

在职攻读博士学位近五年的时间，是我人生历程的重要阶段。作为一个中年女性，我以38岁的"高龄"考上博士，在职读博又选择了一个对我来说全新且前沿的研究领域，其间充满了艰辛、迷惘、彷徨与无助！工作、家庭和学业的巨大压力时常使我寝食难安，其间的磨砺与内心的煎熬唯有自己深深体味！但**我始终坚信"钻石只有经过无数次切割，才能渐露美丽的光芒"**，有付出就会有回报，攻读博士学位的经历将是我一生的精神财富！回首一路走来那些痛并快乐着的日子，有太多的人给予我各种鼓励、支持与帮助，让我心存感恩，无限感激涌上心头!

首先,我要感谢我的导师张新国教授。没有恩师不厌其烦的长途电话催促与鼓励,就没有这篇博士论文的诞生。恩师知识渊博、治学严谨、品德高尚、待人宽厚。恩师培养了我独立进行科研的能力,让我收获颇丰。恩师的苦心、信任与厚爱,让我终生感激不尽!我要由衷地说声"谢谢"!师恩无以为报,日后定当加倍努力……

同时,我要感谢中南财经政法大学工商管理学院教授们的精彩授课和讲座;**感谢我亲爱的好朋友们**在我压力最大、最需要帮助时,适时伸出援助之手,热心提供无私帮助;**感谢我工作单位的领导和同事们**的大力支持。

我还要衷心**感谢我的先生和父母等家人**。读博期间先生给予了我极大的理解和支持,尽管身兼多职仍包揽了家中的大事小情,为我节省了宝贵的时间,还与我一起分享博士论文写作过程中的所有痛苦与快乐——一次次的期望、失望、绝望又复至希望,在精神与情感上给予了我莫大的支持,赐予我最温柔、坚韧的力量。我的父母已是年过70岁的老人,为了让我心无旁骛地完成学业和做好工作,他们经常对我隐瞒自己的病痛。我为了完成博士论文,有两个春节都未能回老家看望父母。我亲爱的家人,没有你们一贯的理解、支持、信任及包容,我不可能顺利走到今天,作为妻子和女儿,我没有尽到应尽的义务,内心总有一丝抹不去的愧疚与不安,你们的恩情我唯有用此生才能报答……

2013 年 2 月 8 日

作者简介:郑冉冉(1067298743@qq.com),浙江师范大学经济与管理学院副教授,2008—2013 年在中南财经政法大学工商管理学院读博士学位,专业为市场营销,师承张新国教授。

周南感言:山高志坚。作为一个"高龄"博士生,冉冉"五年磨一剑","拿下了"博士学位,博士论文还被评为校级优秀论文。冉冉谦虚,说她的论文只能起到抛砖引玉的作用。和她交流时,我发现她的"消费者伦理"研究有不少独到之处,相信会引起其他学者的关注,大家一起推动更深入的研究。

2-72 我当"洋插队"那几年

郑 煦

人生的经历有时很有意思,身在其中与事隔几年再回头看,可能会是完全不同的感受。当时痛苦的事回头看反而觉得快乐,因为痛苦已经远去;当时开心的事回头看反而觉得遗憾,因为快乐难以重现。现在回想在美国读博那几年,和当时身在其中的心境完全不同。有人把出国留学叫做当"洋插队",想想倒也有几分道理。如同父母那一代的"插队"一样,在异国他乡求学的日子充满青春的热血和激情,也难免很多曲折和辛苦,却也因此令人难忘,收获良多。

去美国之前,我从未对读博这件事有过畏惧。已听说博士阶段的学习有相当的难度,会有诸多挑战,但自己觉得读了这么多年书,早就对学习这件事熟能生巧,不会有太大的问题,所以去的时候信心满满,以为会像以前的学习一样顺理成章地进行。可生活的际遇实在难以预料,**整个读博过程中的起伏转折是我完全预想不到的。首先是语言文化的挑战。**到美国不到两周,开学的第一个星期我就站在讲台上教书了。站在教室的中心,看着金发碧眼的美国学生,讲着磕磕巴巴的英语和我不熟悉的主题,我生平第一次感到如此茫然不知所措。还记得有个学生问我问题,他连讲了三遍,我都没有听懂他在讲什么,最后他说"算了吧"。那一刻,我的挫折感应该比他强烈。学期快要结束时,我把这学期中重要的概念总结出来,列成一张表让学生复习,原以为对他们应该有所帮助,可刚一下课就有学生冲到我面前,跟我说:"这没用。不知道你为什么要这样做。"我从来没有经历过这样的事,觉得委屈极了,眼泪几乎夺眶而出。当然,**除了语言,更主要的是文化差异以及我对美国学生的学习方式完全不了解和不习惯。**学生对老师的期待到底是什么?这个问题一直萦绕在我的脑海中。

其次是学习方法和心态的调整。虽然我们上课很多,但博士阶段的学习不再是以每门课的成绩为目标,而是以研究成果为目标,在上每门课的时候都要想想我这门课的作业，如何转化为我的研究成果或是对其有所帮助。除了平时大量的阅读和讨论，期末的论文是重头戏，读得再多，关键还是要写出来。还记得我们要上一门"消费者文化理论"（Consumer Culture Theory）的课，由这一领域的权威克雷格·汤姆森（Craig Thompson）教授讲授。他对我的课堂参与表示赞许，可到了期末写论文的时候，我交上去的论文被他密密麻麻地作了批注，貌似每段话都被他改过了。看着那满篇的红色标注，我除了叹服他的语言才能外，也意识到我和他的差距有多大：不大，只20页纸。我被这个差距吓到了，觉得自己没什么希望了。我问自己，我真的也可以写出一篇高质量的论文吗？有什么方法可以缩小这个差距？想来想去，答案只有一个，那就是付出双倍的努力。

博士的前两年一直是在这种痛苦挣扎中度过的，其间有无数次想放弃的念头。我一次次地问自己，这真的是我想要的吗？想半途而废却又心有不甘，就这样在与自己的较劲中度过了许多个日日夜夜。所幸，**一分耕耘，一分收获**，当我终于完成毕业论文并在国际期刊上发表论文时，我知道量的积累已经发生了质的变化。毕业之后，我回到我的母校香港城市大学工作。见到当年的导师苏晨汀老师、周南老师，倍感亲切，也更体会到老师们当年对我的教导的深切含义和良苦用心。回头再想那段异乡求学的经历，和身在其中有完全不同的感受。彼时的痛苦挣扎已化作感恩，感谢导师的谆谆教诲，感谢家人默默的支持与陪伴，也感谢那时的自己，坚持下来没有放弃。这段经历使我收获良多，**不仅仅是知识的增长、眼界的开阔，更重要的是生命的改变。从骄傲自大到柔和谦卑，从注重结果到只问耕耘不问收获，从寻求个人的荣耀到活出使命，我找到了生命的方向。**我想，这应该是我在美国求学生涯最大的收获吧。

2016年2月6日

作者简介：郑煦（xuzheng@cityu.edu.hk），香港城市大学商学院助理教授，2007—2012年在美国威斯康星大学麦迪逊分校读博士学位，专业为市场营销战略，师承 Aric Rindfleisch 教授和 Kersi Antia 教授。

周南感言："世之奇伟、瑰怪、非常之观，常在于险远，而人之所罕至焉，故非有志者不能至也"（宋·王安石：《游褒禅山记》）。郑煦当"洋插队"，入乡随俗，"入乡"见到语言和文化差异，"随俗"是调整学习方法和心态，通过与自己较劲，"付出双倍的努力"，学成后回母校工作。从量变到质变，"一分耕耘，一分收获"！

2-73 虽千万人,吾仍往矣

周 玲

学术路,对大多数人而言,都是个"明知山有虎,偏向虎山行"的选择。从踏入博士门槛那一刻起,我就一直与读不完的论文、学不尽的方法和理不清的数据在交手,屡败屡战。

我很快意识到,不是每个人都有一下子就能打倒大怪兽得高分的幸运。在寻找大怪兽的过程中,**不妨一路打打小妖怪,攒些积分和装备**。在正式冲刺(向《管理世界》投稿)之前,遵循导师汪涛教授"一步快、步步快"的教导,我先写了三篇CSSCI论文练手。直到博士二年级,才开始真正构思和上手"有质感"的研究。但也正是因为练过手,所以学会了遣词造句、构思布局,以及与编辑或审稿人邮件往来,这都为后来的进步打下了基础。其中最大的感受是,如果为了资格论文和大论文而迷茫、焦虑,不妨试试先从小成果、小进步开始。**一方面,积累基础;另一方面,铸就信心。**

与《管理世界》首次结缘的文章,源于汪老师所指导的一名硕士生朱小梅的毕业论文构思。小梅观察到众多企业开始以讲故事的方式进行品牌塑造与传播,并以达芙妮品牌为例收集了众多材料。汪老师则以敏锐的洞察力,看到了这个"故事"的潜力,嘱咐我予以关注和跟进。得益于汪老师和小梅的前期努力,我一边看品牌叙事方面的文献,一边学习《管理世界》"工商管理案例论坛"中的案例研究方法,一边整理有关达芙妮的案例材料。怀着轻松却严谨的心情,最终完成了一篇论文。汪老师看后,决定投给《管理世界》。我相信老师的经验和判断,但内心仍然忐忑,因为定性研究方法并非主流。正如我所担忧的,第一轮审稿,专家们完全否定了我们的努力。但汪老师却一直坚信我们论文的价值,并坚持在被明确否定的情况下"据理力争"。我们逐条按照专家提出的意见调整和修正论文,对专家与我们之间的矛盾,则通过已有理论的逻辑和案例予以解释。同时,我们写了一封长信给责任编辑,**说理论、摆事**

实、讲逻辑。这番"被下了判决"却依然执拗努力的"孤勇",不卑不亢,有理有据,反而获得了尊重和认可。在五轮修改过后,文章终于被接受。

如果说第一篇在《管理世界》上发表的文章最大的价值在于选题"性感",那么发表的第二篇文章的长处就是**"大气"**和**"真诚"**。这次,我们选择的论点是来源国形象。在国际营销领域,这是一个重要话题,也是中国企业国际化进程中面临的重大现实障碍。但这个"大气"的主题,因研究者众多,我们只能"下苦功夫"来演绎这个故事。从2010年开始,我们陆续收集了六千多条国外消费者对中国产品、品牌和企业的在线网络评论,并逐条编码。然后,用制度理论作为新视角,诠释了中国来源国形象的构成维度和作用机制。在投稿与审稿过程中,我们不仅呈上了文章正文,还附上了所有网络文本编码分析的原始资料和过程文件。编辑和审稿人并没有如此要求,但我们主动这样做了。**一方面,是表明自身审慎、认真的治学态度;另一方面,是在凸显这篇论文的长处:真实、扎实**。经过四轮修改,文章被接受。

这些经历,都让我感叹,**学术之路,既美妙又痛苦,但这并不矛盾**。2015年秋,和周南老师一起去深圳大学访问的火车上,他分享了一张报纸上有关钟南山院士的一则报道。报道里有钟院士的一句话"人生有四乐,即苦中作乐、自得其乐、知足常乐、助人为乐"。我想,这大概就是我必须坚持的学术研究态度了:在读、写论文的过程中,即使经历纠结、迷茫和痛苦,仍执意前行;在观察生活和追寻真相的过程中,体味乐趣;为获得的每一个进步,而欢喜;为自己的成果能够让人增益,而愉悦。

对未来的学术之旅,我依然会饱含一种"虽千万人,吾仍往矣"的"壮烈"情怀,继续与读不完的论文、学不尽的方法和理不清的数据奋战。我明白,自己的研究之路还很长。

2016年2月4日

作者简介:周玲(bellchow@126.com),湖南大学工商管理学院副教授,2009—2012年在武汉大学经济与管理学院读博士学位,专业为市场营销,师承汪涛教授。

周南感言:江山代有才人出。湘妹子周玲,谈研究时大气,做研究时犀利。鲜为人知的是她的领导才能。2015年年底,我参加了一个以武汉大学营销学博士毕业生为主的青年学者在长沙举办的小型学术讨论会,名叫"麓山论道"。周玲是组织者,我们都听她的。活动结束时,她用长沙话颁奖。会后登岳麓山时,她还一展歌喉。会议成功,歌声悦耳,确实是,"让人增益,而愉悦"。

2-74 不忘初心,勇攀高峰

周 茵

张闯师兄的"一个'土鳖老青椒'的第一篇 SSCI 论文"一文(参见本书 3-34),使我忆起自己那段为第一篇 SSCI 论文奋斗的日子。确实,**每一篇 SSCI 论文的诞生都如同一部成长的血泪史**,尤其是对如我一般国内土生土长的博士而言。

这篇论文从我博士阶段开始,到我参加工作一年以后,才得以发表,见证了我人生中最重要的两个阶段。初稿完成于 2010 年年末,是为了参加 2011 年的 AOM 年会而写的。因时间紧张,没来得及与我的博士生导师庄贵军教授多作讨论,便抱着一种"试试看"的态度投了出去。结果可想而知。不过,虽被拒稿,却收到三位审稿人的宝贵意见。这些意见对我后来的理论构建以及方法修正产生了重要的作用。

2011 年一个偶然的机会,在庄老师的介绍下,我认识了香港理工大学的张绪兵教授。很荣幸,他愿意与我们合作这篇英文论文。

于是,从那时起,我就有了两位老师。他们在我学术生涯的成长中起到了莫大的作用。2011 年,我们用了一整年的时间来大幅修改这篇论文,从最基本的文献整理到理论构建、研究方法等,几乎将论文重写了一遍。2012 年年初,我们将这篇大修过的论文,投给了营销学最高级别的期刊 JM。对这种殿堂级的期刊,我怀着敬畏之心。两个月的审稿期很快结束,看到三位审稿人 12 页的意见时,我内心有不小的触动,为他们的认真,也为他们给予我们的尊重。三位审稿人分别从论文的核心、理论逻辑、测量、分析方法甚至语法等方面,给予了详细的意见。这次投稿虽然以失败告终,但审稿人对我们观点的肯定还是让我兴奋不已。于是,我鼓足勇气开始第二轮的大修改。

这时,我恰好得到了去香港城市大学访学的机会。记得那时在图书馆往往一坐就是一天,翻阅了很多以前在国内没有读过的英文原著,也促使我更多地从理论的本质出发,来思考论文中的问题。第二次,我们将论文投给了《营销科学学术杂志》

(*Journal of the Academy of Marketing Science*，JAMS）可结果依然令人失望。**面对着一边倒的负面评价，我备受打击。第一次对自己产生了怀疑、对论文产生了怀疑，两年来的修改令我身心俱疲。**那时，我经常对庄老师说："刚开始看自己的论文觉得很有前途，现在看了两年，什么感觉都没有了，就想扔到一边。"当时庄老师对我说："有这种感觉就对了，大家都是这么过来的。"现在回想起来，自己**当时还是太过于心浮气躁，毕业的压力使自己的心态变得不正常了。**

2013 年 7 月，我从西安交通大学管理学院博士毕业。趁着暑假的空隙，第三次，我们将这篇论文投给了《工业市场管理》（*Industrial Marketing Management*，IMM）。同年 9 月，我进入西安一所"211"高校开始工作。面对身份的转变与繁杂的行政事务，我努力在新角色中寻找自己。年底，IMM 的评审结果回来了，我们终于得到了一次修改的机会。我白天上班教课、做行政，晚上在家读文献、改论文。所幸单位离庄老师家比较近，几次下班后去庄老师家讨论论文，回到家时都已快午夜了。其中的艰辛只有自己知道，所幸我遇到了愿意一直陪我讨论、鼓励和支持我的老师们。经过约五个月的修改，这篇论文终于在 2014 年 5 月底返回给主编，此时的我，心态已经很平和了，**尽了自己最大的努力，之后就听天命吧。**

说来也奇怪，**每当自己特别想得到时，结果往往不尽如人意；而当将一切都放下时，却有惊喜。**这次，我终于盼来了好结果，8 月收到了 IMM 的录用函。知道结果的那一刻，确实如很多前辈所讲的那样，如释重负。纵然经过了几年的辛苦、彷徨与折磨，但在那一刻，顿时觉得一切都是值得的！

若不是周南师公嘱咐我写一篇自己发表 SSCI 论文的经历，这段经历都快埋藏在我琐碎的日常生活中了。回忆至此，感慨万千，借此文鞭策自己，也希望大家在研究的道路上不忘初心、戒骄戒躁、坚持不懈、勇攀高峰！

2016 年 1 月 6 日

作者简介：周茵（yinzhou@chd.edu.cn），长安大学经济与管理学院讲师，2008—2013 年在西安交通大学管理学院读博士学位，专业为市场营销，师承庄贵军教授。

周南感言："岁不寒，无以知松柏；事不难，无以知君子"（《荀子·大略》）。周茵来香港城市大学访学，离开干燥的黄土高原，困在湿热的南粤之地，一下就生病了；我照顾不周，很不好意思。无论生病不生病，小姑娘总在用功，访学三个月，总是不见人，一天到晚躲在图书馆里。她幸运，遇到贵军和绪兵两位好老师。当然，"其中的艰辛只有自己知道"。

2-75　虽不绚烂缤纷，但也新奇无比

周元元

读博，于我而言，好像并没有什么特殊的理由。从小到大，一直读书，于是就想着要把这学位"读到底"，看看里面的世界是什么样的。

现在回忆起读博士的那三年，很多事情已经记不清了，好笑的倒是有两三件。

导师周南教授和黄敏学教授对我盯得特别紧，私下听说两位老师对我的评价是，太喜欢玩。于是，当我在武汉大学时，黄老师常常早上、中午、晚上分三次打电话到办公室查岗。不知道是不是打多了，电话居然罢工了。黄老师旁敲侧击了好多次，让我和另外一个同学找人把电话修好。估计是那个时候我心里不愿意，便一拖再拖。最后，黄老师无奈，自己帮我们找了个新电话。当我在香港城市大学时，**周老师也打电话来查岗，以至于我即便在"玩"，也总是胆战心惊。**

开始写第一篇论文时，发给两位老师，周老师给我打了一个电话，一声轻叹，中心思想是：汝当加倍努力。黄老师更是从四楼办公室蹬蹬蹬地跑下楼，"敲开"我们三楼办公室的门，大概说了半个多小时，中心思想是：我都不知道该说什么了。他们让我很郁闷。有段时间，感到特别奇怪，晚上回寝室，室友张音常不时看看我。我禁不住询问，张音坏笑着说："来来来，耳朵凑过来，我告诉你哈……导师们怕你想不开……"话还没说完，我已经笑得喘不过气来了。

我们那届博士人数比较多，有句口号："吃饭不积极，思想有问题。"我们常私下里组织讨论会，云里雾里讨论一篇篇不知道讲什么的文献。也常常聚餐，天南地北地聊天。记得2009年平安夜，班级的QQ群一直噼里啪啦地闪，大家都在一边读着文献，一边调侃着："外面灯红酒绿，风景这边独好。"谈着笑着跳着，不知不觉地，后来居然每个人都按时毕业了。

一路读书走来，我并不是一个"正面教材"。恩师不弃，才慢慢上了"道"，但仍

有很长的"路"要前行。现在想想，**这样一个读书的过程让我学会了很多，比如：如何以感恩之心对待自己的所得，如何在焦躁不安中寻求平静，如何在纷乱不清中理清头绪。**当博士论文落笔盖印时，我写了这样一句话："……三年的博士生活，怎么说？各种情绪杂陈……像芭蕾舞者，足尖不磨掉皮、磨出血、磨成茧，便无法享受足下生花的妙趣。"

工作以后，看看同事们的状态，觉得挺不错。**有这样一份工作，能够让你时刻处于"新鲜"的状态：它来自你对世界的好奇，来自同仁惊喜的发现，来自学生满眼的朝气。而这一份工作，也能够在最大限度上给予你自由，去把握自己的时间与节奏。何乐而不为呢？**

再看看其他人走的路，越来越明白一个道理：没有哪条路"完美"，也不存在什么路比另外一条路更容易。**既然选择了一种生活方式，就把它当作信仰，好好地走下去。**学术研究这条路，虽不绚烂缤纷，却也新奇无比。

2016 年 1 月 6 日

作者简介：周元元（yuanyuanzhou@hust.edu.cn），华中科技大学管理学院讲师，2009—2012 年在武汉大学经济与管理学院读博士学位，专业为市场营销，师承周南教授和黄敏学教授。

周南感言：古人云："慎以行师，至道也。"没想到，元元仍然记得我们管着她的那些小事。写出来，她"出气"，大家笑。笑一笑，十年少。元元读博，基本功扎实，思路简明，懂得抓重点；幸亏有黄老师为她指路把关，抓得很紧；还有她的师兄曾仕龙花了不少时间，抓她的英文写作；加上难兄难弟、难姐难妹们和她一起跳"芭蕾舞"，大家因此都成长得很快。目标明确，充满活力，继续深思敏行吧！

2-76 工作与育儿

朱华伟

女儿就快四周岁了。她那粉红的小脸、清澈的眼神每每出现都令我沉醉。猴年春节之际,**盘点一下自己近几年的工作和生活,发现女儿是最大的"收获",她促进了我的教学和研究。**

一天,女儿放学后,我去幼儿园接她。她向好朋友介绍我:"这是我的妈妈,我的妈妈是老师!"言语之际,自豪之情溢满了小脸,妈妈令她自豪,妈妈的职业也令她自豪,可是妈妈在职业上有什么建树可以让她自豪呢?女儿现在当然不懂,可是她的话却深深触动了我,当晚我辗转反侧,难以入眠,并第一次认真思考起自己的母亲身份与职业之间的关系。看来,只对孩子进行无微不至的生活照顾并不是一个好妈妈,能够在孩子小的时候对其进行精神引导,在孩子大些时可以与其进行精神交流才是合格的妈妈;而最好的精神引导就是自己的行为。记得一位知名学者说过,小时候爸爸在夜晚伏案阅读、写作的身影是对自己最好的引导,后来自己成为一位学者是水到渠成、再自然不过的事情。

看来,**作为一名合格的妈妈要求我做好工作,并且要更加努力地工作。**作为一位学者,做好研究不仅是自己的本分,也是成为一名合格妈妈的必要前提。虽然我们都想既做好研究,同时也能给孩子必需的照顾,让孩子感受到妈妈对她无私的爱,可是每天的时间有限,怎样才能做到鱼与熊掌兼而得之呢?

育儿有所为,有所不为。虽然一直有父母帮忙,但是由于育儿观念不同,对于孩子的一切我一直都争取亲力亲为。女儿上幼儿园之前,早晨起床、穿衣、喂饭、陪伴玩耍、中午喂饭、哄睡、陪伴玩耍,晚上又是重复这一套,需要花费大量的时间。现在想来,照顾孩子的工作可以参照服务营销分为两类:与孩子直接接触的"一线工作",如读睡前故事;与孩子没有直接接触的"后勤工作",如做饭、洗衣等。"一线工作"妈妈应该多参与,"后勤工作"则可以请别人帮忙。即使"一线工作"妈妈也不一定都要亲力亲为;与服务营销提倡顾客自助服务类似,**妈妈应该多培养孩子的自立能力**,像穿衣、吃饭等可以放手让孩子自己完成。孩子自立加上别人帮忙,妈妈就可以省出不少时间。

育儿之际,研究顺势而为。照顾孩子的过程,如果善于利用零散的时间,也可以做很多事。记得一位年纪比我大的学者曾经告诉我,她常利用孩子睡觉的零散时间做数据分析,因为此类分析的连贯性不强,零散时间做足矣。在此启发下,我发现陪伴孩子外出玩耍也是很不错的放松及思考的时间,特别是可以鼓励孩子在玩耍的过程中多交朋友,孩子跟同龄人可以玩得更开心,而我则可以在蓝天、白云、绿树的陪伴下想想研究问题,比起枯坐办公室,思维更加"发散",灵感也就更多了。

育儿之中,研究借力而为。照顾孩子的过程不仅是妈妈付出的过程,更是学习、收获的过程。首先,**孩子的心性最本真,最能反映人性的本质**;看着孩子的一举一动,对于人性真的学到很多。其次,即使从营销来看,小孩的"购买"行为也很有趣,每天看着他们的"购买"和消费,以及他们对家庭决策的影响,也是营销研究开发不尽的宝藏。最后,借助育儿实现华丽转身的也是大有人在。借助社交网络平台,很多妈妈将自己的育儿心得与众人分享,甚至成为这方面的专家,开创了事业的第二春。

有位妈妈说,孩子不仅是小棉袄,温暖我们的人生;更是小皮鞭,激励我们前进。在我看来,**孩子更是一所学校,在育儿的过程中我们成长、成熟,成就更好的自己。**

2016 年 2 月 10 日

作者简介:朱华伟(zhuhuawei@whu.edu.cn),武汉大学经济与管理学院副教授,2004—2008 年在北京大学光华管理学院读博士学位,专业为市场营销,师承涂荣庭教授。

周南感言:甜不过蜂蜜,亲不过母女。华伟一心两用,以育儿的心态工作,以工作的心态育儿,工作投入,女儿快乐,家庭温暖,阳光灿烂。

2-77 坚持,本身就是一场胜利

朱丽娅

转眼间,博士毕业已一年多了。这一年多来,我时常想起在珞珈山下度过的三年时光,想念吾师、想念同窗、想念那一千多个奋斗与坚持的日子。

2011年9月,我进入武汉大学市场营销与旅游管理系攻读博士学位。记得入校前,导师黄静教授曾给我打预防针:"读博很苦,你要做好吃苦的心理准备",但自己不明所以、信誓旦旦道:"不怕吃苦,一定会努力的。"现在想来,当时真是无知者无畏。

入学不久,**新鲜感还没过,压力已经袭来:一篇篇英文文献应接不暇,研究方法学得似懂非懂,发表权威期刊论文的毕业条件令人望而却步**……时间一天天过去,看到师兄师姐们在《管理世界》《心理学报》等一流刊物上发表文章,同学们也一个个有了研究构思并开始着手写作,而我还在浩瀚无边的文献中苦苦寻找选题,心里着急,整天惶惶不可度日。

这种状态一直持续到博一的下学期。当时微博正广为流行,我观察到很多企业家把微博作为与消费者直接沟通的新工具,这一现象引起了我的思考:企业家们公开发布的微博信息对消费者眼中的企业家形象是否有影响?对企业品牌是否有影响?和黄老师讨论多次后,我终于确定了自己的研究问题。没想到这竟然成为后来写博士论文以及在《管理世界》上发表论文的选题。

明确方向后,我虽然不像无头苍蝇似的到处乱撞,但马上遇到了新问题。提出的变量、构建的模型被黄老师一次又一次地否定。刚看到一点希望的我又再次跌入谷底。直到一次与黄老师偶然的讨论,激发出我思想的火花:能否从中国传统文化的角度,把企业家的微博内容分为"做人"与"做事"两类信息?从这个视角出发,我构建出初步的研究模型。顺利的是,实验数据支持了模型假设。暑假,我去香港城市大学做研究助理时，**在研究"夏令营"里介绍了这篇论文。老师们针对论文的理论基础、研究方法等方面提出了很多质疑**，我感到压力倍增。但同时，也收获了很多建设性的意见。例如，周南教授建议从阴阳的角度重新构思模型、苏晨汀教授提醒我注意概念的学术严谨性，给了我很大的启发。

秋天回到武汉大学，我对论文进行了深入的思考。**黄老师一再鼓励我坚持下去**，找文献、找理论。终于，功夫不负有心人，在王新刚师兄的帮助下，我找到了彭泗清老师发表在《本土心理学研究》上的两篇文章，使论文有了重要的概念基础。通过双系统信息处理理论，我从新的角度解释了模型的中介关系。在研究方法上，我收集了真实的微博数据以更有力地验证假设，保证研究的内外部效度，以凸显研究的价值。最后，论文进入痛苦的修改阶段。"每一篇好的论文都是改出来的"，黄老师精益求精的态度让我受益良多。经过反复十几稿的修改，我们把文章投给了《管理世界》。非常幸运，在三轮修改后，文章被录用了。这篇论文从想法萌发到发表见刊，历时两年零三个月。

回想整个过程，感慨万分。一路走来，我无数次想过放弃，感恩老师们、同窗们给予不断的鼓励和支持，使我克服重重困难，最终坚持了下来。**而每一次的坚持，都会让自己更强大，更无惧于未来。**坚持到最后，结果似乎已经没那么重要了，**经过千锤百炼的内心充满了力量**，驱使着自己风雨无阻、不断前行。因为，坚持，本身就是一场胜利！

2016 年 2 月 12 日

作者简介：朱丽娅（zhuliya8110@hotmail.com），宁夏大学经济与管理学院副教授，2011—2014 年在武汉大学经济与管理学院读博士学位，专业为市场营销，师承黄静教授。

周南感言："强行者有志"（《道德经·第三十三章》）。2012 年夏天，丽娅在香港城市大学三个月，每天早出晚归，有说有笑，上笔架山游学时脚步比大多数人都快。后来她告诉我，其实那段时间她经常失眠。看了这篇随笔，我才知道她当时承受的巨大压力。感谢黄老师、其他老师和同学们的鼓励以及她自己的坚持，她成功了！年轻的博士生们，记住她说的这句话吧："坚持，本身就是一场胜利！"

请参阅：黄静、朱丽娅、周南（2014），"企业家微博信息对其形象评价的影响机制研究"，《管理世界》，9：107—119。

第 3 部分

看山还是山，看海还是海

3-1 非新无以为进

崔 耕

学生咨询读博时，有些老师的第一反应可能是，为什么要读？可不可以不读？遇到要献身科研的年轻人，老师也会老生常谈地提醒，读博搞科研对智商和情商都是巨大的挑战。要做出高水平的科研成果，扎实的理论基础、不懈的探索能力、严谨的治学作风都是缺一不可的。即使能做到以上几点，尽了最大的努力，也不见得就可以做出高水平的科研成果。按一类刊物的要求，**高质量论文首先要具有非同凡响的新意，因为没有人愿意或有时间去读一篇似曾相识的论文**。营销毕竟是一门应用学科，为解决行业及业界人士面临的巨大挑战而存在，所以首先必须结合实际，接地气。其次是要有理论贡献，这个要求更难达到。即使我们能找到文献或理论的空缺，也不一定能说服同行并得到他们的认可，因为有些所谓研究空缺可能是不值得研究或难以解决的问题。所以有学者认为，费尽心机去寻找研究空缺，经常会导致劳而无功，因为天底下真的没有太多别人没想到而只有你领悟到的新玩意。

创新现在是个热门话题。**科研的灵魂是创新，而创新的过程是非常艰苦的，也是最快乐的，没有奋斗不息的节奏和执着坚毅的态度根本无法达成**。华裔数学家张益唐为了破解质数难题，取得博士学位后花了八年才找到教职，历经艰辛，才实至名归！要想有所创新，首先要克服强大的思维惯性，改变现有的思维方式，考虑一些前人没有研究过或思考过的问题，多问一些为什么，思考为什么还没有人这样做。

能在别人视而不见的现象中发现值得研究的问题，**除了对未知世界保持好奇心、学会问问题之外，还需学会深度思考**。有些老师不愿意收商科或营销背景的学生继续读博士，因为觉得他们一路读下来知识面较窄，即使收了这样的学生（因为其优秀），也会建议他们去选修一些其他相关专业的课程和阅读其他学科的前沿文献，包括经济学、心理学、社会学、信息学等，这样有助于他们突破思维框架（Think out of the box)。**营销也是一门交叉学科，课外多下功夫对科研创新是有益的**。我本人高中时读的是文科班，数理化的基础很差。本科时学法语，每天和文学艺术打交道，后来去美国先读新闻传播的硕士，然后才读的市场营销的博士。虽然以前读过的学科都与营销无关，但所学的知识都没有付之阙如，对营销科研还是大有裨益的。**创新来自长期的知识积累，对未知世界一直保持"饥渴"的状态，才能始终处在科研的前沿，写出高水平的论文**。

每当阅读其他学科的论文时，我们会发现自己能完全读懂的不多，能深入了解的就更少了。所以与其他学科的同仁合作也可以提高创新的概率，我有机会与经济和计算机学科的老师合作，从他们那里学到很多，比如贝叶斯概率论、基因算法和进化论程序等人工智能方法，这有效地拓展了我的研究的宽度。

综上所述，突破思维惯式，**保持终身学习，与其他学科寻求合作，这些都能成为创新的源泉**。

回头看，1992年夏天在芝加哥参加美国市场营销协会年会时，我有缘和周南老师一起登上希尔斯大厦的顶楼，那种登上高"峰"一览众"山"小的情景至今仍历历在目。**做科研如登山，每登上一座山峰，就会发现还有一座更高的山峰等着你去攀登**，而每攀登一个新的高度都会感觉很艰辛，需要坚强的意志和非凡的魄力才能坚持到最后，才能感受到克服苦难、征服挑战带来的喜悦。那种愉悦兴奋之情是难得的享受，也恰是科学研究的神奇所在。人的一生能将自己喜爱的事情作为职业是一种幸运和幸福，我走在这条"非新无以为进"的科研道路上多年，虽然艰辛却充满乐趣。**科研如修行，需要心性的锤炼，也需要点滴的功夫**，因为创新的灵感不是天生的，而是来自长期的积累和全身心的投入，不能急于求成，功夫到了，自然会水到渠成。

祝大家学有所成。

2016年2月21日

作者简介：崔耕（gcui@ln.edu.hk），香港岭南大学商学院教授，1987—1992年在美国康乃狄克大学读博士学位，专业为营销传播，师承苏巴什·杰恩教授和詹姆斯·瓦特教授。

周南感言："兵无常势，水无常形"（《孙子兵法·计篇》）。崔老师"出道"早，年纪轻但已是"老"教授，仍将科研创新当登山，充满斗志和活力。"创新"和"攀登"都因"无常"而"艰辛却充满乐趣"，更因"功夫到了"而"渠成"。

3-2 格物致知，经世济用

董大海

1980年，邓小平以大无畏精神作出决定，中美两国政府共同举办"中国工业科技管理大连培训中心"，主要面向中国大型企业的厂长、经理开展现代企业管理思想方法的培训，市场营销学是其中一门重要课程。那时至今，**中国营销学者可分为三代**。

第一代营销学者的突出贡献是引进和传播。例如，汤正如教授、邝鸿教授编写出版了最早期的营销学教材，梅汝和教授翻译出版了菲利普·科特勒系列版本的《营销管理》。年轻学者可能不知道，在那个时候要找到一本营销学教材是何其之难！若按现在的标准，这些老先生根本评不上教授，因为他们只有教学成果而少有科研成果，更奢谈发表国际论文。但是，我对第一代营销学者充满敬意，因为他们是真正的教育者，是真正的老师，**他们不仅在大学课堂上讲授市场营销学，还走向社会、走进企业，举办各种营销知识培训班，塑造和改变了整整一代企业管理者的经营观念**。他们还团结奋战，历经万苦，冲破旧意识形态的阻碍，为市场营销学赢得了独立的学科地位。

第二代营销学者的重要贡献是学习掌握了西方主流的定量实证研究方法。这个群体自20世纪末21世纪初涌现出来，如赵平、符国群、范秀成、庄贵军、郭国庆等教授。第二代营销学者以学习掌握科学研究方法为己任，以跟踪国际前沿热点为导向，以在高水平学术期刊上发表论文为目标。因此，**我把第一代营销学者称为营销传播者，而把第二代营销学者称为营销科研者**。今天的年轻营销学者几乎都把定量实证研究方法作为最基本和最重要的研究方法，甚至认为这是"天经地义"的。但很多人并不知道，第二代营销学者为学习掌握和宣传推广这种研究方法，扭转此前我国社会科学领域占主导地位的规范型研究范式，几近花掉了20年的时间！

现在，接力棒已经交到第三代营销学者手里，这是历史的必然。我注意到，**第三代营销学者作为一个群体，起点高、眼界宽、有志向，他们以大量阅读国际学术期刊论文为基础，以定量实证研究方法为工具，以在世界顶级期刊上发表论文为追求**。很是令我羡慕，很是令我尊敬，很是令我们这批第二代营销学者感到欣慰。如果一定要按照周南老先生的要求，给第三代营销学者说点什么有价值的话，我**提三点建议**：

第一，选题本土化。如果说第一代营销学者的使命是引进和传播，第二代营销学者的任务是研磨锋利的方法论利器，那么我希望第三代营销学者能够在"国际化"的视野下，走出"象牙塔"，变"顶天立地"为"立地顶天"，**更深入地植根于中国经济变革与发展的丰厚土壤，研究中国本土特点之问题，结出中国特色营销理论之硕果**。

第二，方法多样化。方法论或方法是由研究问题所决定的，而不是反过来，更不能以研究方法为先决条件来筛选研究选题。定量实证研究方法固然科学，但是其局限性——特别是在经世济用的意义上——也是显而易见的，这就是"后验性"。如果我们把这种局限性与歌德曾经说过的"理论是灰色的，而生活之树常青"联系起来就会发现，这种研究方法得出的理论常常不够鲜活，也缺乏现实指导力度。而我们中国企业面对市场全球化的竞争压力、面对经济新常态下如何扩大国内消费的呼唤、面对企业和产业转型升级的挑战，有太多的重大营销研究问题亟待破解。这就需要我们，**就个体而言能够掌握多样化的研究方法，就群体而言能够包容多样化的研究方法**。

第三，成果致用化。在中国传统文化中，"学以致用"是治学的一条基本脉络，也是中国文化人的精神之所在，而营销学在本质上也恰恰是致用的科学。我注意到，当下的营销研究，有避重就轻的倾向——研究消费行为者多，研究企业营销行为者少；有"高精尖"的倾向——研究选题过窄，研究过程精制，成果发表求高，有的研究扎入心理科学过深。至于研究成果是否有管理者阅读、是否可落地为企业实践，甚至是否可用于教学，则注入精力过少，越来越像"科学家"了。所以我希望第三代营销学者**除了"格物致知"，还要注意"经世济用"**。在这一点上，第一代营销学者比我们第二代营销学者做得好，我们要向他们学习。

2016年3月3日

作者简介：董大海（dongdh@cbead.cn），中国大连高级经理学院教授，1998—2002年在大连理工大学管理学院读博士学位，专业为管理科学与工程，师承曲晓飞教授。

周南感言："意在笔先者，定则也；趣在法外者，化机也"（清·郑燮：《板桥题画·竹》）。董老师现任中国大连高级经理学院常务副院长，他对第三代中国营销学者提的三点建议简明、深刻，值得每人一读。过去三十余年间，我也慢慢地认识到，老跟在"高人"后面，研究属于"他人"的思想，一味追赶"异己"，只会离"自己"越来越远，变成"异己"。只有走自己的路，才能成为"自己"（请参阅周南：《佛光山的星巴克——〈道德经〉的启示》1-19 只有走自己的路，才能成为"自己"）。

3-3 创造个人价值,让学校伸出终身教职的橄榄枝

窦文宇

高校教师,压力无处不在:科研教学,基金申请,教评职称等。特别是对年轻老师,评终身教职的压力首当其冲。终身教职是学校与老师的价值天平对比。**压力客观存在,重点在于化解**。在我看来,创造个人价值是化解高校教师面临的各种压力的有效渠道。

衡量维度。我认为,分析高校教师的个人价值,可包括以下四个维度:科研、教学、行政与咨询。青年老师,鉴于时间与资源有限,能只着重发展其中一个维度吗?为了回答这个问题,我提出了一个最小变量产出(Minimum Variable Product,MVP)的概念,用于分析每一个维度。一个高校教师至少应该在每一个价值维度都达到MVP的水准。

第一,**科研能力是衡量一个学者的首要维度**。作为一个合格的青年教师,在科研能力上应满足以下基本要求:首先,熟悉文献,并有能力综合文献以支持自己的研究。其次,有发现并确认研究问题的能力,进而发展研究的结构框架。此外,熟练掌握各种工具用于数据分析,以及进行写作技能的训练也是必不可少的。最后,抓住各种机会展示自己的研究成果,并使之发表。第二,MVP在**教学维度**上体现为以下几点:在教学能力上,编撰自己的教学材料,**能胜任几门主要课程的教学**,有自己一到两门的专业课程,并**有能力开拓新的课程**。在教学效果上,**能营造好的课堂氛围**,授之所思、述之所想,满足学校的教学要求。第三,**行政工作是体现教师价值的另一重要维度**。认识、理解并融入自己的学校制度环境是首要任务。要重视并完成学院分配的各种任务。在部门与团队合作上的表现亦是重要的评判要素。第四,以商科为背景分析**另一维度——校外咨询**。作为商科的研究人员,应当**有一定的商业视觉**,锁定兴趣点,了解并分析业界所需,提出解决方法,并与业界合作推行。回到前面所提的问

题，相信每位年轻学者都能找到答案：**对于创造个人价值而言，只关注一个维度是不够的，应当满足 MVP——综合权重。**

制定策略。在满足 MVP 后，如何创造异于他人的价值？品类杀手（Category Killer）是一个很好的策略：专注于其中一个维度，以纵向和横向的角度观察、理解与实行。了解这个维度的最新资讯，并构建相关网络与平台。从纵向的角度来看，如何制定自身的价值体现策略？**若将教师事业比作体育竞技，你愿做短跑能手还是十项全能？**这取决于自身因素，包括所处事业的阶段、自身的长处与弱项、家庭与工作权重、学校的要求、可预见的社会价值需求等。

成功因素。我提出一个金字塔因素模型，用以解释各种要素之间的关系。**从下往上看，在金字塔底层的是智力**。这是踏上研究之路的基石。然而，除了天才，大多数学者的智力都是相仿的，如何比其他人更优秀？**第二层是勤奋。**劳而不获者有，不劳而获者无。勤奋是填补智力差距，或者说在相同智力程度上脱颖而出的重要因素。**第三层是情商。**更强的情绪控制能力和人际相处能力为策略执行提供了保证。此外，情商是后天可控的，这是能作自身调整的一个重要方面。最后，在金字塔**顶端的是价值——教师与学校之间的力量均衡。**创造价值不仅能让学者在学校有一席之地，从学校方面来说，有价值的研究者是要挽留的。因此，应当将终身教职放在学校与教师之间的价值天平上。此外，**在金字塔模型之外的是健康。**没有健康的体魄做基础，这些因素将很难发挥作用。

价值影响。最后，价值的影响如滴水入湖所引起的层层涟漪，学校是其中心点。然而价值的影响不仅仅在学校，它首先影响相关的专业领域，让你在某个领域拥有一席之地，随后扩散至业界乃至整个社会。

希望本文的分享能对青年学者在职业的规划上有所帮助。

2016 年 3 月 1 日

作者简介：窦文宇（wenyu.dou@cityu.edu.hk），香港城市大学商学院教授，1995—1999 年在美国威斯康星大学商学院读博士学位，专业为市场营销，师承桑杰伊·高斯（Sanjoy Ghose）教授。

周南感言："高以下为基"（《道德经·第三十九章》）。窦老师提出的价值金字塔对青年学者在职业规划上有帮助，对已经得到终身教职的老师们保住一席之地也有启示。金字塔下两层讲"事"，上两层讲"人"，两个都好才好；最重要的是金字塔以外的"健康"——身健心康，健康安宁才真好。多看几次后，觉得这个金字塔对各行各业、不同阶层的人士都适用。健康第一，"人""事"第二。如果没有"命"，"钱"有何用？

3-4　人生无岔路

杜建刚

没想到，我会从商场的摸爬滚打中华丽转身，成为一名博士生。2004年，我脱掉了身上的"战袍"，坐在了电脑前，拜在范秀成教授门下。博士学习初期，我经常接到企业同行邀我"出山"的电话，但学术研究的巨大魅力已经深深打动了我。人生无岔路，我只选一条。**既然转身了，就不要再回头。博士期间，我静心修行**，在学术研究中投入了极大的热情和精力。范老师的悉心指导和影响，加上同门师兄的帮助和自己的理科功底，我很快攻克了当时还被视为神奇的结构方程软件。同时，深入探索当时在国内还没有多少学者尝试的实验研究。半年后，人生中第一篇论文发表在《管理世界》上；一年后，又发表了一篇。到现在还清晰地记得范老师欣慰的眼神和同门的赞许，这是博士四年辛苦付出的最好回报。

2009年，我留在南开大学商学院任教，开始自己进行独立研究。虽然研究似乎蛮顺利（那是由于自己脑勤手快，也较早地掌握了前沿方法），但回想起来，这些研究更多的是规范和华丽，还缺乏一定高度的理论创新价值。看多了国外顶级刊物上的论文，渐渐发现了自己研究的不足。**什么样的论文是好论文？自己不同时期的认识程度不同，答案也不同**。一篇好论文一定要有好的想法、好的理论推演、好的实验设计。于是，带着对自身更高的要求，我又开始了新的征程。在修改18次之后，自己的第一篇英文论文在JAMS上发表；两年后，另一篇文章在修改了22次之后，在《服务研究杂志》（*Journal of Service Research*，JSR）上发表。在收到录用通知的时候，心情很平静，因为知道还有更高的目标在等着自己。

2013年，我成为教授和博士生导师。随着研究兴趣的转移，研究领域也从服务营销转到消费者行为。我的办公室不大，但摆放着货架和各种包装的饮料、食品，初次来我办公室的人都以为是进了小卖部。从理论视角上，我的研究也更加微观，寻找创新点也变得越来越富有挑战性。我常常让博士生去逛超市，当然不是去购物而是去寻找选题。我也喜欢独自逛超市，看到童鞋放在矮货架上是如此的可爱、看到水果有趣的摆放方式、看到清爽和透明的牙膏……这些都会激发出我的灵感并写出有趣的文章。学术问题需要时时装在脑子里，否则看到了也不会有感觉。**做学术，心需要沉下去，但在这个浮躁的年代，静下心来真不是件容易的事情。**我经常放弃一些横向课题、讲课、培训等，把更多的时间和精力投入学术研究中。

周南老师每周都要上香港的笔架山，二十多年来，至少上千次了。2015年，我在香港浸会大学访学时，跟着周老师爬过几次。有一次我问周老师："香港这么多山，您为何只登笔架山？"周老师笑而不答。登过三次以后，突然悟到，每次登笔架山都能发现藏在山中的奇石异木，而如果每次登不同的山往往只能记住一级级的台阶。**山路走多了才能闻到山的味道，学术研究背后的味道也是需要深耕才能有所彻悟的。**此时，对我来说，仍然是"脚下无岔路，我只选一条"。

学术路上，继续用心修炼。

2016年1月27日

作者简介：杜建刚（dillon_2001@sina.com），南开大学商学院教授，2004—2007年在南开大学读博士学位，专业为市场营销，师承范秀成教授。

周南感言：若想研究做得好，心要热（热情），脑要冷（冷静），手要勤（勤快）。建刚这三样都具备，他不仅富有激情和动力、善于思考和学习，还乐于观察和动手，所以，博士毕业没几年就已颇有成就。希望他再来香港时，我们还能一起上笔架山，探索山中尚无人知的宝藏。说到笔架山，真如建刚所说，我去过上千次。对那些悄悄藏在树丛里或石头间的"捷径"，或许很少有人比我更熟悉。装备齐全的登山客们很难找到它们，而我却对它们如数家珍。登笔架山、观维多利亚港湾二十余年，思考了五年，写了三个月，我于2014年年底完成了一篇如何对龙脉与风水"点穴"的小文章。短短两页纸，却是我上一本随笔集中最费心力的一篇。有兴趣的读者可参阅《佛光山的星巴克——〈道德经〉的启示》3-12 香港：龙脉与风水。

3-5 半路出家,安身立命

费显政

这些年做研究颇有些体会可以写：论文选题中山重水复疑无路的困惑、投稿时屡战屡败的挫折；课题申请中一次次从希望到失望的苦涩；论文一轮轮修订时通宵达旦的艰辛；甚至不乏论文走到最后一步主编会议时"突然死亡"的痛苦；当然也包括得到师长、贵人、朋友、学生等帮助时的温暖感动；以及课题偶尔中标和论文偶然被接受时的喜悦。

如何下笔呢？今日与一老友通话，聊到不同年代学者的差异与各自使命的不同，稍有感悟，或许就从此角度略谈一些体会吧！

我从事营销研究属于半路出家。由于博士毕业之后，才慢慢踏入营销的门槛，文献基础自然薄弱。又因毕业较早，研究方法的训练也与后来的博士生不可相提并论。所幸有机会到美国做了一年的访问学者，其间，主要的时间都花在博士生课堂当"旁听生"上，算是补上了缺失的基础。

后来发现，其实我的情况并非个例，**在国内营销学术界金字塔庞大的基座上，有很多像我一样的普通教师——年纪不轻、入道却浅的营销"资深新兵"**。对于"我们"，有**四点感悟**分享。

第一，在竞争日益激烈的学术研究中，即便是名校名师的学生仍十分勤奋努力，所以，**"新兵"要想在这个领域站住脚，系统地补课、艰苦地付出是最基本的条件**，没有任何捷径可言。

第二，**不要让自己背负太多不必要的负担**。其实在同一个时代，不同层次上的学者都面临自身的压力和挑战。当普通学者在为发国内权威期刊而犯愁的时候，他们眼中的"成功者"正在思考如何搞定国际 SSCI 期刊。与此同时，国际期刊的"先行者们"则在纠结如何突破顶级期刊；即使少数幸运儿有朝一日得偿所愿，甚至成为 A+ 期刊的常客，他们还将面临新的质疑：**你们的研究多大程度上解决了实际的营销问**

题？缜密的逻辑、严谨的实验，得出的结论在企业操作层面意义却有限——研究越精细、内部效度越完美，所剔除的噪音越多，也就离企业的现实越远。因此，在所有研究者背负的压力中，初入门者其实是相对最轻的，明白了这一点，我们是不是好过多了？简直要开始同情那些"大牛"了不是？所以，不妨轻装前进，给自己先定一个可以够得着的目标，实现了再奔下一个去，永远乐观向前，用短期的知足给自己降压，用长期的不知足激励自己。

第三，我们**不能因为自身基础的薄弱就妄自菲薄**。随着营销学科的飞速发展，心理学相关理论的不断渗透、大数据逻辑和分析方法的运用、脑神经科学的引入、研究方法的不断改进，使得营销的工具越来越复杂丰富。与此同步的则是快速迭代的营销实践，移动互联网背景下的消费者行为，社会化媒体中的群体运行规律，社群电子商务的蓬勃兴起，等等，涌现出无数期待营销理论界解决的新问题。这两方面都意味着**在时代的洪流前，我们大多数人都是新兵，都需要不断重新学习**。找到一块能发挥自己优势的利基领域，深耕细作，"新兵"也有机会作出自己独特的贡献。

第四，无论是宏观层面上物种的演化，还是微观营销层面上品牌的分化，都预示着营销学研究的差异化和营销学者的多样化。**营销研究的学术共同体，也应该是一个不同背景成员参与的大社区**，正如同金庸先生笔下的江湖，既有泰山北斗级的少林武当，也有各具所长的五岳各派，甚至还包括草根味儿十足的丐帮，正是这种差异化使得江湖精彩纷呈。同样，不同学者之间也需要差异化，这可能来源于定位学术导向或实践导向的差异化、研究领域和专长的多样化、研究方法和研究工具的多样化、研究视角的多样化。这种差异化的定位也会使得不同营销学者各有所归，这样，营销学术共同体才能更繁荣健康。

2016年2月6日

作者简介：费显政（feitairan@163.com），中南财经政法大学工商管理学院教授，2002—2005年在武汉大学经济与管理学院读博士学位，专业为企业管理，师承赵锡斌教授。

周南感言：善驰者，不贪最先，不恐独后。机缘巧合，显政成为一名营销学者，自谦入道甚浅，但我在与他交流的过程中，发现他敏而好学、乐于思考、勤于耕耘。任何学科，都忌闭关自守，而广开思路、内外兼修、合纵连横，才可能像金庸笔下的江湖一样，大侠辈出，流派纷呈，各有所归，保持强大的生命力。

3-6 研究三味

付晓蓉

我于 2010 年前往香港城市大学，跟随周南教授及苏晨汀教授进修了三个月。时间不长，但对如何做研究及为何研究有了一些新的思考。我认为，**学术研究有三味：开始茫然、过程惶然、结果怛然。总结起来就是很苦很累，但甘之如饴。**

茫然。学术研究始于博士生阶段，在此阶段，尤其是博士一、二年级，大多会感觉茫然。这种茫然**犹如走在白茫茫的天地间，不知道方向在哪里**。这种茫然具体而言可能有两方面的表现：**一是不知道自己应该做些什么才能对自己未来的研究之路有帮助，二是不知道应该做什么样的研究、看什么样的文献**。所以，我认为，说博士生很苦很累，其实苦在艰辛，累在选择。茫然地看文献，不断地涌现想法，不断地抉择与抛弃。所谓的累，不过就是在不停地说服自己放弃之前的想法而已。

惶然。研究的过程则心怀忐忑，总害怕前一刻的抉择是有问题的，**不停地质疑自己的立论，质疑自己的推理，质疑自己的数据……**这个阶段，心里总是惶惶然，随时处于这种怀疑一切的折磨中，当真是一种苦、一种累。这时的累却是一种自省的累。

怛然。正是在这种惶惶然中，研究者的逻辑推理不断完善，文献不断补充，结论不断验证，论文的写作水平也不断提升。纵然如此，即使在论文提交的前一秒钟，你仍然会觉得它不完美，需要不断地改进。因此我们还是不能释然，对此终究耿耿于怀，不停地想去修改、去调整、去验证……**怛然的关键在于不能决定提交什么样的研究结果**，让人心累！我 2012 年申请国家自然科学基金项目填写申请书时就是这样，临到提交的前一秒还在修改。这种累却是一种犹如蝴蝶羽化的痛与累！

学术研究很苦很累，可为什么这么多的前辈、同辈乐此不疲，"衣带渐宽终不悔"呢？我的想法是，除了学术研究是我们的工作，是我们的"衣食父母"外，更重要的是**学术研究的过程是研究者自我感知与提升的过程，它让人由"知彼"至"知己"，及至明智。老子曰:"知人者智,知己者明。"文献的查寻与收集的过程则是"知人"的过程,因为这一过程让我们知晓了该领域其他人的看法与研究成果,可以帮我们成长为这一研究领域的"智者";而自我质疑与思考实则是"知己"的过程,它使我们不停地将自己的想法与他人的想法进行比对、进行分析:自己立论,自己质疑,再自己论证;它让我们能不断地反思自己,不断地完善自我;能让我们知己知彼,成为该研究领域的"明者"(如果能成为某一研究领域的"明者",我想他一定是这一领域的知名学者)。

从"智者"到"明者"的成熟过程,是自我突破与理论创新的过程,这一过程决定了研究的思想性,虽然艰辛却也值得珍惜与回味,所以学术研究的旅途累却不悔!

2016 年 2 月 14 日

作者简介:付晓蓉(fuxr@swufe.edu.cn),西南财经大学工商管理学院教授,2001—2005 年在西南财经大学工商管理学院读博士学位,专业为企业管理,师承蒋明新教授。

周南感言:"水道曲折,立岸者见而操舟者迷;棋势胜负,对弈者惑而傍观者审"(宋·何坦:《西畴老人常言》)。学术研究中的茫然、惶然与怛然使我们每个人都战战兢兢,很苦很累。用晓蓉的话说,苦在艰辛,累在选择;好在回望时,累却不悔,甘之如饴。从"智者"蜕变为"明者"。晓蓉的总结生动、形象。心境顺逆,在乎一心。

3-7 青年学者科研论文的常见薄弱点

何佳讯

青年学者面临着越来越大的科研压力。一方面是由于科学研究的总体水准不断提高,对学术论文的质量要求与日俱增;另一方面是由于国内一流高校普遍推行"非升即走"的制度,新入职的教师要尽快发表高质量的论文,以期在激烈的竞争中赢得优势。那么,**青年学者如何为自己建立一个可以"触摸"的较高标准?我以为可以从避免科研论文的一些常见薄弱点做起,使得投稿的论文达到一个没有明显欠缺的状态,大大增加修改、完善的机会**。为此,我以担任 JMS 专业主编,作为很多学术刊物的审稿人,以及指导博士生、与他们合作撰写论文,对大量论文评审或修改的过程中所积累的经验,总结管理学论文常见的三个薄弱点,与大家分享。

第一,引言部分缺少分量。引言部分尽管篇幅不大,却极为关键。它是对论题的解释和导入,需要用画龙点睛之笔概括本研究的核心之处,包括研究背景、动机和可能的创新点等。由于不能用很长的篇幅,又要点出最关键之处,因此,一定要写得有足够的分量,这对文字功夫的要求很高。通常,我们从现有理论研究的空白和实践领域的需求这两个角度切入正题。青年学者的论文在这部分最易出现的问题在于,要么来自实践领域的问题过于微小,不具有重要意义,缺乏普遍性和长久性;要么实践问题很重要,但理论研究空白未找准,两者的关系未处理好。对于本土化取向的研究,引言部分的把握尤其重要。**好的本土化研究,研究的问题甚至构念和理论都可以来源于本土,但知识发现要能贡献于世界,而不是仅能解释本土现象**。

第二,理论假设过于直白。理论假设是一篇学术论文最重要的部分,是衡量一篇论文是否优秀的重要标准。**好的理论假设,不但要求在内容上理由充足、角度新颖,而且要求在形式上表达清晰、推演严谨、言简意赅**。我们经常发现,以文献回顾为支撑的理论假设,对文献回顾的表述占幅过大,对假设部分的实质性陈述和推演占幅过小，因而使得论文的理论贡献过小。最常见的问题是，假设过于直白，即对变量之间关系的假设过于显而易见。对于采用结构方程方法的研究，这方面的问题尤为突出。我们可以简单地把理论假设按创新性程度分为三个层次：一是"情理之中，意料之中"，二是"情理之中，意料之外"，三是"情理之外，意料之外"。显然，第一个层次是我们要力图避免的，第二个层次是青年学者要努力做到的，而第三个层次是值得每位学者重视和追求的理想目标。因为只有"情理之外"，才可能有超脱于一般理论之外的新知识发现。

第三，讨论部分过于简单。讨论部分通常包括结论、理论贡献和管理含义等三大方面。经常看到青年学者的论文"头重脚轻"，整体篇幅安排不均衡。要注意，不是为写而写，而是确实要有实质性的内容对结论展开讨论。**如果讨论部分写不出丰富的内容，往往折射出论文的创新性不够、应用价值不高。**通常，理论贡献和管理含义均应该有三点或三点以上的内容，且每一点内容都能充分展开。**理论贡献要与先前的研究进行比较，清晰地概括本研究的突破和创新之处；管理含义要与实践相结合，指明本研究的结论如何应用于实际管理决策。**对于消费者行为研究来说，如何写好管理含义尤其具有挑战性。不少青年学者缺乏对实践经验的良好把握，因而无法很好地把研究发现与实践应用紧密地联系起来。**很多时候，我们不难发现一些论文中所谓的"管理含义"过于理想化，缺乏真实性，在现实中不存在可操作性和可应用性。**

2016 年 2 月 7 日

作者简介：何佳讯（jxhe@dbm.ecnu.edu.cn），华东师范大学经济与管理学部教授，2002—2006 年在中山大学管理学院读博士学位，专业为市场营销，师承卢泰宏教授。

周南感言：为什么何老师的研究扎实？从这篇随笔里可以看到一些端倪，比如，理论贡献要清晰地概括本研究的创新之处，管理含义要与实践相结合，都是切肤的经验之谈。何老师关于中国文化的研究做得尤其好，比如，在中国文化背景下，如何从"真有之情"和"应有之情"两个维度探究品牌情感的构成及对中外品牌的影响（何佳讯，2008）。我一直将这个研究作为一个范例，向他学习，也要求学生们向他学习。

请参阅：何佳讯（2008），"中国文化背景下品牌情感的结构及对中外品牌资产的影响效用"，《管理世界》，6：95—108。

3-8 与学生共同成长

黄 静

我与营销学科结缘于拜读甘碧群教授的《市场学通论》一书。读硕士时，甘老师对我说：**要让做学术研究成为一种生活方式**。当时听得懵懵懂懂。后来跟甘老师读博士，方才逐步开启了"做学术研究成为生活方式"的人生之路。我进行博士阶段的学习时是双重身份：既是学生也是老师，正是这段难忘的经历让我加深了换位、移情的思考。做了多年老师，我格外珍惜重做一名学生的机会，努力去捕捉老师们的智慧。受甘老师严谨治学态度的影响，后来在对学生的培养中也努力将其贯穿始终。

拥有思想的自由、驰骋于广阔的社会舞台，**岁岁年年都与充满青春活力、意气风发的学生相处，是做老师最大的"福利"**。我的学生团队犹如一个大家庭，营造氛围首当其冲，大家互相影响，做心地善良的人。师生本就是一种缘分，既然走到一起，大家就要彼此关爱，做加法，共同进步。

我很庆幸，招了一群既聪明又勤奋的学生。除了布置目标任务，更有效的办法是对学生的学习和研究进行过程管理。每周一次的讨论会是师生共同分享显性知识、思辨研究问题的美好时刻，闪光点往往是在不断的争论中被捕捉到的，独立思考和团队智慧碰撞出了思想的火花，学生的悟性也随之得以提升。这个过程促进了老师和学生的共同成长。

这些年带的已经毕业的博士生有：张司飞、姚琦、王新刚、童泽林、俞钰凡、肖潇、曾一帆、张晓娟、刘秋玲、吴宏宇、袁兵、朱丽娅、李丹妮、彭志红、王诚、熊小明、许志炜。记得王新刚在8月初武汉最炎热的时候提前来校报到。如果说，既勤奋又聪明的学生一定会收获成功的话，新刚就是这样的一个学生。童泽林的快速成长可圈可点，他在拿到博士录取通知书后，就从企业辞职开始阅读文献了，从最初的茫然，到在《心理学报》上发表论文，乃至在《管理世界》上发表系列研究成果，泽林是勤奋学习的学生典范。前不久他发微信给我，说找到一个我们正在讨论的研究问题的调节变量，十分兴奋。可见，对他而言，做研究已成为一种乐趣。熊小明是悟性很高的学生，对研究问题的讨论是一点就通。除了正常的博士学习任务外，还担任了系里的行政秘书。他出色的工作表现有口皆碑，以至于他毕业后还在指导下一届的秘书如何做好工作。他的沟通及换位思考能力也使我获益不少。郭昱琅是个有些羞涩的大男孩，虽然言语不多，但讲起研究来头头是道。他知识面广，师弟和师妹们在向我汇报研究前，都要先向他请教，待他认可后才提交给我，俨然是个小老师。他是个让我放心的好学生。

我想特地说一下，相比应届生，已经工作了再来读博的学生更不容易，其中，女博士生尤其不易，她们大多数已为人母，多重角色职能的叠加，使她们倍感艰辛。朱丽娅、彭志红、刘秋玲和李丹妮以优异的成绩通过毕业论文答辩之后，她们的眼里充满了泪花，我也为之动容。

学生们毕业后，都在自己的工作岗位上做出了不错的成绩，这是对我最大的激励。他们成长，我和他们共同成长。

2016 年 3 月 10 日

作者简介：黄静（huangjing877@whu.edu.cn），武汉大学经济与管理学院教授，1998—2002 年在武汉大学商学院读博士学位，专业为市场营销，师承甘碧群教授。

周南感言：桃李不言，下自成蹊。我数了一下，黄老师已经毕业的博士生有 17 个。黄老师辛勤耕耘，学生意气风发，满园桃李，一棵棵幼苗渐渐长成栋梁。还有什么能使老师感到欣慰和值得骄傲的吗？那也是青春永驻的原因啊！

3-9 好的研究是慢慢长出来的

黄敏学

三人行，必有我师。记得15年前，给我介绍国外学术研究的徐淑英老师，告诫我们研究是一个过程，过程越痛苦，结果可能越幸福。有时候，我对学生讲的话也是讲给自己听的。"失败之后再坚持，那失败只是行进的挫折；失败之后就放弃，那失败就是最终的结果。"曾经听与我长期合作的方二老师讲：有一次他去拜访美国的一个"大牛"，祝贺他发表了40多篇顶级A类学术文章，成为最丰产的有影响力的学者之一。这位"大牛"没有多说什么，只是将电脑打开给方老师看，"你只看到我发表的文章，我电脑里还有近200个文件夹，每个文件夹就是一个项目，它们可能没有机会发表了"。

"大牛"成功背后的故事，让我理解了研究是一个过程。开始时，我非常关注选题，总想选一个非常有价值的所谓前沿问题，想引领研究潮流，结果发现心有余而力不足，我们的理论积累和研究方法还达不到。后来发现结合自己研究专长来探寻问题，反而可能找到更有价值的问题，也更能做出"意料之外、情理之中"的研究来。在听了很多著名学者的讲座后发现，这些学者讲的问题好像都是平常的问题，但是对问题洞察的深度和发现的结论让我们耳目一新、心悦诚服。最后总是会问：为什么我们自己想不到呢？后来也有很多学生在讨论会上问类似的问题，我说，**好的文章是慢慢长出来的**。你积淀的深厚的理论土壤，加上你掌握的方法所带来的阳光和雨露，会使你的想法的根系越来越发达，吸收的养分就会越来越多，你的逻辑树干也就长得越来越挺直和粗壮，假以时日，这棵大树自然会绽放出美丽的花朵，而后结出丰硕的文章果实，让旁人赞叹不已。

指导学生，其实就是多一个研究合作伙伴，虽然这些研究小伙伴开始时有些莽撞，但有时正是他们的无畏给我们做老师的打开一扇新的窗户。从内心来说，我要感谢我指导过的学生，他们每次讨论都有新问题、新困惑和新思考、新理论，是他们引领我去关注多样的文献，推动我去学习最新的方法，激励我去寻求最好的数据资源，也逼迫我去不断创新和突破自己。我曾经指导的硕士生才凤艳在香港中文大学读博士时，跟我分享了她在香港科技大学学习的实验研究方法资料；我指导的第一个博士生李小玲让我去学习并了解 VAR 模型；我指导的王峰、王殿文、肖邦明等博士生（与美国伊利诺伊大学厄巴纳-香槟分校联合培养）推动我去学习二手数据分析、复杂网络分析等方法；我指导过的博士生周元元让我了解了服务补救领域不少的新文献。

任何一个收进来的博士生都是有潜力的。如果能够在第一年利用他们的"无知者无畏"，在某个领域做出一个研究并能写出文章投稿，将会极大地增加他们的信心；在第二年，他们阅读的文献会越来越多，知识积累得越来越丰富，常常会出现"**有知有畏**"的状况，认为很多研究大家都做了，自己做什么都不行。这个时候如果能够将第一年启动的研究结合他们所掌握的理论和方法，进一步深入进去，同时利用投稿反馈的意见来修改、完善论文，无疑有助于他们突破这个时期知识越多、信心越少的困惑阶段。度过第二年的挣扎期后，如果能够通过修改，使得有文章被接受或者进入第二轮，将有助于他们建立信心，进入"**有知无畏**"的阶段，他们知道自己会什么不会什么，然后会根据研究需要学习新的理论和方法，不是局限于已有知识和理论框架去做，而是根据创新需要去有突破地做。正因为自信心的建立，很多学生在国内的《管理世界》《心理学报》等，国际的 JMR、JM、JBR、EJM 等顶级和有影响力的学术杂志上发表了学术论文。

教研相长就是我研究提升的康庄大道，我非常高兴能一直走下去，成为我的导师甘碧群那样的老师，在学生毕业之后更受他们的爱戴。授人以鱼不如授人以渔，将青年才俊扶上马再送一程，让他们得以茁壮成长。

2016 年 2 月 8 日

作者简介：黄敏学（huangminxue@126.com），武汉大学经济与管理学院教授，1997—2000 年在武汉大学商学院读博士学位，专业为市场营销，师承甘碧群教授。

周南感言："讯问者，智之本；思虑者，智之道也"（汉·刘向《说苑·建本》）。我和黄老师合带过几个博士生，知道他对学生的要求严，对自己的要求比对学生还严。学生们跟我说，星期天早上，他到办公室后，会打电话查看学生是否已经来学校看书，或开车带学生去收集资料。他们读书时敬畏他，毕业后想念他。严师带高徒，毕业有前途，人生有奔头。

3-10 亲历中国市场营销学科的转型

蒋青云

虽然从 1989 年开始教师生涯后就一直教授"市场营销"课程，但和很多同事一样，我并不是科班出身，只是在研究生阶段学过相关课程而已。因为当时的内地并没有一个叫做"市场营销"的专业。也就是说，**至少在 20 世纪 80 年代末期，市场营销在内地还不是一门独立的学科。**

给本科生和硕士生教了五六年课以后，自以为把科特勒先生的《营销学导论》和《营销管理》等相关著作看得滚瓜烂熟，也能结合中国的营销实践把相关内容有重点地教授给学生们，在国内权威期刊上发表了不少营销方面的论文（当然是议论文风格的），甚至还编写出版了教材。于是乎就觉得市场营销并没有什么高深的学问，以至于常和一些同事高谈阔论，将来我们也要写一本传世的《营销管理》教材，也要出版一本像 JM 那样的期刊……总之，那时颇有些不知天高地厚。可见，我们**当时也没有认识到市场营销其实是一门科学。**

第一次被震到是 1995 年在香港城市大学碰到周南老师。那时我在香港中文大学访问，顺便去香港城市大学拜访周老师和游汉明老师。在去吃午饭的路上，碰到一位海外营销学者（已经不记得是谁了），周老师介绍我跟他认识。他问我："你是做什么研究的？"我说："我是做市场营销的。"他又追问我："具体做什么方面呢？"我竟有些含糊其辞答不上来，只好说"我是做企业形象和市场竞争的"。他显然不太满意我的回答，说"一般学者的研究方向没有那么宽泛，需要更加具体一点，比如周南老师研究的是广告的社会与经济作用（Socioeconomic Role of Advertising）"。我感到非常窘迫，在心里开始自问，我到底是研究什么的？我以前那些文章算是研究吗？应该说，这是我开始觉得营销作为一门科学，需要自己投身其中开展科学研究的起点。

周老师是那种润物细无声的导师。回到办公室，他特地拿了一篇他和他的老师白乐寿（Russell W. Belk）合作的论文对我说，这是讲中国出口广告战略的，也许对中国企业的营销实践有点用，你可以把它翻译出来，并增加一些资料和观点，写成一篇我们合作的论文，可能可以在内地发表。我差不多花了近两周的时间把这篇论文翻译出来，并按自己的思路作了改写，交给周老师审定。回到上海后，周老师寄来他改过的稿子，看完后我又一次被震到了！因为他几乎重写了一遍，并在结论处作了精彩的归纳总结。后来，我将该文提交给上海市市场学会年会（1998），标题是"中国出口广告（1979—1988）研究：兼谈中国企业出口营销的发展及弱点"。评委们褒扬了这篇论文，因为这几乎是当时内地仅有的实证研究论文。我们得了那次年会唯一的优秀论文二等奖（一等奖空缺）。后来，我们的这篇**论文多次投稿给国内期刊均告失败，主要是因为当时实证研究还不是期刊论文的主流**，各个期刊的主要反馈是"数据老"。最后，该文经压缩后发表于《复旦学报（自然科学版）》2001年第2期。

在周老师的启发和指导下，我隐约感到这是未来内地营销科学的发展方向，并有意识地在华东理工大学，继而在复旦大学开始了以实证研究为重点的营销学术研究工作。这就是JMS会议甫一召开，复旦大学营销系就有较高质量的学术论文参与其中的原因，也是复旦大学营销学科发展起点较高的原因。**内地的市场营销学科真正成为一门科学而被认同，JMS功劳不小**，而在其背后是以周老师和谢贵枝老师为代表的一批海外学者协助推动及指导的。

说到**谢贵枝老师，不能不提到由他倡导并组织的"营销学者论坛"（Marketing Scholars Forum），这也是推动内地营销学科转型的一项重要举措。**这一论坛由香港大学、北京大学和复旦大学三所学校共同主办，轮流在北京、上海和香港举行。从2003年到2012年整整办了十年，才完成其历史使命。该论坛面向国内重点高校市场营销专业的青年教师和博士生，邀请海外著名学者分享研究经验，指点研究问题及其方向，并开展有效互动，对内地营销学者感知、跟进和融入国际营销学术主流起了重要的作用。我从2004年开始有幸参与到论坛的组织工作中，认识了许多杰出的营销学者，花了不少精力筹措资金和资源以支持论坛的运作，也为复旦大学营销学科团队、研究基础和学术声誉的建立和发展贡献了自己的力量。

2016年2月20日

作者简介：蒋青云（qyjiang@fudan.edu.cn），复旦大学管理学院教授，2001—2007年在复旦大学管理学院读博士学位，专业为产业经济，师承苏东水教授。

周南感言：一分耕耘，一分收获。1994年我到香港城市大学工作后，蒋老师是我最早认识的内地市场营销学者之一。蒋老师真诚、实干，我们一见如故。复旦营销系走在全国前列，担任系主任多年的蒋老师劳苦功高。借此机会，我要感谢游汉明老师、谢贵枝老师和陈增声老师。我来香港工作，是他们三位领的路。

请参阅：周南、白乐寿、蒋青云（2001）："中国出口广告（1979—1988）研究：兼谈中国企业出口营销的发展及弱点"，《复旦学报（自然科学版）》，40（2）：199—205。

3-11 行成于思,行胜于言

景奉杰

周游列国之后,南居香港的周南教授不甘寂寞,奔走于香港与内地之间,传经布道,著书立说,热忱不减。先有写在"平常之外",读在"雅俗之间"的《要钱还是要命——〈道德经〉的启示》,后有"不在路上,便在书里"的《佛光山的星巴克——〈道德经〉的启示》,现在又要"众筹"出版记录管理学研究者求索心路的感想集。周南教授执拗地说,我作为他访问武汉大学的中介,必须写一篇,并要求写出思想和个性,于是我只好写写诸位写不到的故事。

机缘巧合,幸会良师。 1993年我从兰州大学数学与统计学院博士毕业后,到武汉大学做博士后,1995年出站时阴差阳错被破格评为教授。更机缘巧合的是,作为武汉大学博士后联谊会的主席,在一次学校副处级以上中层干部扩大会上,我坐在知名营销学者、武汉大学管理学院院长甘碧群教授的邻座。结果,**对营销毫无概念的数学教授进了管理学院**,是当时国内营销学界首位跨界博士后和教授。于是,尽管名义上我不是甘老师的学生,实际上却成了甘老师的博士后,并在其他甘氏弟子尚未"成年"时,当上了武汉大学市场营销系首位系主任。由于后期系名改变,我有幸成为唯一的武汉大学市场营销系系主任。

因缘际会,初识周南。 1997年12月香港城市大学举行华夏文化与现代管理国际研讨会,来自中国内地、中国香港、中国台湾、加拿大、美国、日本等国家和地区的百余名专家参加会议,作为会议录用论文的作者,我意外地受到旅费资助和邀请,才有缘见到当时香港城市大学商学院市场营销学系代系主任周南教授,他给我留下了和蔼可亲、平易近人的印象。

联姻城大,引进外援。 2000年武汉大学管理学院改名为商学院,市场营销系成立,在甘老师的提议下我临危受命担任系主任,新官上任后,在学科建设和人才培养方面,一个重要的举措就是果断引进香港城市大学的"外援",持续推动教师和学生研究范式的战略转型。我特别感谢仅凭一面之缘和一封"情书"就欣然接受邀请的周老师，周老师自己先来，后来又邀请苏晨汀、窦文宇和杨志林等老师一起来，在武汉大学营销学科亟待发展和提升的关键时刻，给师生们带来了一场场**西方范式和本土思维共融、营销思想和学术规范兼具**的学术盛宴。

种瓜得瓜，收获快乐。2004年，周老师被聘为武汉大学商学院的兼职教授，香港城市大学市场营销学系与武汉大学市场营销系"正式结盟"，播撒的种子渐见收成。值得纪念的是**2005年JMS创刊暨首届中国营销科学博士生论文竞赛在清华大学举行，我的"市场营销理论与方法"课程的四名博士生徐岚、曾伏娥、王毅和彭艳君投稿参赛，全部入围决赛并最终获得唯一的一等奖、两个三等奖和一个优秀奖**，他们现在都已成为各自学校的教授、博士生导师、系主任和教学科研骨干。武汉大学营销人才辈出，遍及国内外，其中不乏学界领军人物、青年才俊和业界精英，不算早些年"出走"的符国群（北京大学）和黄沛（复旦大学），后期包括我在内的营销师生都受益于香港城市大学市场营销团队的无私帮助和专业指导，博士生自不必说，还包括当时在武汉大学读硕士的肖莉（复旦大学）、才凤艳（上海交通大学）、李小玲（中南财经政法大学）、杨艳（华东理工大学）和余樱（华中农业大学）等。

联手办会，再创辉煌。第一和第二届JMS会议，分别由清华大学和北京大学承办。2005年，我和周老师联手，代表武汉大学与香港城市大学联合申请承办的第三届JMS会议，应当记录在武汉大学营销学科的史话中。尽管会议召开时我已经完成了我的使命，离开武汉大学去了华中科技大学，2012年我又离开华中科技大学加盟华东理工大学，2015年作为大会执行主席成功承办了第十二届JMS会议，但**武汉大学市场营销系一直是我永远不变的娘家，周南教授是我永远不忘的朋友**。武汉大学与香港城市大学市场营销学科的结盟及合作堪称典范，由此扩展形成的溢出效应，是内地高校市场营销学科发展的一个缩影。或许，作为一个见证，这也是周老师在内地高校传经布道的一个起点和路径所在。

2016年3月1日

作者简介：景奉杰（fjing@ecust.edu.cn），华东理工大学商学院教授，1990—1993年在兰州大学数学与统计学院读博士学位，专业为数学，师承郭聿琦教授。

周南感言："已立志为君子，自当从事于学"（明·王阳明：《教条示龙场诸生》）。在中国营销学界，景老师以为人厚道、才华横溢、妙语连珠而闻名。在我心里，最感激的是他当年邀请我访问武汉大学，否则我后来的许多经历不知要如何书写。缘分由命运决定，兄弟靠感情维系。饮水思源，友谊长存。

3-12 慢慢地，你就会了

黎建新

古语讲，"工欲善其事，必先利其器"。"善事"与"利器"的关系，同样适用于科研。要做好科研，写出好论文，首先得提升科研能力。这一点，对在读的硕士和博士生而言，尤其重要。科研能力的提升，是一个蛮沉重的话题，我本人科研出道晚，不是什么科研大咖，难以谈出高深的见解，不过，可以结合自己博士学习和科研的经历，以及多年从事"管理研究方法"课程教学和指导研究生的实践，不揣简陋地谈几点体会，供硕士和博士生们参考。

其一，科研能力是可以习得的。它是一种发现问题、分析问题和解决问题的综合能力。这种能力，除了靠天生的潜质外，大都是可以通过后天学习而获得的。当然，科研能力的习得需要时间，同样也需要方法。对有志从事科研的硕士生和博士生而言，一般都已具有较好的英语、数学或统计学基础，假以时日，通过多途径的学习和实践，都可以掌握相应的研究方法，从而获得一定的科研能力。因此，硕士生和博士生们应该充满自信，**天道酬勤，功夫自然成**。

其二，应该具有哪些方面的科研能力。关于科研能力，有多种分类视角，从管理学研究角度来看，我认为科研能力**可划分为五种：问题发现能力、文献阅读能力、理论建构与创新能力、数据收集与分析能力、论文表达与撰写能力。它们彼此之间存在联系**，形成了一个能力体系。从内在关系和习得难易来讲，这五种能力大致可分为三个层次：文献阅读能力、数据收集与分析能力是较基础的，处于第一个层次；理论建构与创新能力、论文表达与撰写能力处于第二个层次，而问题发现能力属于第三个层次，即最高层次。对本科生、硕士生与博士生来说，科研能力的要求是不一样的。**本科生做科研，像射猎静立的兔子；硕士生做科研，像射猎奔跑的兔子；而博士生做科研，就好像只接到射猎的任务，要自己去找兔子，可见难度之大**。因此，对硕士生而言，需要具备的科研能力主要是前两个层次，而对博士生来说，则主要是后两个层次。理论创新和问题发现是独立研究能力的主要体现，这不仅对博士生，对所有研究人员（包括导师）也同样重要。我身边所熟悉的一些同行经常会为这样的问题犯愁，如下一个基金项目写什么、论文如何写出新意等。这也说明，理论创新和问题发现是一个不断修行的过程。

其三，如何习得和提升科研能力。科研能力的习得和提升，除了学习和实践，应该没有其他的方法了。 至于学习，有一个学习路径的问题。上面提到的五种能力，其实是由五类方法或知识转化而来的，因此，也暗示了一种学习路径。对硕士生和博士生而言，无论是课堂学习还是自学，**都应该像徒步登山一样，先从山脚下开始，然后拾级而上，最终到达山顶**。具体而言，首先，应该学习、掌握数据收集和分析方法。这两类方法是最基础的，主要是显性知识，有较多的专业书籍可供阅读，其实是最容易学习和掌握的，但由于涉及较多的数学或统计学、实验心理学等相关知识，很多初学者往往觉得头大而视为畏途。之所以说这些方法是基础性的，是因为如果不具备这类方法，则几乎看不懂专业论文，更遑论其余了。其次，应该学习的是文献阅读、理论建构、论文撰写等方法。最后，应该学习的是理论创新和问题识别方法。后面这几类方法，尽管也有一些范式，但更多的是**隐性知识，要掌握的话，与其说靠学习，不如说靠实践。实践，实践，再实践。**多做几个研究，多写几篇论文，慢慢地，你就会了。

2016年2月28日

作者简介：黎建新（jxlee01@163.com），长沙理工大学经济与管理学院教授，2003—2007年在武汉大学经济与管理学院读博士学位，专业为市场营销，师承甘碧群教授。

周南感言：柔弱胜刚强。建新将研究难度分为三个档次的比喻，十分生动。兔是十二生肖之一，温柔可爱，也非常机警，野兔逃命时，据说奔跑时速能快到"望尘莫及"的70—80千米。哪有可能追上？我们都听过"龟兔赛跑"的故事，兔子清楚自己跑得快，跑到半路后睡大觉，结果跑输了，而跑得慢的乌龟胜了。所以，建新对同学们说："多做几个研究，多写几篇论文，慢慢地，你就会了。"对了，别忘了，跑得慢的乌龟比跑得快的兔子更长命。

3-13 智者相伴，书籍相随

李国鑫

对"做研究"这一行，我一直觉得自己是个新手。可仔细一算，居然在科研道路上已经走了十余年。回顾这些年，谈不上什么骄人的成绩，也拿不出太多像样的成果。但一路走来，从一个不知何谓研究的年轻学生成为将研究融入生活的大学教授，沿途有智者相伴，有书籍相随，深感庆幸。如果说，要分享这一路的感悟，那就是要**结识优秀的人，做喜欢做的事**。

学者多智者。做研究可以有机会和很多智者交朋友。我常对自己的学生说，**和优秀的人在一起，你也会变得优秀**。要多参加高水平的学术会议，多和同行交流，他们除了给你启迪，还会给你提供意想不到的机会。我的学术生涯中好多重要的机会就是这么来的。在读博士期间，我有两年的时间都在选题上徘徊。2002年我去香港参加了一个国际学术会议，认识了香港理工大学的林振钦教授，当时交谈的时间不超过五分钟。机缘巧合，几个月后林教授受黑龙江省旅游局的邀请到访哈尔滨，我们又有了进一步的接触，我也幸运地获得了到香港参与林教授主持的一个香港特别行政区政府基金项目的机会。我至今感谢林教授给我打开了一扇门，让我走上实证研究的道路。我在香港理工大学的那间小办公室里，干劲十足，用每天工作16个小时的状态，圆满完成了项目报告和博士论文。

之后，我又参加了许多国际会议，每次都能结识一些很棒的学者。**有时候，你不知道埋下的种子会在什么时候发芽**。有位芬兰的教授，我们曾在某个会议上交换过名片，十年后他随当地政府的代表团访问我校前，找出我当年的名片信息又联系上了我。之后，我们在管理科学与工程国际会议上共同举办了一期专题论坛，这也算是最戏剧性的一次合作了。

如果研究是你很喜欢做的事，你就能体验到它带给你的那种忘我和沉浸的状态。有段时间，白天冥思苦想不得要领，晚上半梦半醒间突然获得灵感，立马从床上蹦起来，伏在桌上才思泉涌。课题攻坚阶段，睡觉前床头经常放着纸和笔，因为大脑处于活跃状态，好多想法怕第二天忘掉，但又实在太困，就闭着眼睛把新点子记下来。回忆起来，那些时刻都成为我工作的关键时刻。我学过的专业很杂，研究的兴趣点也一直在变。曾经一度懊恼自己没有建树，并将其归咎于研究领域不专一。现在反而觉得这恰恰是给了自己自由生长的空间。**研究对我的意义就是让我更归于内心的成长，率性而为，无拘无束。**我以前是在竞争中寻找价值，向外界寻求认可。随着年龄的增长，现在更倾向于在每日阅读思考的过程中去关注自己的内心需求，充实自己的精神世界，而不受外界的诸多干扰。

作为一个女性学者，我有一个愿望，就是希望成为女儿的榜样。一次，我在一个项目上忙得不可开交的时候，觉得冷淡了九岁的女儿，就问她，如果妈妈不做大学教授，每天都陪着你好不好？她竟然坚决反对，说她喜欢妈妈醉心于工作的样子。我在赶项目申请的日子里，她会在日历上记下截止日期，然后尽量不打扰我。申报书写完了，她开心地欢呼："妈妈可以陪我玩喽！"我有意带着女儿去参加国内、国际的学术会议，让她看到我的工作状态，看到她在潜移默化中得到了熏陶、开阔了眼界，真有种别样的满足。

回首这一路，虽然做研究要面对很多新的挑战和压力，自己也常常在申请课题、指导学生、投稿审稿、参加会议和进行调研等事务间忙得晕头转向，但想起在这探索之旅中或巧合或注定相遇的旅伴们或有意或无意与我分享的智慧，想起沿途或水到渠成或柳暗花明而采摘来的果实，如果让我换一行来做，我是一百个不乐意的。"莫听穿林打叶声，何妨吟啸且徐行。"庆幸自己还有很长的研究之路可以走，那就继续慢慢地、开心地走吧！

2016 年 3 月 15 日

作者简介：李国鑫（lisappleheart@gmail.com），哈尔滨工业大学经济与管理学院教授，2000—2004 年在哈尔滨工业大学经济与管理学院读博士学位，专业为技术经济及管理，师承王雅林教授。

周南感言：幼而学，壮而行。我们常说"将研究融入生活"，怎么个融入法？国鑫自己好学，还给女儿做榜样。榜样的力量无穷。国鑫可爱的女儿，"喜欢妈妈醉心于工作的样子"，耐心等妈妈做完工作，"开心地欢呼：妈妈可以陪我玩喽"，工作生活两不误，一切尽在"喽"之中！这篇随笔尤其值得女性学者一读。

3-14 春风夜放花千树,"新"星耀满路

李 娟

受命提笔,是在夜半飞往悉尼的途中。12 000 米的高空中,夜幕展开,疏星闪缀,似手可摘星辰。这是一个追星的时代、一个追新的时代,也是一个追心的时代。**治学路漫漫,文章是星,创新是梯,心怀使命。**

青春年少之人都曾追过星,或是科学家,或是运动员,或是演员,或是歌手,追的是一种感动。年轻才俊历练成学者,却也是"粉丝",敬深邃严谨之作,仰修为高妙之人。间或被选上了小星榜(如 SSCI 期刊)或大星榜(如得克萨斯大学达拉斯分校的期刊),也欢欣。激动之后请继续上路。牛顿说他只是海边那个拾贝的男孩。星光灿烂,仅耀闪天际一隙。

学海无涯,知识无界。**学术即"知识的积累"(Academia)**。科研工作的实质是知识的创造,学者的工作丰富了人类的知识库。上得星榜的文章都呈现新的知识和认知。**学术创新可分为渐进式创新和颠覆式创新。**渐进式创新包括增补型和整合型。知识网由变量间的相互关系构成,包括相关关系(Correlation)和因果关系(Causation)。增补型文章通常引入的或是中介变量,或是调节变量,以补充现有的理论,并更为精细地解释基线(Baseline)变量间的关系。中介变量如连接两岸的桥梁,可用来解释作用机制,帮助回答基线关系如何发生。调节变量则如金钟罩,用于勾画基线关系的限制条件和适用范围,突出基线关系在不同条件下的有效性。整合型文章是对现有理论的拓展,通常以变量交互作用的形式体现。对基线关系的解释,经常百家争鸣、百花齐放。然横看成岭侧成峰,各家理论的假设不一,视角不同。整合不同的观点来阐释因变量可有添砖加瓦之功效。渐进式创新的难度系数可控,写作范式有章可循,研友喜闻乐见;颠覆式创新则相对少见,但提炼出新规律或新学说的文章一旦拔地而起,则会石破天惊,犹如爱因斯坦广义相对论预言的引力波,注入了人类感知宇

宙的新能力。从石器时代，到青铜时代，到蒸汽时代，再进入信息时代，知识的迭代以加速度的方式推进。学者以惊艳的方法和逻辑归纳提升已知，量变到质变，推陈出新。

研究之路是探星之路、创新之路，也是使命之路。为学之人负有学术研究的使命以及对社会的责任。王守仁说：知善知恶是良知，为善去恶是格物。天地虽大，但有一念向善，心存良知，虽凡夫俗子，皆可为圣贤。在市场化的过程中，营销学者作为探测营销战略、消费者行为及企业绩效的风向标，对消费者和社会公众的长远福祉，对企业的可持续发展，负有责任。

王国维在《人间词话》中说学问必经三种境界："昨夜西风凋碧树，独上高楼，望尽天涯路"为第一境；"衣带渐宽终不悔，为伊消得人憔悴"为第二境；"众里寻他千百度，蓦然回首，那人却在，灯火阑珊处"乃第三境也。与各位同仁共勉。

2016 年 3 月 3 日

作者简介：李娟（julieli@cityu.edu.hk），香港城市大学商学院教授，2003—2006年在香港大学商学院读博士学位，专业为战略管理，师承林诚光教授。

周南感言：晋朝诗人陶渊明流观描述海内外山川异物的《山海图》后写道："俯仰终宇宙，不乐复何如"（在一俯一仰的瞬间就游遍了宇宙，怎不使人快乐呢）。探索学术之满天星，感觉不正是这样？写文章、创新是做事——为形，责任、使命是为人——为象。做事看品质，为人讲关系，两者兼顾，"形""象"皆佳，文字激扬，星光灿烂。持续发展。

3-15 思维的厚度决定文章的高度

李永强

从事高等教育近二十年，第一个五年完全不知方向，第二个五年只有模糊的感觉；入门是从第三个五年开始的，尤其是 2008 年和 2009 年到香港城市大学市场营销学系访学和做博士后研究期间。受周南教授、苏晨汀教授的悉心指点，与杨志林教授朝夕相处，同周政、李娟教授夫妇深入交流，这一切都为后来的学术研究奠定了坚实的基础。回首来时路，谈三点感受：

首先，批判性思维是灵魂。 学术研究的本质是思维训练，批判性思维更是学术研究不可或缺的基本要求。批判首先关注的是理解与评判，而不是辩论与反驳；**批判是建设性的思考方式**，而不是破坏性的；批判重在自我批判，是自我指导、自我规范、自我检测和自我更正的思考。因此，**批判性思维是开放、求真、公正、理性的融合，不仅包含"独立思考"，还包含"真理多元"**。学术研究的核心是就一个复杂的学术问题作出有充足理由支持的判断，为此，必须开展广泛的探究，特别是批判性探究，以系统的文献收集为起点，对支持相关论点的理由进行批判性评价，从而形成自己有充足理由的判断。"学问"的关键不在于"学"了多少，而在于"问"了多少精彩的问题；能否提出问题，特别是探究性的问题，是判断一个人是否就其研究课题进行了批判性思考的重要指标。**批判性思维是一门艺术，与其他技能一样，熟能生巧**。因此，批判性思维的培养应该抓早抓小，从小养成潜意识的批判性思维习惯。然而，什么时候开始也都不算晚，即使我们已经是"煮熟的鸡蛋"，仍然可以通过现在的努力"卤出味儿"来。

其次，分析性写作是关键。 它是利用批判性思维技术和方法开展写作的一种方式，其基础是批判性阅读。传统的海绵式阅读，追求阅读的数量，希望吸收的信息和知识越多越好。与此不同的是，批判性阅读要求针对一个判断，拷问其支撑理由的真实性、有效性，并鉴别推理的合理性。时下许多博士论文的文献综述部分，洋洋洒洒几万字，评述部分则寥寥数语。究其原因，一个主要的问题就在于缺乏批判性阅读。**文献综述的写作本质上是分析性写作的一种**，应该分析所读文献的基础假设是否存在疑问，所用论据是否充足或者是否存在其他解释，逻辑推理是否有谬误，是否存在削弱结论的反例等。通过分析性写作的训练，可以大大改善文献综述和假设演绎两个部分的写作，而这也正是牵绊我多年的短板。

最后，正确的学习方法是基础。不少人认为，学习就是读书，这话不全错，读书是学习，但仅仅是学习的一小部分。我所理解的学习应该是，"**心、脑、体同时参与，知、思、行系统改变**"。"心不到"的阅读最多是看字，"脑不到"的阅读最多是看书，"体不到"的阅读仅仅是理论的堆砌。"纸上得来终觉浅，绝知此事要躬行。""**心到**"**确保"知道"，"脑到"确保"思考"，"体到"确保"行到"**。学习的本质就是通过知识的积累达致思维和行为的改变。一个人，读的什么书，体现在嘴上；思考的是什么，体现在气质上。

前述三点，是对过去多年学术研究的反思，也是对诸位恩师教导的总结，希望对后来者有所裨益。

2016 年 2 月 19 日

作者简介：李永强（liyq@swufe.edu.cn），西南财经大学工商管理学院教授，2002—2005 年在西南财经大学工商管理学院读博士学位，专业为产业经济学，师承赵国良教授。

周南感言：永强说："读的什么书，体现在嘴上；思考的是什么，体现在气质上"，可以看成是对老子的名言"为学日益，为道日损"（《道德经》·第四十八章）的一种演绎。读书到思考，由表及里，是"欲穷千里目"；思维厚度到文章高度，是"更上一层楼"。

3-16　登上学术殿堂之要径

李元墩

大学为学术殿堂，大学教师为社会精英。综合观之，每位教师"登堂入室"所采行之途径与成果各有特色，**有人若如运动家攀岩，有人似苦行僧走栈道，也有人借助梯子或经由楼梯，更有人搭乘电动扶梯或升降电梯等。**上述各种登堂方式所需具备的条件及付出的代价差异甚大，当然所获得结果之效率及效能也不可相提并论。若以管理的视角，即是迈向目标的协同效果及杠杆功能如何发挥的问题。

个人不揣浅陋，谨分享若干拙见供大家指教：

时间与资源的适当配置。台湾的大学教师被赋予教学、研究及服务与辅导的责任，三者虽要同时兼顾，却不宜等量齐观。过去台湾的大学教师职称晋升几乎以研究成果做依据，现在各大学已逐渐采取多元职称晋升制度（亦可以教学绩效或产学合作成果之技术报告等方式提出），教师宜将自己的时间及各项资源作最适权重的配置。

向大师请益。每个学术领域都有大师级的杰出学者，他们为学术工作付出了极大的心力，可将他们作为标杆，争取机会向其请教，以获得事半功倍的效果及知识的精髓。牛顿曾勉励后人："如果说我看得比别人远些，那是因为我站在巨人的肩膀上"，值得后辈省思之。

向身边的同事学习。每位教师都有各自学术专精及其利基，若能结合各类专业人才，组建合作团队，就有可能创造"1＋1＞2"的协同效果及乘数作用的杠杆效果，获得独特、跨域与创新的学术绩效与成果。

向校外同行学习。利用机会积极参与跨系、所、校及国际学术社群活动，以吸收他人之长，弥补自己之短。尤其重要的国际学术会议，均有大师专题讲座及顶级期刊主编论坛，对学术精进及人脉扩增将有莫大的助益。

勤于开发创新的研究与教学模式，与时俱进。在研究方面可以创新与改良传统的研究方法，台湾长荣大学经营管理博士班师生研究常用的计量分析方法为 DEA（Data Envelopment Analysis）、BSC（Balanced Score Card）、AHP（Analytic Hierarchy Process）、INK（Invisible Network Knowledge）及 PEN（Professional English Network）等，并且注重 CMV（Common Method Variance）和 HLM（Hierarchy Linear Modeling）等研究问题。在教学上除了传统案例教学法（Case Teaching）之外，也引进翻转教学（Flipped Teaching）、慕课（Massive Open Online Courses，MOOCs）及问题导向学习法（Problem-based Learning，PBL）等创新的教学模式。

目标管理。企业管理的范围非常广泛，学术工作者必然要有专攻与辅助的领域，且依短、中、长时期，规划好发展的阶段性目标，可为自己设计"研究脉络（鱼骨）图"（Research Stream "Fish-bone" Diagram）及甘特图（Gantt Chart），并随时掌控。

总之，所谓"学海无涯，唯勤是岸"，可见学术精进之道，基本功的磨炼是根本，但若能参考上述战略性准则，则登堂入室之路径或可由"攀岩"换成"乘坐升降电梯"了。祝福大家身心健康快乐、学术顺利成功！

2016 年 3 月 15 日

作者简介：李元墩（ydlee@mail.cjcu.edu.tw），台湾长荣大学管理学院教授，1986—1989 年在美国德瑞克大学读博士学位，专业为国际人力资源管理与领导学，师从乔治·S.莱尔教授和罗伯特·A.坎普教授。

周南感言："积财千万，不如薄技在身"（北齐·颜之推：《颜氏家训·勉学》）。李老师是有"南台湾最好的私立大学"美称的长荣大学的资深教授，曾担任管理学院院长多年，有丰富的帮助青年学者"登堂入室"的经验。感谢李老师分享六点良策，使"登堂入室"之路径由"攀岩"换成"乘坐升降电梯"。进德修业，与时俱进。

3-17 教书育人,永远在路上

连 漪

虽然从教几十年,但回眸历程,抚笔良久,慨多言少,只有星点感悟。陶行知先生说:"千教万教教人求真,千学万学学做真人。"**教人求真是通过自身的道德行为和言传身教的魅力,带领学生寻找生命的意义;学做真人是充分认识到自己所处的生态环境,坚持理论与实践的结合,坚持一般人坚持不了的。要求真理,还要有敢于创新的精神。**正如德国教育学家斯普朗格所言:"教育的最终目的不是传授已有的东西,而是要把人的创造力诱导出来,将生命感、价值感唤醒。"

我没有受过做老师的专业训练,都是跟我的老师们慢慢学的。除师范生之外,估计大部分老师都是这样成长的。我深感做老师使命与责任重大,正如我国古代教育学家孔子所言:"其身正,不令而行;其身不正,虽令不从。"**老师的言行直接或间接地影响学生的心灵,甚至一生,所以为人师表是一种重要的教育途径。**个人觉得,最难的是知行合一,"知"比较容易,"行"就有难度了,"知"可以自己独立完成,"行"除了自己外还要与环境结合,而要真正**做到知行合一就得终生修炼。**面对动态的环境,能否快速应对;面对众多的诱惑,能否专注与执着;面对机遇和挑战,是否敢于担当;面对问题和难题,能否系统思考并逐一突破?

老师除了做好自己,还要时刻关心学生的成长。如何让大多数的学生,找准自己的定位,做好人生规划,坚守"天行健,君子以自强不息"的进取精神,做更好的自己呢?对培养应用型人才的普通院校,个人认为,**产学合作是一条教书育人的有效途径。产学合作需要解决的问题具有针对性、时效性和结果性,更加凸显了教与学的统一,也体现了做人与做事的统一。**我带学生做产学结合,尝试协助企业解决问题,提案时,曾有企业领导委婉地表述,大学老师有知识,学生也尽力,但挠不到我们最痒的地方。事实证明了一个道理,企业需要能解决问题的人,知识不能转化为生产力,是没有价值的。因此，产学合作也给老师提出了很大的挑战。老师要有勇气走出象牙塔，接受别人对你的"品头论足"，才能取回"知行合一"的真经。不管你是什么学历、职称，都是过去，面对今天的挑战，只有学习、学习、再学习，实践、实践、再实践。多年来走出校门的积淀，使得那些老师能够直面企业问题，将复杂问题简单化、抽丝剥茧，帮助企业解决它们。"眼高手低"，才有成长的机会，成长了自己，培养了学生。

一路走来，感触最深的是，**教书育人永远是起点，永远从点滴做起**。只有这样，才能培养学生天天进步，学会做人，学会学习，学会合作，学会生存。教育的对象在不断变化，探索求新知无穷无尽，昨天的方法有效，今天却不一定行，明天就更不确定了。很多人知道过去，只有少数人知道未来。要与时俱进，提升自我，唯有读万卷书，行万里路，**把教书育人看成修行的工作，才能悟到教书育人的真谛**。安贫乐道，独善其身，是一个教书匠修身养性、超越自我的标尺。

最后，教书育人一定是发自内心的爱，有爱才有世界，美好的世界因爱而生。

2016 年 2 月 15 日

作者简介：连漪（lianyi63@263.net），桂林理工大学管理学院教授，1991—1993 年在上海机械学院读教育系统工程第二学士学位，专业为市场营销，师承朱佳生教授。

周南感言：山不在高，有仙则名。我 2015 年年底访问桂林理工大学。身为管理学院院长的连老师正带着同事们紧锣密鼓地开展搭建校企合作平台、培养高素质管理人才的活动。我看他一心扑在学生身上，深受感动。大学最基本的责任是提供优质的本科教育，否则对不起学生、家长和社会。产学合作是一条提供优质本科教育的重要途径。让我们在教书育人的路上，为学生们做更多实事吧！

3-18 能舍能得，学问自成

刘世雄

"如果你恨他，就送他去读博士，因为那是迈向地狱之门；如果你爱他，也送他去读博士，因为那是通往天堂之路"。当有人问我是否该读博士或送子女读博士时，我便如此笑言。

读博士对大多数人而言是身心上的一次空前挑战，因为这往往是人们第一次尝试系统地建构、创造知识的过程，而不仅仅是学习知识、使用知识的过程，**更是一次脱胎换骨的过程**。有人煎熬难耐，黯然退场；有人笑傲霜雪，梅香苦寒。对于沽名钓誉者，读博士是地狱；对于真正求学者，读博士是天堂。还记得我的博士论文出版后，我家乡的一位朋友偶然翻阅，要我一定送一本给他，我很好奇本身并不做学问的他为何对这种专业性著作如此感兴趣。他说，"这本书我一定要让我儿子看看，正文看不懂没关系，就让他看看后记，看看做研究是多么不容易，看看后记里致谢的人有那么多就知道做学问的辛苦了"。2008年我因工作上用眼过度，得了严重的结膜炎，双眼红肿，有如针刺，眼眶渗出血丝，所幸经过后续几年的调养，逐渐好转。

我本资质平凡，所幸博士求学期间得到卢泰宏教授的指引，遁入治学之道。能结交亦友亦师的周志民教授，幸甚。**做研究需要有良好的学术朋友圈，有强有力的合作团队，有可持续的研究方向，有排除万难、持之以恒的决心和勇气。在竞争与合作成为学术研究新常态的背景下，以上可称为做研究必备的"四有"条件。**

对于"青椒"而言，要做高端研究者往往高处不胜寒，知之者甚少，所以"寂寞高手"更需要研究氛围与团队合作。当然，更**要耐得住寂寞**。而且，在繁华喧嚣、房价飙升的大城市，清贫的"青椒"们还要抵挡物欲的诱惑，潜心研究极为不易。此外，对于做学问者，投寄的文章多次被拒、申报的项目多次被刷，都是对毅力的考验。我申报第一个国家自然科学基金青年项目时，连续申报同一个课题，被刷了三次，直至第四次方中。而后，申报第二个面上项目时，一击命中。故而与朋友们共勉：**努力总会进步，坚持就是胜利！**

真正的学者能够从做学问的过程和结果中获得有意义的、长久的快乐，而人们从物质消费中获得的快乐往往是空洞的、短暂的。所以当你决定要做一位学者时，就差不多等于放弃了物质享受。2013年刊载于《美国国家科学院院刊》的一项神经科学研究结果证明了有意义的、长久的快乐对人们的健康更有利。或许，调整心态将是"青椒"们不得不面临的现实选择，做学问真的不是发家致富的捷径，做生意才是。让人肃然起敬的大学问家常常呈现出这样的景象：年近九十岁的院士潘际銮至今每天骑自行车上下班，很少有人知道，他科研成果的经济价值早已高达千亿元，而他如今却仍身居斗室，每天仍在实验室里工作十个小时左右。他说，这么大岁数还想"干活"，单纯的是因为自己"终身陷在这个事业里了"，想要"为国家作贡献"，而不是赚钱牟利。

做学问，总在一得一失之间。能舍能得，学问自成。

2016年2月2日

作者简介：刘世雄（LSX75223@163.com），深圳大学管理学院教授，2001—2004年在中山大学管理学院读博士学位，专业为市场营销，师承卢泰宏教授。

周南感言："立志要定不要杂，要坚不要缓"（宋·陈淳：《北溪字义·志》）。对于正走在或已经走在学术道路上的青年朋友们而言，世雄这篇随笔尤其值得一看。他说，做研究离不开"四有"条件：有圈子、有团队、有方向、有决心。其实，他还说了，做高端研究还需具备"四要"条件：要耐得住寂寞，要抵得住物欲，要屡败屡战，要脱胎换骨。"四有""四要"，学问自成。

3-19 浅议本土社会科学研究的四个问题

彭泗清

第一，如何找出有价值的研究问题？社会科学研究中，学者们往往基于文献和生活观察来选取研究问题。考察一下学者们的"选题行为"，其策略大致有五种。一是"紧跟大家走"，关心"最热门的问题是什么"。二是"紧跟大师走"，关心"最有名的学者研究的问题是什么"。三是"紧跟大题走"，关注"最富有挑战性的问题是什么"。四是"沿着捷径走"，关注"最有可能出成果的问题是什么"。五是"走自己的路"，关注"最有本土相关性的问题是什么"。以上策略中，最后一种策略的本土意味似乎重一些。但是，采用其他四种策略，也可以找到本土性课题。关键是在研究时加入一种本土眼光和关怀：该问题与中国人的思想和行为有何关联？在中国人的社会生活中以何面目呈现？有什么意义？

第二，如何对研究问题进行文化定位？所谓对研究课题进行文化定位，是指确定该问题在中国的"历史/社会/文化"架构下的意义，也就是研究者对该问题的概念化要与当地被研究者的心理和行为之间、社会文化之间达成"本土性契合"。文化是一个复杂的现象，包含多种成分、多个层面。进行文化定位时，应该考察文化理念的落实过程。具体来说，要了解大传统和小传统的异同，了解理想文化和现实文化之间的关系，了解文化的展开过程，了解文化/社会/个人三者之间的交互作用。例如，我在对中国人的"做人"行为进行概念分析时，注意到"做人"的两种含义：一种是作为文化规范的"做人"，主要体现大传统和理想文化；另一种是作为日常生活问题的"做人"，主要体现小传统和现实文化。仔细考察两者之间的关系及其表现，就可以揭示中国人"做人"行为的丰富内涵。

第三，如何将研究问题在学术共同体中定位？有一些本土研究的课题，如面子、人情、关系等，是中国社会独特的现象。如何将这样的课题在学术共同体中定位，有相当的难度。对此，我有两个建议。一是要广泛参看西方的相关文献；查找文献时，所用的线索不应该只是关键词的对应或接近,更重要的是问题本身的接近。如中国人的面子现象可能与西方社会心理学中好几个研究主题有关,像自我表现、成就动机、印象管理等。这就需要对学术发展的整体轮廓和历史线索有相当的了解。**二是要从功能角度作对比分析和研究**。例如,人情在中国人的社会生活中到底具备什么功能?这种功能在西方社会中靠什么来实现?这样的对比就不是两种文化的具体知识项目的对比,而是知识体系的对比,是日常生活的生态体系的对比。这就要求对不同文化的历史和社会生活有足够的了解。

第四,如何将问题深入化、具体化?我的看法是,**不仅要了解"棋规",而且要深入分析"棋艺"**。中国象棋的棋规很简单,有关棋艺的书却浩如烟海。一个人如果只了解棋规,不研究棋艺,就不可能成为象棋高手。社会生活的"棋规"当然比象棋的棋规复杂得多,能揭示这种棋规已很不容易;但社会生活丰富多彩,了解棋艺同样富有挑战性。例如,黄光国(1988)的"人情与面子"模式主要探讨中国人人际关系的棋规层面,对棋艺(如关系如何变化、人情如何运作等)却涉及得很少。如果进一步探索"权力游戏"的具体方法,就可以衍生出大量有意思的研究。

注:本文根据作者在中国社会心理学会1998年年会(1998年10月12—17日,北京香山)上的发言改写而成。

作者简介:彭泗清(pengsq@gsm.pku.edu.cn),北京大学光华管理学院教授,1993—1998年在香港大学读博士学位,专业为社会心理学,师承杨中芳教授。

周南感言:仁者乐山,智者乐水。彭老师多年来对中国文化进行了颇多深层次的思考,有高度,也有深度。由于眼观六路、耳听八方,所以他虽然话不多,但常语惊四座,唤醒梦中人。他的这篇短文源自十几年前的一篇发言稿,那时他博士刚毕业,谈及的问题和提出的观点学界有不少人现在还是知其一,不知其二。后生可敬!

请参阅:[1] 黄光国(1988):"人情与面子:中国人的权力游戏",见杨国枢主编:《中国人的心理》,桂冠图书股份有限公司。

[2] 彭泗清(1993):"中国人'做人'的概念分析",《本土心理学研究》,2:277—314。

[3] 杨国枢(1993):"我们为什么要建立中国人的本土心理学?",《本土心理学研究》,1:6—88。

[4] 杨中芳(1993):"如何深化本土心理学研究?",《本土心理学研究》,1:122—183。

3-20 在学业上苛求,在生活上关怀

寿志钢

我是一名本科毕业就留校任教的"老教师"。走上大学讲台时,还未满21周岁,回首算来,已当了21年的大学老师。然而,今天能够做到一名还算合格的大学教授,主要受益于进入博士生涯之后,所遇到的几位人生和学术导师的指引。

2001年进入武汉大学商学院攻读博士学位,拜在甘碧群教授门下,第一次感受到原来**老师可以像父母一样关心你的个人生活。除了授业解惑之外,甘老师非常关注学生们的生活状况,总是在学生们需要的时候提供各方面的帮助和支持。**

幸运的是,之后我又碰到了同样富有人文关怀精神的周南教授和苏晨汀教授。周老师从来都是站在学生的角度来考虑问题,安排我去香港城市大学做博士后,而且为我创造各类参会和交流的机会。周老师被武汉大学聘为长江学者后,我担任他的研究助理,全程见证了他对学生们的关怀。比如,邀请博士生和青年学者到香港城市大学做研究助理,其间,组织被称为"夏令营"的各种学术活动,捐出长江学者工作津贴设立奖学金,用自己的研究经费资助学生参加学术会议,带领刚博士毕业的青年教师去高校交流。

苏晨汀教授除了关心我的个人生活外,更是在学术上给予我全方位的指导,在我眼中,苏老师更像是一位侠义的兄长,因而我更愿意称他为"老苏"或直呼其名。老苏在生活中是位情感丰富、才华横溢的诗人,对待朋友讲义气,总觉得他的前世应当是武林中的侠客。在学术上,老苏极为严苛,思维缜密,经常很快地挑出我研究中的问题和毛病。直到现在,每次要和他进行学术讨论前,我都要作较长时间的准备,能够顺利过关的话,会很开心。

我个人受益也很享受这样的师生关系,写下上述这些,不仅是表达感恩之情,更重要的是我感觉到诸位恩师对待学生的态度,在很大程度上影响了我的人生观,让我

觉得应当将这种对待学生的方式传承下去，在学业上要苛求学生，在生活上要关心他们。

我还想分享的另一个心得与教学有关。尽管现在各大高校都偏重科研，但在高校做教师，绝对不应在教学上表现得很差，也就是说，你**不一定要把课上得很好，但绝对不应让学生报怨你上的课**。用双因素理论来表达的话，我认为好老师的标准是，**教学应当是保健因素，科研则是激励因素**。

然而，很多人认为，上好课需要投入大量的时间，由此就产生了一个学界广泛讨论的问题：对青年教师而言，面对沉重的科研压力，该如何平衡教学和科研的关系呢？其实我从来就没有尝试过去回答这个问题，因为我认为这根本就是个伪命题。就我个人的经验而言，教学准备和科学研究所花费的时间在很大程度上是可以共享的，由于并不存在大的冲突，自然无须过多地考虑时间上的平衡分配。我经常做的一件事情是，将阅读过的英文文献中好的理论和案例，运用到日常的教学中去。营销教学要吸引学生的一种方式是佐以大量的案例，然而，上课时如果不能触及案例的本质，学生往往会有"听时有趣，事后空洞"的感觉。受过学术训练的博士生们都明白，现有主流期刊中好文章的最大价值，就是能够运用好的理论对商业现象进行解释和预测。这不正是我们备课所需要的资源吗？更为重要的是，只有认真阅读英文期刊的人，才能接触到这些有价值的资源。至少到目前为止，国内"实战派"教师阅读英文学术期刊还是偏少。因而，我认为，**注重理论是"学院派"教师的优势**。我本人使用这种方式教学，不仅受到本科生的欢迎，还受到MBA、EDP以及EMBA等来自企业第一线的学员们的认可。

2016年2月7日

作者简介：寿志钢（mkshou@whu.edu.cn），武汉大学经济与管理学院教授，2001—2005年在武汉大学商学院读博士学位，专业为市场营销，师承甘碧群教授。

周南感言：爱因斯坦说过，"教育是当一个人在学校所学全部忘记后剩下的东西"。甘老师和苏老师教得好，志钢努力，研究成果出色。他书也教得好，因为他相信"绝对不应让学生报怨你上的课"。他还乐于助人，本书中多位武汉大学毕业的青年学者都提到他对他们的无私帮助和指导。志钢是个好老师。

3-21 尽泼深泥向楚畦

苏晨汀

2003 年，受周南教授之邀，我从加拿大维多利亚大学到香港城市大学做了为期半年的学术访问，其时香江风冷，瘴雨如泼。临别时周老师一语挽留，"该为国家做点事"，微言大义，于无声处听惊雷；如果当年固执求去，或为一生憾事。现在回眸写来，筚路蓝缕十三载，得与周老师联袂，书剑天涯，**为国效力，虽无桃李满径，也是"尽泼深泥"**。

2005 年到武汉大学，蒙甘碧群先生、景奉杰教授青眼，得与武汉大学商学院市场营销系建立战略联盟。契机既开，一发不可收，十余年来，结识国内青年才俊无数。尤其与周老师在香港城市大学举办研究"夏令营"，笔架山下，游泳池畔，寓研究于山水，发思辨于现实，为国家培养了一批营销学界的明日之才。其间，为帮助年轻学者与"国际接轨"，**我在"夏令营"及内地诸大学做过三个关联的学术讲座。其一论研究的"理论贡献"（Theoretical Contribution）**。欲将文章发到国际顶尖期刊，理论贡献不可或缺。所谓理论贡献，即对商业现象之更为新颖或深刻的描述与解释，从而提供创新的商业知识。**我对理论贡献作了三方面的划分：用一个更好的理论描述和解释商业现象（Contribution of Theory），对这个好的理论进行修订（Contribution to Theory），以及用这个修订过的理论去提高商业效率（Contribution from Theory）**。营销研究的理论贡献盖源于这三方面贡献的"三位一体"。

其二论研究者的"理论敏感性"（Theoretical Sensitivity）。理论敏感性乃研究者对**纷繁现象之敏锐观察、独特提炼的能力**。研究者的理论敏感性，粹成于其对文献的把握，能够在大众熟视无睹中捕捉灵感，对现象之间的关联提出新颖的描述与解释。2010 年，周志民博士到香港城市大学做博士后研究，他提出的网上品牌社群忠诚模型包含诸多有趣的构念。如何将这个模型淬炼成一篇有理论贡献的顶尖期刊文章？一个有趣的研究问题是，如何在网上品牌社群建立友谊或社会资本？其前置变量及中间机制为何？在中国文化情境下，网络互动质量及由此产生的缘分感和社会临场感对网络友谊的影响,是一组值得实证的现象关联。模型淬炼十易其稿历经五年,研究成果最终发表在传播学领域的顶尖期刊《计算机媒介传播杂志》(Journal of Computer-Mediated Communication,JCMC)上。

其三论研究的学术性与思想性兼容。我将学术性定义为基于文献的演绎,将前人的理论与发现演绎成创新的实证模型;思想性则是基于自身观察对现实的思辨。我提出了二者兼容的一种范式:挑战现有理论的前提假设,在新的更为合理的前提假设下,基于原有理论元素开辟新的思辨空间。譬如,交易成本理论挑战了古典经济学的两个经典前提假设:人的自利性与基于完全竞争的无限理性。在不完全竞争条件下,威廉姆森提出了两个更为合理的前提假设:人的机会主义倾向与有限理性。基于这两个新的前提,交易成本理论推演出企业管制机制模式,2010年威廉姆森获得诺贝尔经济学奖,乃实至名归。

回望来路,十载有余,有幸和周老师志同道合,大江南北,鼓吹发展中国营销理论,亦从内地营销学者处获益良多。2010年曾作《满庭芳》两阙,其中有句:"肥雨夭桃白李,七年矣,报得国恩?"如今培养的博士生渐已成才,逐一进入北京大学、山东大学、暨南大学、西南财经大学执教;十余DBA学生亦联翩毕业,成为中国企业界栋梁之材。有思及此,窃将题句吟成七绝一首,或亦为周南老师心声,是为此篇结:

老病微躯气渐低,
尚思为国负新犁。
羸蹄不作春山想,
尽泼深泥向楚畦。

2016年1月20日

作者简介:苏晨汀(mkctsu@cityu.edu.hk),香港城市大学商学院讲座教授,1995—1999年在美国弗吉尼亚理工大学读博士学位,专业为市场营销,师从M. 约瑟夫·西尔盖(M. Joseph Sirgy)教授。

周南感言:明成祖朱棣说过:"人须立志,志立则功就。"2003年早春,隐形杀手"非典"无声渗入香港,在全城经历生死劫的关头,苏老师以极大的勇气,选择加入香港城市大学商学院市场营销学系。之后的十几年,我们紧密配合,行阴阳之道,走出去,请进来,到内地分享研究心得,邀请年轻学子来校做研究。其间,苏老师还于2009—2015年任系主任,将学系的教学研究带上了一层楼。远航有兄弟做伴,行程中朋友越来越多,我庆幸不已。

3-22 不花钱办活动，何以让众人欢欣踊跃？

田志龙

2010—2015年，我担任湖北省市场营销学会（以下简称"学会"）会长。学会于1997年由彭星闾、甘碧群、万后芬等教授发起成立，打下了良好的基础。我接手会长一职后，就开始思考如何在前辈的基础上办好学会。通常，一个学会靠收会员费或会务费的方式支撑日常运行和开展活动。我们的学会是市场营销学会，作为营销学教授，我经常跟学生们说："如果只知道洒钱做营销，那还要我们这些学营销的人干什么？如果能少花钱或不花钱就把事办成，才算真本事。"所以，我想，学会如果不收费，能否持续开展一些有价值的活动？

六年间，学会做到不收费，而是通过大家一起努力，搭建起一个个平台，每年把如下的五项主要活动办得有声有色：

第一项是湖北省高校营销专业负责人联席会议。湖北省约有110所大学，本科和专科各占一半。在筹备联席会议时，我们通常先找到3—4所在人才培养模式上有创新、有成果的学校介绍经验，以此吸引40所以上的高校参加。有40多所大学的营销专业负责人和老师参加，就成了**一个省级学科发展研讨会，能吸引足够多的大学承办并承担会议的费用。**

第二项是湖北省大学生营销策划挑战赛。每年有40—60所大学的600多支队伍参加竞赛；在三个多月的赛程中，学会组织赞助商高管前往20所以上的参赛高校开展"创业""营销""互联网"等主题的企业管理讲座，组织参赛学生到赞助企业参观，组织编写赞助企业的案例，组织本科生和MBA课堂使用案例，同时将整理出的企业公开资料、教学案例和学生讨论演示文稿上传到学会网站和百度文库，就此形成全方位的传播效应。以上工作不仅极大地丰富了挑战赛的内涵，还**激发了企业持续赞助的热情**。东风风神汽车赞助了一届，湖北移动赞助了两届，湖北周黑鸭则连续赞助了三届。

第三项是学术交流。学会不直接组织学术活动，而是请**学会的会员高校**，如武汉大学、华中科技大学、中南财经政法大学等，将其组织的学术交流活动通过学会秘书处分享给全省会员们，请感兴趣的会员报名参加。每年学会分享5—10场这样的学术交流活动。

第四项是教学研讨。学会邀请会员中的教学名师、青年教师竞赛一等奖和教学质量一等奖获得者分享教学经验；组织具体营销课程的教学研讨；组织针对具体的教学手段或内容（如新媒体营销、大学生竞赛活动指导、本科与MBA营销课的差别等）的研讨。**每次活动约有30所高校的40—60位教师参加，活动时间半天，由不同学校承办和出资。**

第五项是学术年会。为期一天的活动中，上午通常是4—6位企业家的主题演讲，下午是学术论文讨论。目前，年会的参加人数已经由当初的不足200人增加到350多人。**学会邀请知名企业对年会进行赞助**，如请湖北仟吉和元祖食品等赞助年会茶歇，请丝宝集团、劲牌公司、人福科技和马应龙公司等赞助年会礼品，同时学会为这些企业搭建展示其产品的平台，扩大其品牌知名度，提高其美誉度。由此，我们的年会既有水平又有特色，既能提升与会者的参会体验，又能打动其他高校踊跃承办。

正是"不花钱还能把活动办成功"的理念，逼着学会的领导者把工作重心放在为活动的参与者、承办者及赞助商创造价值上。**这些工作的结果形成了湖北省市场营销学会的品牌：不花钱，能办事；花小钱，办大事。**

2016年2月14日

作者简介：田志龙（zltian@hust.edu.cn），华中科技大学管理学院教授，1995—1998年在华中科技大学管理学院读博士学位，专业为管理科学与工程，师承蔡希贤教授。

周南感言：在我心目中，田老师是个稳重的"高人"：一个不苟言笑的高个子，做人做事稳且重，不紧不慢，有条有理。我参加了好几个他文中讲到的活动，个个都是既叫好又叫座。我想借此机会提一个他文中没有讲到的、用"不花钱还能把活动办成功"的理念举办的会议：第二届中国市场营销国际学术年会。2014年7月，这个会议在华中科技大学举办，田老师作为华中科技大学举办方主席，发动了六十几名学生志愿者，任劳任怨，辛勤付出，保证了会议的顺利进行。我被他们感动，曾写过一篇短文，称赞他们充满青春的热情（请参阅周南：《佛光山的星巴克——〈道德经〉的启示》1-6武汉：最美的微笑）。最后，向大家透露一个田老师一直没有知会我的消息：在最近举行的中华全国社团联合会第十六次学会工作会议上，田老师获得了2015年"优秀学会工作者"称号。实至名归！

3-23　磨难是财富，感恩常挂心

万后芬

小时候，母亲常常对我说："人的一生不可能事事顺利，总会遇到很多坎，跨过去就好了。""米粒多漂亮，上面也都有一块缺陷。"每当得到他人帮助时，她都会告诫我："这都是我们的贵人，你要记住他们。"

如今，我在人生道路上已走过了一个甲子加一个轮回。脑海中时常浮现出那一颗颗带有缺陷的米粒，以及它们伴随我跨过的大大小小的坎。

1966年大学毕业却遇上"文化大革命"，一年后，身为独生子女、学习成绩优异、担任校学生会女生部部长的我，留校执教的梦想破灭，被分配到只有7个老师的湖北咸宁七中。后到城关小学筹办中学，随着学生们升级，数学从小学六年级一直教到高中毕业班。1977年恢复高考后，连续五年任理科毕业班的数学教师。除上课外，每天学生晚自习时为他们答疑到熄灯。在咸宁的14年，我学会了插秧、割麦、开山、种茶，除承担数学教学任务外，我教过农业技术课，在师傅的指导下带领学生修理拖拉机；教过革命文艺课，带领学生排练文艺节目，并在专业人士指导下排练出整场《智取威虎山》参加汇演。

1972年1月，临近预产期却仍担任着（春季）毕业班班主任的我，在学生干部的搀扶下，踏着积雪去家访。直到1月30日凌晨开始阵痛，才匆匆在母亲的陪伴和邻居的护送下，登上回武汉的火车。老天保佑，1月31日，我的大女儿顺利出生（现在也从事营销教育工作）。孩子满月后回到咸宁，我立即承担了每周21节数学课的教学任务，每天晚上都得批改3个班的作业到深夜；若遇到晚上有活动（"文化大革命"中活动频繁），就得抱着孩子甚至带着摇篮，去参加活动，回来后再加班批改作业。1975年小女儿出生，恰逢学校组织学生开山种茶，学校要求有经验的教师担任班主任，正在哺乳的我也未能幸免。每天清晨带领学生到几里外去开荒，乳水溢出渗透了毛衣和棉袄，孩子却只能在家喝着外婆熬的米汤充饥；直到中午休息，我才一路小跑回家，边吃饭边喂孩子，随后又匆匆赶往工地。

咸宁的 **14** 年，虽苦累相伴，却丰富多彩，磨炼了心智，增长了才干，成为我人生道路上不可多得的财富。米粒因一块缺陷而更加美丽，人生也因经受磨难而更加绚丽！

1981 年年底，跟随先生调入湖北财经学院（现在的中南财经政法大学），38 岁的我丢下了酷爱的数学教学，进入经济管理这个完全陌生的领域。没想到，中南财经政法大学成了我的福地，而我是有福之人，在这里有缘遇到了众多的贵人。

感恩贸易经济系的前辈们为我构筑了宽阔的发展平台！系领导两次到咸宁，并动用省委组织部的关系，将我们调入中南财经政法大学；并于 1982 年 5 月安排我到中国工业科技管理大连培训中心（中国大连高级经理学院的前身）学习了由美国六所院校的教师讲授的、包括市场营销在内的 30 多门现代管理课程，使我能在改革开放的初期较早地接受系统的专业训练；12 月回校后，立即被安排在校内外上课，使我在 1983 年顺利地晋升讲师，并按部就班地五年上一个台阶，于 1993 年晋升为教授。从 1983 年开始，学校就安排我为硕士研究生上课，并协助他们指导 81 级硕士研究生的学位论文。感谢前辈们的信任和扶持，使**我经历了从小学、初中、高中，到本科、硕士、博士的教学全过程。**

感恩我的硕士生、博士生和市场营销教研室的同仁们！是你们相伴我愉快地度过了在中南财经政法大学的三十多年，我的各项主要成果：主持的三项国家基金课题及多项省部级课题，出版的十几部专著或教材，以及国家精品课程、精品视频公开课、精品资源共享课的申报和建设，国家教学名师、全国优秀教师、国务院特殊津贴等各种殊荣的获得，都有你们的心血和汗水。

感恩改革开放的好时代！让我和市场营销界的同仁们一起，见证了市场营销学科从引进到发展的全过程！

在成功和荣誉面前，**个人的力量是如此的渺小。没有众人的帮扶，一个人将一事无成。长怀感恩之心，才是做人的根本。**

2016 年 1 月 31 日

作者简介：万后芬（2806492400@qq.com），中南财经政法大学教授，1966 年毕业于武汉师范学院（现湖北大学）数学系。

周南感言：孟子曰："天将降大任于斯人也，必先苦其心志，劳其筋骨，饿其体肤，空乏其身，行拂乱其所为，所以动心忍性，曾益其所不能。"万老师是我在中国营销学界的一位大姐，也是我认识的唯一正式教过从小学生到博士生的老师。万老师谢绝担任任何行政职务，数十年如一日，呕心沥血，带领中南财经政法大学的市场营销专业发展到全国领先地位。她身上体现的是老一辈知识分子那种公而忘私、为国奉献的崇高精神。

3-24　求学和治教中的纵深感与格局观

汪　涛

我一直认为，一个优秀的营销者，无论是实践者，还是研究者，抑或从教者，都应培养和具备两个重要的素质：一是要有纵深感，二是要有格局观。所谓**纵深感**，是指我们在看待和理解任何问题时，绝不能仅仅停留在现象表面，而要有一种纵深探究其本质的自觉和冲动。否则，我们充其量只是看了个"热闹"，并没有把握其中的"门道"。所谓**格局观**，是指我们在分析和解决任何问题时，都需要有整体的框架和结构，以及系统化思维的能力。否则，就只能仰赖于"运气"和"小聪明"，而后者往往是零散破碎的、偶然的和不可复制的，从而靠不住。

这两个基本要求，不论在课堂教学，还是学术研究上，我均秉承至今，且受益颇多。

以教学为例，很多时候教授都很苦恼，在课堂上，我们究竟应该讲什么？讲基本知识？学生手上已经有了厚厚的教科书，内容翔实，一览无遗，照本宣科必自取其辱。讲现实案例？互联网信息时代，学生了解的市场实例和最新动向可能比我们都快。我的理解，课本上的基本知识和市场中的企业案例，只是告诉了学生"是什么"，而我们则需要更进一步，告诉学生"为什么"。一个很简单的例子，在讲授细分市场和目标市场时，如果我们只讲授什么是市场细分、如何借用细分变量对市场进行细分、什么是目标市场、如何选择和界定目标市场等内容，是万万不够的，因为书上同样写得很全面、很详细。这时更需要我们进一步向学生解释的是，为什么要对市场进行细分？为什么要选择目标市场？因此，如果不能从本质上了解"市场机会"和"企业机会"两者的异同，学生是不能理解的。即便记住了，在运用时，也不过照葫芦画瓢而已。从"是什么"到"为什么"，这看似小小的一步之距，却需要我们对现象的**本质有深刻的把握**，否则永远只是走马观花，不能深入其中。

研究亦然。我们常说，好的科学问题一定要有现实的质感，要从现实的场景中提炼。但仅仅是描述和表达现象是不够的，因为现象往往充满着多重矛盾，**好的研究一定要拨开表象的重重迷雾，提炼出其中的主要矛盾，即这一现象背后蕴藏着的最本质的关系就是科学问题**。否则，我们只是在"讲故事"，而非"做研究"。可现实是，我们往往在从"现象"抽象"问题"这"惊险的一跃"中翻身落马，不得其中。

系统化思维的能力同样重要。很多时候，我们学习了很多概念、工具，学的时候似乎很清楚，但一旦到实际运用，却往往不知如何入手。其中一个很重要的原因就是，我们以前所学到的只是一些孤立的知识点（甚至只是一些零碎的信息），却没有一个系统的框架将其整合成有机的整体。因此，就无法给出一个全面的解决方案。要想培养系统化思维的能力，我们不仅需要掌握概念、工具，了解程序、步骤，更重要的是还要理解这些概念与概念之间、工具与工具之间、步骤与步骤之间的关系。举例而言，我们知道营销管理的四个阶段，但如果我们不理解这四个阶段之间，以及每个阶段中的步骤与要素之间的关系，我们仍然不能系统地发展与构建一个完整的营销方案。

在学术研究中，我总是强调**不要依赖于"野路子"和"小聪明"，而要按照科学研究的规范和步骤逐次展开**。同样，我们也知道科学研究分为问题提出、文献综述、模型构建、假设演绎、研究方法、数据分析和研究结论，但如果我们不能理解这几个步骤之间是什么关系、彼此之间有什么联系，那么，呈现出的研究也不过是形似而神不似，甚至是东施效颦、贻笑大方。

当然，纵深感和格局观的培养，需要我们耐心积累、用心训练、专心揣摩，绝非与生俱来，更非一蹴而就，但它们就如同我们在求学治教的征途中，肋下生出之两翼，助我们展翅高飞。

作者简介：汪涛（wangtao@whu.edu.cn），武汉大学经济与管理学院教授，1996—2000年在武汉大学读博士学位，专业为市场营销，师承甘碧群教授。

周南感言：大道至简，形神皆具。汪老师学问做得好，课讲得也好，与他文中说的纵深感和格局观有莫大的关系，都是通过对现象和本质的深刻把握而实现的。"耐心积累、用心训练、专心揣摩"，终有一天"展翅高飞"！

3-25 且行且珍惜

王永贵

2000年，我去香港城市大学商学院读博士学位，掀开了学术生涯的"第二页"。在这里，我遇到了人生中几位新的"贵人"。他们教我如何检索、阅读和评价学术期刊论文，如何设计思想性强的研究项目并执行研究方案。

我的导师卢兴谱教授如慈父一般对待我。他是我学术上倾诉的对象和指路的明灯，让我开始了在服务管理领域的探索与研究，并帮我在思维训练和数据分析方法方面取得了新的进步。

我在南开大学的导师陈炳富教授和韩经纶教授把我介绍给了周南教授。他们是20世纪80年代认识于美国犹他大学的挚友。周老师很高兴我关注服务营销，建议我不要满足于将注意力简单地放在发表"不痛不痒的小论文"上。为此，我经常不分昼夜，疯狂地阅读、构思和"创造"，然后讨论、修改、完善，再去找文献、再修改，甚至放弃从头开始。不知道在多少个后半夜突然醒来，然后继续苦思冥想，并在自以为来了"灵感"后一跃而起后奋笔疾书。然而多数情况是，早上起来认真推敲后，把它们都扔到了"垃圾筒"中，但正是这种体验和经历，让自己**在一次次折腾中有所获益。当然，有时也觉得特别累、特别泄气和绝望**。这时，除了自己调整和同学们的帮助外，卢老师、周老师的鼓励和引导是至关重要的。

回想起那三年的**学习生活，表面单调苦涩，其实充实丰富**。再后来，更像是一只无头苍蝇，在无知无畏中随机地向多个学术期刊投出一篇篇"粗制滥造"的文章，结果当然可以预见。现在回想起来，自己真是"执着"得可以，也傻得可以。终于，功夫不负有心人，在经历了七八次彻头彻尾的失败之后，2003年春天，等来了一个B类SSCI期刊的修改机会。为此，又开始阅读和参考大量的相关文献，在规定的时间内作了认真而谨慎的修改和回应，迎来了自己有生以来最开心的一刻——论文被有条件地接受了，终于找到了一丝"做研究"的感觉，开始进入了学术生涯的"快车道"。论文接二连三地写出来了，然后一篇一篇地发表了，而且论文质量逐渐提升，有些文章还发表在以前"心仪"的几本国际权威期刊上。

作点总结，**良师益友的鼓励、支持和指导及帮助永远很重要，自己的努力、执着和坚持也永远不可或缺。有了这两点，笨鸟也可以飞起来。**

学术研究永远只是大学教师工作中的重要组成部分，但绝不是全部，我们还必须在教学和人才培养方面努力做到极致——站得住讲台。对从校门到校门的教师来说，特别是**对商学院的教师而言，教学工作一直充满挑战，要以致力于学术研究的精神来钻研教学，才能胜任。**

教师职业的特点之一是它不会像生命体一样随着年龄的增长而老化，反而会因为阅历的累积而让人继续成长。我会且行且珍惜，感恩成长路上的老师、同事和学生，继续认真做事、开心做人。

2016年2月6日

作者简介： 王永贵（nkygwang@sohu.com），对外经济贸易大学国际商学院教授，1998—2001年在南开大学读博士学位，专业为战略管理，师承陈炳富教授和韩经纶教授，2000—2003年在香港城市大学读博士学位，专业为服务管理，师承卢兴谱教授。

周南感言： 孟子曰："以天下与人易，为天下得人难。"当年永贵来香港城市大学读书，陈炳富老师和韩经纶老师让他来看我，也希望我当他的一个不挂名的导师，我听他说，下了决心，念好第二个博士学位，便相信眼前这个小伙子能吃苦，表示乐意。我可能给过他一些"鼓励"，"引导"则很少，因为他遇上了一个难得的好导师。但是，我对他那三年的苦干和苦熬记得很清楚。这几年，他的工作担子重了，得到的荣誉也多了。其他人说祝贺的好话时，我总是提醒他保持清醒的头脑，多作贡献。我相信，他会继续以陈、韩、卢老师为榜样。前面的路很长。

3-26 漫谈为学为师与为政

夏春玉

我自20世纪80年代起就一直在大学里工作,且多年处于"双肩挑"的岗位。因此,谈谈我对为学、为师与为政(大学之行政)的观察及体会,与管理学界的青年朋友们共勉。

自古以来大学就是研究学问与造就人才的地方。所以,大学之师者首先应该是学者,为学是为师的前提。要成为学者,首先要完成学者的修炼。那么,如何完成学者的修炼呢?在我看来,**学者修炼的基本功课主要有三:学、思、研**。学,往往通过阅读来完成,因为阅读是思想与智慧的源泉、创新的起点。阅读是学者修炼的基本功,除"有用"的专业文献阅读外,"无用"的阅读也很重要。优秀的学者不能止于专业精深,还要有专业以外的见识,即所谓的博雅。专业与博雅、宏约深美才是良师的要件。思,是第二个功课。"学而不思则罔",学是营养的摄取,思则是营养的消化吸收,也是创新的前提。学者尤其要学会独立思考、逆向思考、逻辑思考与系统思考。研,是第三个功课,也是学者的"看家本领"。研究也有三要件:要有真问题与好问题、方法要科学且规范得当、要坚守学术道德。有了这三条,再加上你的勤奋,就一定能做出好的研究,圆满完成学者的修炼。

虽然为学是为师的必要条件,但为学者也未必都是为师者,更未必是良师。**大学的师者,除要有学问和思想外,还要善教**。要做到善教,首先,要学一点教育学,懂得一点高等教育规律。多读一些有关大学教育的名家经典,对你会有很大的帮助。其次,要学会表达,尤其是口头表达。如果你在课堂上能做到言之有物、言之有理、言之有据、言之有雅;在日常交流中能做到说得明白、说得得体、说得幽默,那你一定是位魅力四射的"师神"。再次,要善用教学方法,熟练掌握各种教学法,灵活运用,更要学会因材施教。最后,最重要的是心中要有真、善、美与爱。只有求真,才能求得真学问；只有心中有美，才能心中有善；只有心中有善，才能心中有爱；只有心中有爱，才能真切地关爱学生、用心地指导学生，才能用你的真善美爱之心、之行去影响学生。我向来以为，**为师不仅是一种谋生的职业，也是一种社会责任与道义，更是一种功德**。

最后，我再与大家分享一下为政的体会。不论中外，任何大学都需要一些学者分担行政工作。以我的观察与体会，**大学的行政工作岗位，一般需要有如下特质的学者担任：首先要有组织协调与沟通能力；其次要善于创新、敢于创新、敢于担当；再次要有大局意识和系统思维能力；最后要有一定的奉献精神**。行政工作会牺牲你很多时间与精力，甚至会牺牲你的一些业余生活。如果没有这种牺牲精神，你承担行政工作就很可能不称职。以我个人的体会，青年朋友们不要过早地承担过多、过重的行政工作，特别是在学术成长与精进阶段，更要谨慎"出山"。当然，如果你已完成基本的学术修炼，进入稳定成长阶段，而且又具备这个能力，你就可以积极承担相应的行政工作，这既是对你所服务的大学的贡献，也是优秀学者应该担当的一种道义。

2016 年 2 月 3 日

作者简介：夏春玉（xiachunyu@dufe.edu.cn），东北财经大学工商管理学院教授，1995—1998 年在陕西财经学院（现西安交通大学经济与金融学院）读博士学位，专业为商业经济，师承闵宗陶教授。

周南感言：老子说："信言不美，美言不信"（《道德经·第八十一章》）。夏老师担任东北财经大学校长前，我们就认识。他的学生们说他为学很严，原来他是将学术路当作修炼。他认为，为师与为政都是道义，其中，为师是一种功德，为政必须有牺牲精神。言简行实，我欣赏他的"三为"观点。

3-27 团队有力量，合作出效益

谢庆红

我很幸运，遇到一个好的协作团队，成员**齐心做科研、好好带学生**。这些年，团队取得了一些成果，大伙儿干活很舒心。

西南财经大学的营销团队有 10 年历史了。我们当中，张剑渝教授曾给李永强、付晓蓉和我讲过课，是我们的老师，也最年长。之后，我们先后成为**同事，也是朋友**。大家想法一致：**努力做科研，好好带学生，为西南财经大学的营销学科上台阶出力**。我们一起申请课题、撰写学术论文、参加学术会议，并共同指导学生，自然形成了一个学术团队。

2012 年 4 月，我们申请了西南财经大学创新团队项目，并获准立项，成为受西南财经大学"中央高校基本科研业务费专项资金"资助的第一批创新团队之一。团队名称为"渠道冲突行为研究创新团队"，由李永强担任负责人，核心成员是我们几个，其他成员主要是博士生和硕士生。近两年，毕业于加拿大麦吉尔大学的朱兢博士与毕业于香港城市大学的白璇博士先后加入我们的团队。三年多来，培养了 4 名博士，获国家自然科学基金 3 项、教育部课题 1 项，发表了系列学术论文。2015 年 7 月，通过专家审核，学校继续资助 3 年，研究内容为"渠道冲突防范、引导与修复研究"。

创新团队能持续发展，我认为有几个特点：一是团队核心人员以教师为主，基本是"渠道管理"课程组的教师，同时注意吸收新入职的教师加入。因学生流动性强，来了走、走了又来，故核心人员以教师为主会使团队相对固定和长久。大家研究兴趣和价值观相似，且都乐意为学科和学生贡献思想及付出时间。**二是提供了好的学术交流平台**。一方面，团队坚持每周一次定期的学术讨论，保证了导师和学生有足够的时间面对面。近年来团队致力于渠道研究，文献阅读范畴相对集中，任何老师和学生只要读到好的文章都会上传到 QQ 群供大家下载。谁有好的思想或遇到难题时，也会及时召开主题研讨会，群策群力，效果明显。另一方面，我们请进来，走出去。请专家来讲学，香港城市大学的周南、苏晨汀、李娟和杨志林老师，香港大学的周政老师，西安交通大学的庄贵军老师多次前来指导。走出去参加高水平的学术会议，了解营销界最新的学术动态，参会期间主动找相关老师交流，讨论团队现在的研究主题、困惑，寻求指点，收获很大。当然，走得最远也最有成效的是团队中的老师和学生赴香港城市大学参加研究"夏令营"。**三是集体指导学生。**团队中的老师有带博士生的也有不带博士生的，有的带得多有的带得少，但是老师们从不介意。如付晓蓉老师名下的博士生较少，但找她指导论文的博士生非常多。我的学生在汇报阶段性论文进展时，也会同时发给团队中的其他几位老师。这种做法对学生非常有益。

团队有力量，合作出效益。相信我们的创新团队会越走越远，成果更多，学生更快地成长。

2016 年 2 月 22 日

作者简介：谢庆红（qhxie@swufe.edu.cn），西南财经大学工商管理学院教授，2004—2009 年在西南财经大学读博士学位，专业为产业经济学，师承周殿昆教授。

周南感言：天时不如地利，地利不如人和。人和第一，天时地利人和全有为上。谢老师她们团队拧成一股绳，向一个方向发力，众人拾柴火焰高。我最感动的是她说的大家价值观相似，都乐意贡献思想及付出时间，有好想法或遇到难题时及时集体研讨。集体（"集"成一"体"）就是力量，团结（"团"成一"结"）才有未来。

3-28 授业首授志，立言先砺心

徐 光

我工作于一所省属高校，校际学术交流时常会听到名校的老师们抱怨现在的学生不够优秀。为此，我和学生们曾经迷失，甚至怀疑自己是不是能够做得更好？直到有一天，我的学生们陆续进入名校开始博士研究，并被誉为最富有潜力和才华的研究者时，我和学生们的故事才有了美好的情节。

我大学毕业时，因为文艺特长而留在学校里面做辅导员。工作10年的时候，我开始觉得生活仿佛不应如此。我问自己：生活是什么？7岁时我跟哥哥们学习吉他和作曲，发行过个人唱片；15岁那年曾是我那个城市110米栏的纪录保持者；到了30多岁时，我开始迷恋学术研究。然而，我将给我和学生们一个怎样的未来？

这里，我想谈谈那些并非出自"211"和"985"高校的学生们是怎样开始痴迷于学术研究的？每逢傍晚时分，从外望去，整栋教学大楼漆黑一片，唯有两间窗户的灯是亮着的。一间是门卫的，另一间则是我借来的工作间的。我告诉学生们："这灯不会白亮"。

"平庸"的学生们如何变得"出色"？**最重要的莫过于给他们自信，哪怕让他们拥有与自己的能力并不匹配的那种自信。自信的培养需要导师极大的耐心和关爱。**导师需留心观察，学生们的聪慧程度不同，有着不同的需要、不同的痛苦。当你给他恰当的鼓励和赞美时，强大的激励效果就会凸显。我的一个学生曾花了大量的时间研习统计学，对数据分析的理解明显好于其他学生。我给他起了个外号叫"数据控"，称赞他进行数据分析的能力"超强"，他不但接受了这个称号，还整夜备课给师弟师妹们讲解数据分析技术。做导师应该有威严，但不该吝啬对学生的赞美。

学生们遇到亲人病重或家庭经济负担等问题时，难免影响到研究工作，这时需要的就是导师的关爱和耐心。与学生促膝长谈、憧憬未来、权衡利弊尤其重要。"一日为师，终身为父"不是空谈，导师们该问自己："学生们遇到人生困扰之时第一个问暖之人是谁？"一些年过去了，回想起由此建立的师生感情总是觉得暖暖的。

由于我的学生"平庸"，我的学校也不够"出色"，因此我能够做的就是比别人早付出、多付出。那么问题来了，学生愿意早付出和多付出吗？古人曰：凡事预则立，不预则废。早点讲清楚，互相信守承诺是必要的。以下是我跟学生的约定：第一点，我要管你，要经常跟你讲的不仅仅是做学术的方法，还有更多做人的道理。比如：我会教学生敲门的力度；教学生用尊重自己导师的方式，同样尊重其他导师。第二点，同门弟子间的关系紧张，经常是研究团队良好氛围形成的绊脚石。我立的规矩看似粗糙和不讲道理，但还是产生了一定的效果的。我告诉他们师兄弟（姐妹）关系就一句话："大的帮小的解决研究和生活上的所有问题，小的听从大的一切安排"。任何人不要只讲自己的理，因为每个人都有一大堆道理。如果遇到矛盾，小的先认错，大的后道歉并承担责任。第三点，"你选择来到这个团队，毕业后就必须读博士"。学生们选择读硕士的动机很多，然而做卓越研究者的路却只有一条。承诺对未来的坚持至关重要，诺言是一种可以召唤和提醒他们的力量。第四点，我会告诉学生们："你们没有假期，因为我就没有假期。"假期的工作比平常更加考验他们求索的真挚，更能锻炼他们的心智。

有人或许会问，他们快乐吗？我想说："完成了承诺就会快乐，并会收获成功者独有的自信。"萧伯纳说过，"人生的真正欢乐是致力于一个自己认为伟大的目标"。我愿做那个目标的召唤者！

2016 年 4 月 8 日

作者简介：徐光（guang.harbin@foxmail.com），哈尔滨师范大学管理学院教授，2007—2013 年在哈尔滨工业大学读博士学位，专业为企业管理，师承田也壮教授。

周南感言：古人云："师也者，教之以事而喻诸德者也。"做导师如同舵手，把握方向抵御风浪，引领学生驶向理想的彼岸。徐光充满爱心，善于交心。有这样的老师引路，学生们以苦为乐，茁壮成长，平凡中见真谛。

3-29 修道之谓教

徐 岚

小时候,每次考试写命题作文"长大最想做的职业",我都几无例外地写上"教师"。原因很简单,在阅卷人的眼中,任何有关教师的主题永远是根正苗红。未曾想到,若干年后,我真的步入高校,成为一位"人类灵魂的工程师"。然而,**塑造"灵魂"的工作,却非易事,尤其当你碰到"另类"学生时。**

2012年4月4日,我已怀胎八月,挺着大肚子在香港城市大学做访问学者。而这一天,我的一位硕士研究生,身在武汉,一边发邮件以死相逼要求按期毕业,一边在其班级QQ群中声言要退学。我远在香港,一时间又气又急又伤心,夜不能寐。

这位学生刚进校选导师时,向我表达了想要读博的意向,所以我对他的期望也较高。然而,在后来的学习中,我发现他其实对科研并没有太大的兴趣。在香港访学期间,由于担心距离远而疏于指导,我通过邮件每周围绕一个主题布置相关文献给学生们阅读,要求学生们提交学习报告给我。第一周,他按时完成了学习报告,但报告的质量很不好。我花了一整天的时间,对其学习报告中的问题逐条进行批注,并引导他就文献来进行延展思考。

第二周,我只给他一篇综述文章让他精读并翻译。到了周五,他只提交了不到论文四分之一的完成量给我,说他看不懂句子,没能力翻译。

第三周,仍然围绕一个主题来阅读文献。这一次他提交了学习报告,但提出清明节这一周他有事要回家,要求我不要给他布置任务。并且,他在报告中,还加上了一个研究模型,说要以此作为毕业论文的选题。

我在阅读他的学习报告时发现,他对文献的阅读非但不认真,甚至连简单的文献假设都弄错了。关于他提出的研究模型,只能说是一个研究问题,而且是道听途说他人的观点。

因此，我写邮件给他：第一，清明节国家规定的节假日只有一天，如果要回家一周，需要向我请假和说明原因，由我批准后再离校；第二，以他当前的态度和能力，不能达到按时毕业的要求，要求他考虑延迟毕业；第三，他目前提的研究模型只是一个不成熟的研究问题，而且也不是他自己的观点，因此不建议他做这个模型。

于是就出现了前文的场景，这位学生的反应偏激又任性。后来和一些老师的交流中，发现这样的学生并不少见。他只是那些聪明、自负又敏感的青年的一个缩影。

这件事情也促使我开始反思自己在教育方式上可以改善之处。其一，我在他面前总是充当着一个卫道士而非同道人的角色，从而让他感觉我对他只有严苛和一本正经，而缺乏共情、平等和真实感，使他始终不肯相信我的所作所为是为了帮他而不是要为难他；其二，**我把自己觉得好的文献发给他看，本意是觉得经由自己筛选能让他少走些弯路，殊不知这就像母亲将食物咀嚼后喂给孩子一样，剥夺了孩子的自主选择，激不起他的兴趣**；其三，我常常向他讲述其他学长的优秀事例，以为这样能为他提供效仿的榜样，然而，**以人为镜，不一定总能得明失**，反而让他认为我是在通过社会比较来惩罚他，激发出他内心隐藏的愤怒与叛逆。

从香港回武汉后，我继续调整和这位学生之间的关系，告诉他按期毕业所需的能力要求，允许他自己设定和分解达成目标的路径，而我则做他在达成目标过程中遇到困难时的指路人。一年后，他顺利地按期毕业，也找到了自己理想的工作。他到办公室与我告别，为他之前对我说过的话道歉。

《中庸》开篇言："天命之谓性，率性之谓道，修道之谓教。"**大千世界，人各有其"性"，南橘北枳，叶徒相似，其味不同。为"教"者，当顺"性"而为，疏之励之，以期达到不教而"性"自修之。**

2016 年 2 月 7 日

作者简介：徐岚（lanxu@whu.edu.cn），武汉大学经济与管理学院教授，2003—2006 年在武汉大学经济与管理学院读博士学位，专业为市场营销，师承甘碧群教授。

周南感言："教人者，成人之长，去人之短也"（清·魏源：《古微堂·学篇》）。中国的传统教育观念是"棍棒底下出孝子"。时代不同了，这种观念在有些情况下不奏效，教出了"逆子"。徐岚通过反省，从学生的角度出发，"软硬兼施"，结果惑解了、业授了，道也传了。

3-30 两则比喻

杨海滨

博士班的同学经常问我一个问题：如何做好管理研究？这个问题，仁者见仁，智者见智，每个人有不同的答案。在讲这个问题之前，我通常会和他们先讨论下面两个比喻：

第一个是关于穿珠子的小孩。作为管理研究者，肩负的任务是洞悉管理现象背后的因果关系，解释和预测企业管理中的各种表象。在管理研究中，有很多概念性的东西，如应用型创新、探索型创新、变革型领导、交易型领导、企业捐赠，等等。研究者需要深入企业实践和理论文献，揭示出这些不同因素之间是如何相互影响、相互作用的。例如，在研究苹果公司、微软公司等一些高科技企业的创新活动当中，我们可以探究：是什么样的领导机制（如变革型领导或交易型领导），促成了这些企业的探索型创新？这些领导机制又受到哪些企业内部和外部因素的限制？乔布斯的领导风格是否适用于其他的高科技企业？

这些问题的提出和探究，对我而言，就像我女儿小时候用线穿珠子一样。她经常面对着地上散落开来的珠子，思考着如何将形状各异、五颜六色的珠子，用一根丝线穿成美丽的项链，当然，**珠子之间的连接不可杂乱无章，须依循一定的逻辑线条**。比如，她想穿出一串星星状的项链，就要首先挑选出一根丝线，然后找出相应形状的珠子，并用这根丝线将各色珠子天衣无缝地、按照一定的先后顺序穿成一串美丽的项链。

如果我们将管理研究中的不同概念看作小孩眼中的珠子，将丝线看作所依循的理论视角，我们所要做的也就是用某个理论视角，去理解管理现象中的不同关联。或者，反过来，面对一堆散落的珠子，我们可以思考用什么样的丝线（理论视角），将这些看似不相关的珠子穿起来，提出理论假设，然后去验证这些理论视角，看它们是否确实存在于这些看似不相关的珠子之间。

第二个是人尽皆知的盲人摸象。 几十年来，不同的管理学者总是从不同的理论视角，去尝试揭开管理现象下的秘密。在这个面纱揭开之前，其下的管理真谛对我们每个人来说，都是一片未知世界。我们这些研究者，如同盲人摸象一般，有人用交易成本理论去理解某个管理现象，如企业的创新行为，同时也有人用制度理论或资源基础理论去理解创新行为。由于这些**管理现象本身就是一个多棱镜，因此如果我们将其中的每一个棱角都解释清楚，我们对创新的理解也就会更加丰富、更加接近事物的真相。**

这个比喻对管理研究有两点启示：

第一，逻辑的重要性。 当盲人摸到大象的鼻子时，他必然依循鼻子所具有的特征，去理解大象是否有鼻子。同理，他也必然要依循大腿所具有的特征去理解大象是否有腿，这两种逻辑不可混淆。这个道理看似简单，但在研究当中，我经常看到不少文章要么理论与结论不匹配，要么所用的理论混杂了不同的逻辑思维（如同时用了鼻子和大腿的逻辑去理解鼻子）。这个逻辑越清楚，就越有利于我们认清所分析的对象。

第二，理论贡献。 我们所做的每一项研究都要基于文献，但也要突破文献。正如对大象的认识，当分别有研究者发现大象有鼻子，也有大腿时，新的研究就不能只是告诉我们大象既有鼻子，也有大腿，而是要在文献的基础上，去发现我们尚未了解的大象。例如，当研究者已分析出亚洲象的特征时，我们可以去看看非洲象是否具有与亚洲象同样的特征，以及为什么非洲象会具有较大的耳朵、突起的鼻子，等等。

这两则比喻浅显易懂，我想每个研究者都会明白其中的道理。写下这些，不过是提醒自己，在研究当中，要像小孩一样，在对外部世界保持好奇心的同时，学会用丝线穿出美丽的项链。

2016 年 2 月 15 日

作者简介：杨海滨（haibin@cityu.edu.hk），香港城市大学商学院教授，2001—2005 年在美国德州大学达拉斯分校读博士学位，专业为国际管理，师承林志昂教授。

周南感言："读书趋简要，害说去杂冗"（宋·欧阳修：《送焦千之秀才》）。文中的这两个比喻深入浅出，像杨老师的研究一样。从管理现象（Sight，看见）到背后的因果关系（In-Sight，洞见），整体把握，简单明了，管理研究的"理解也就会更加丰富、更加接近事物的真相"。

3-31 学术论文的影响力

杨志林

每位探索知识奥秘的学者皓首穷经、殚精竭虑、废寝忘食、历经磨难终于将论文付梓后,都希望自己的"宝贝"能被广为阅读和引用。引用率越来越成为评价学术影响力的重要指标。正因为如此,学者们日益关注如何提高论文引用率。根据谷歌学者(Google Scholar)的最新统计(截至 2016 年 2 月 28 日),**我过去 14 年中文章被引用达 5 901 次,这也是我 2013 年获得香港城市大学卓越研究奖的重要原因之一。** 在此分享一下自己的经验。

学术论文需要从理论出发,进行严谨的逻辑推理,提出假设或概念模型,然后收集可信的数据,采用合适的方法来分析验证。然而论文的核心还是在于其深邃的思想性和前瞻性。在言之有理的基础上,**撰写有影响力的论文需要把握三个要点。首先是故事性。** 人生来喜欢听故事。一篇文章就是一个故事,故论文通篇需要保持故事的连贯性,从而增加可读性。**其次是有趣性。** 论文标题需简短,抓住主题,吸引眼球,复杂的主题可考虑加副标题。有趣的论文结论往往并不是一下子可以猜中"答案"的。若大家对你研究的问题有相互冲突的答案,往往意味着这是个有趣的研究问题。**最后是简洁。** 能将深奥的理论用浅显的语言表达出来是一种本事。我通常会先用演示文稿将要写的主要内容表达出来,然后才写正文。另外,论文的假设在于精而不在于多。比如我 2014 年发表在《心理学与营销》(*Psychology and Marketing*,PM)上的论文,核心问题只有一个:转移成本如何影响顾客忠诚度?每次我在课堂上问学生这个问题时,答案都五花八门。我们的研究发现,在网络服务的情境下,转移成本只有在顾客感知价值及满意度达到行业平均水平之上时才会影响顾客忠诚度。因结论简单并具有实际借鉴意义,该论文至今被引用了多达 1 248 次(源自 Google Scholar 数据)。

论文的发表只是影响力的开始,**好的期刊(例如本领域一流的学术刊物)自身会提供渠道帮助作者有效地传播其所发表的论文。** 我和合作者(包括香港城市大学的同事苏晨汀教授)2012 年 5 月发表在 JM 上的论文有幸被出版方美国市场营销学协会选中，向全球 5 000 多个媒体同时发布，极大地提高了论文的曝光率。该论文最近还获得欧洲学术期刊出版社爱墨瑞得（Emerald）2015 年的最高引用率奖（Citation Excellence Award），可见发表的平台的影响力及其推广的威力。

仅靠期刊出版社推广论文是远远不够的，**学会自我营销也至关重要**。除了在学术会议及研讨会上宣读外，我常常将自己呕心沥血写出的论文制作成演示文稿，嵌入相应的课程中，在课堂上跟学生分享。我发现不同层次的学员（包括 EMBA、职业经理人）都非常喜欢听到老师讲解自己的研究成果。同时，学者有机会应该积极主动地接受记者采访，将自己的研究结论以通俗的语言发表在大众报刊或商业期刊上，从而增加影响力。

网络时代的传播当然少不了在线平台和社交媒体。学者可**充分利用网上颇具影响力的免费学术平台**，例如 Google Scholar、Researchgate、Acadamia 以及百度百科。我在前三个平台都建了自己的论文档案，并定期管理。其中 Researchgate 会告诉我许多有用的信息，比如每周有多少人阅读/下载我的文章，何时我成为本校/系阅读量或下载量最大的学者。随着自媒体的蓬勃发展，我正计划建立微信公众号，将自己的文章分门别类地推出，辅之以幻灯片来介绍每篇论文的要点，将我的学术影响力最大化。同样的做法还可以推广到其他社交媒体，诸如 Facebook、Twitter、Linkedin、微博等。

研究表明，**科研合作往往能增进论文的影响力**。独自一人坐在办公室里写论文是比较孤独的，故我一直想方设法将社会性引入科研活动。除了自己系里的同事和学生外，我多年来与海内外不同类型的学者在不同层面上进行合作，有些合作已经超过 15 年了。合作者往往会细读你的文章，并引用或积极推荐给他人。每年时不时有海内外的合作者邀请我到其所在的学校做学术演讲，我总是欣然应允，这种方式不仅扩大了我的影响力，也让枯燥的研究变得更有人情味。

总而言之，**深邃的思想需要以合适的方式及合适的传播渠道去影响读者。作为一名市场营销学研究者，学会如何营销自己的论文是增加学术影响力必不可少的功课**。

2016 年 3 月 1 日

作者简介：杨志林（mkzyang@cityu.edu.hk），香港城市大学商学院教授，1996—2001 年在新墨西哥州立大学商学院读博士学位，专业为市场营销，师承罗伯特·彼得森教授。

周南感言："读书之处，不可久坐闲谈"（清·申居郧：《西岩赘语》）。杨老师耕耘勤奋，研究做得好，自我营销也有一套，包括在社交媒体上进行宣传。他的做法，与时俱进，比如，通过科研合作增进论文影响力并"让枯燥的研究变得更有人情味"，各位可以借鉴。

3-32　源于实践，顶天立地

杨　智

初涉管理学研究的青年学者时常感到困惑：**如何找到一个既有趣又有意义的研究问题？**这不只困扰着青年管理学者，即便科研经验丰富的管理学者，也时常为此而感到迷茫。一般来说，一个有趣又有意义的研究问题可能来源于对管理现象的观察、来源于对文献的阅读，也可能来源于与他人的日常交流……不同的学者由于其知识背景、个人阅历以及学术偏好的差异，发现研究问题的方式也迥异，这里面并没有一个所谓最佳的普适方法可循。在此我就该问题与大家交流几点看法，希望对看到此文的读者在做研究时有所助益。

一个好的管理研究应该是一个"顶天立地"的研究。所谓"顶天"就是瞄准国际研究前沿，采用科学的研究方法，取得国际认可的研究成果；"立地"则是要立足于中国的管理实践，探索、发现以及解决我国管理实践中遇到的实际问题。基于此，我一直以来都十分注重从管理实践中提炼研究问题，做自己感兴趣、同行认可并且是政府和企业需要的研究。概括起来，主要通过以下方式来发现研究问题：

第一，从企业中来。目前我国正处于一个急剧变革的转型时期，各类企业正加速进行战略转型、组织变革及商业模式创新，这就给管理学者带来更多的机会去挖掘新问题并进行深入的研究与思考。就我的个人经验而言，了解企业主要有两种方式：一是企业调研。每年会利用寒暑假的时间与博士生、硕士生一起深入各类企业访谈或做问卷调查，还会收集二手数据，并形成了二十多万字的访谈记录，这些丰富的调研成果为后续的深入理论研究奠定了扎实的现实基础。二是承接企业课题。在与企业合作研究课题时，一贯坚持"少而精"的原则，一旦承接下来，就会**做细、做透**。一方面可以解决企业的实际问题，另一方面可以从中提炼出进一步研究的科学问题。2015年发表在高影响因子SSCI期刊上的一篇论文，就是为某企业做咨询的"副产品"。

第二，从政府中来。 随着政府职能的转变，国家越来越关注企业的发展，并想方设法在各方面为企业提供服务，解决实际问题。从某种意义上来说，**政府部门对企业的了解，往往比学者更为清楚和透彻**。因此与政府相关部门保持经常性的接触，能使我们更为深入地了解企业，从而发现有趣的研究问题。我与政府相关部门接触的途径主要有：一是参加一些政府组织的论证报告会，在这些报告会上可以清楚地了解政府和企业的视角及观点；二是对政府官员进行访谈，了解政策制定的初衷及其实施效果；三是承接政府相关部门的资政课题。这类课题不同于国家自然科学基金类的课题，往往带有极强的应用性。通过做这样的课题，可以在了解政府政策导向的同时，从另一视角了解企业，从而进一步挖掘出新颖的研究问题。近几年我发表在 JM 等 SSCI 期刊上的论文和成功申请的国家课题，无不与之有重要的关系。

第三，从学生中来。MBA、EMBA 或 EDP 的教学对象大都是有一定工作经验的学生，有的甚至来自重要的工作岗位。 他们对管理工作有非常浓厚的兴趣，并对管理问题有着较为深入的思考。如果经常给他们上课或与他们进行交流，往往会碰撞出思想的火花，产生研究灵感，形成很好的研究问题。这也是我一直以来无论多忙，都会坚持给 MBA、EMBA 或 EDP 学生上课的一个原因。平时我也会抽出时间与学生进行课后交流，在用理论解决学生遇到的实际问题的同时，从学生那里找到研究的灵感。

以上是我本人寻找研究问题的拙见，从严谨的研究方法论角度来看，可能既不全面，也不具有普适性，但我坚信，作为一个管理学者，只要真正深入管理实践，就能做出自己感兴趣、同行认可、政府和企业需要的"顶天立地"的管理研究。

2016 年 2 月 28 日

作者简介： 杨智（yangmkt@126.com），湖南大学工商管理学院教授，2001—2004 年在中南财经政法大学工商管理学院读博士学位，专业为市场营销，师承万后芬教授。

周南感言： 至大无外，至小无内。我对杨老师的三点看法拍手叫好：好的管理学研究，深入管理实践，顶天立地。如果只是纸上谈兵，则不痛不痒；不接地气，不能立地；天花乱坠，无法顶天。水中捞月，镜中画饼，有何意义？

3-33 亦师亦友促成长

曾伏娥

作为一名教师，我时常思考，应该如何培养博士生？怎样才能让他们成长得更快，成为一名优秀的科研工作者？

培养博士生大致可分为两种模式：老师和学生亦师或亦友。亦师（近似于国外所称的 Mentor 制），也就是我们通常所说的"师徒制"。欧洲高校比较偏向于这种模式，基本是导师主导，学生在导师指导下，确定研究课题，在特定领域内进行前沿研究，并在有影响力的期刊上发表学术论文，同时在导师带领下参加各种学术会议，并报告自己的研究成果。由于导师全过程指导和学生全过程参与，因此这种培养模式有利于学生从导师身上获取隐性知识，迅速掌握基本方法，打好理论基础，并积极培养学生的科研信心。与此同时，这种模式也衍生出学生与导师之间的非对称依赖关系，不利于学生创造力的发挥，对学生日后独立从事科学研究也有一定的不利影响。

亦友（近似于国外所称的 Partner 制），**即师生合作制**。这种模式在北美高校中较为普遍，基本特点是导师与学生平等合作，双方属于对称的合作伙伴关系，彼此都需要在研究中独立作出贡献。这种培养模式的最大优点在于：能够促进学生自主发现问题和解决问题的能力，而且由于师生之间地位对等，学生敢于提出与导师不同的观点，有利于培养学生的批判分析能力。"授人以鱼，不如授人以渔"，培养学生具备批判性的分析能力，可使学生在未来的研究中取得创造性的成果。与本科生不同，博士生的重要使命是通过科学研究，来发掘和创造新知识。因此，批判性分析能力是每个博士生都必须具备的基本能力，否则很难成为优秀的科研工作者。但该模式也有不足之处，其中最大的缺点在于，如果学生的主观能动性不强，遇到挫折很可能丧失信心，甚至退却，不像"师徒制"，导师可随时了解学生的状况和进展，推动学生一步步前进。

以上两种培养模式各有利弊，难分伯仲，很难说一种模式一定优于另一种模式，也很难说某种模式一定适合某类学生。从读硕士、博士到自己成为导师独立指导硕士生和博士生，一路走来，承蒙读博期间的导师甘碧群教授和读硕期间的导师景奉杰教授的谆谆教诲，以及香港城市大学的周南教授、苏晨汀教授、窦文宇教授、杨志林教授、严燕萍教授等的悉心指导，从他们身上学到了两种培养模式的巧妙运用之道。**是采用"师徒制"还是"师生合作制"，视博士生的培养阶段而定**。在博士生入门阶段采用"师徒制"，手把手教他们研究方法，引导他们阅读文献，巩固理论基础，培养概念化和逻辑思维能力，树立他们的科研信心。所谓"师傅领进门，修行靠个人"，在博士生建立了扎实的理论基础、掌握了一定的研究方法、培养了初步的学术素养之后，采用"师生合作制"，放手让学生独立做研究，培养他们的独立自主性和科学的思维模式。结合这两种模式，培养出"青出于蓝而胜于蓝"的博士研究生，培养出在学术道路上能够自我学习、自我思考、自我成长的科研工作者。

2016 年 3 月 11 日

作者简介：曾伏娥（zfee@sina.com），武汉大学经济与管理学院教授，2003—2006 年在武汉大学经济与管理学院读博士学位，专业为市场营销，师承甘碧群教授。

周南感言："智所以为妙者，以其应时而知"（北齐·刘昼：《刘子·贵速》）。甘老师和景老师将伏娥"领进门"，伏娥不仅善于"自我学习、自我思考、自我成长"，也像两位老师一样，善于带学生：她的博士生们说，她"看得很紧"，要求每个人在毕业前一年必须在论文发表方面达到毕业标准，最后一年则设法帮他们争取到海外学习交流的机会。先苦后甜，手里不慌，心里踏实，亦师亦友促成长。

3-34 一个"土鳖老青椒"的第一篇 SSCI 论文

张 闯

2007年6月,我通过了博士论文答辩。记得当时答辩委员会主席赵平教授语重心长地对我说:"你们这一代学者要面对的竞争是国际化的,虽然本土的博士在竞争中并没有什么优势,但一定要努力面对。"接下来的几年中,国内营销学术界的国际化浪潮风起云涌,论文的国际化发表一直是我努力突破的一个瓶颈,可能也是很多"土鳖"博士要面对的挑战。

2009年,我投到庄贵军教授门下开始了博士后研究。庄老师要求我对博士论文中的概念模型进行实证检验,其中一个模型是关于消费者的品牌与店铺忠诚对零售商-供应商关系中依赖结构的影响。由于检验这个模型需要从零售商和消费者两边收集配对数据,所以我非常谨慎地进行研究设计,几易其稿之后才确定了方案。2011年暑期,我带领我的7名研究生,用了近40天的时间在7个城市收集了105个零售商样本和3 250个消费者配对样本。

幸运的是,模型基本得到了数据结果的支持。2012年年初,我完成了论文的中文稿。庄老师认为这篇文章很有潜力,建议写成英文的。2012年6月我出站后,7月即赴香港城市大学进行短期学术访问,这给了我一大块的时间来把这篇论文按照英文期刊的规范重新写作。我很荣幸,杨志林教授愿意作为这篇文章的合作者,他对模型和写作提出了非常具有建设性的意见。2012年年底,我差不多完成了英文论文的初稿。

在对初稿进行修改完善的基础上,2013年,我开始了漫长的投稿过程。第一次,我们投给了JAMS。几个月之后,JAMS返回了6个审稿人写的长达13页的审稿意见。论文被拒了,但我们得到了很多宝贵的建议。第二次,我们投给了《零售学报》(*Journal of Retailing*,JR),桌面评审被拒。第三次,我们投给了一个供应链管理类的期刊——JR，这次我们得到了修改的机会。历时几个月的大改，论文在第二轮审稿中还是被拒了。第四次，IMM，主编认为论文不是纯粹的B2B研究，桌面评审被拒。第五次，EJM，主编认为论文理论贡献不足，再一次桌面评审被拒。第六次，《BtoB营销杂志》（*Journal of Business-to-Business Marketing*，JBBM），这一次我们得到了修改的机会，但修改难度极大，需要用一种我们根本就不会的方法重新分析数据。大改论文用了差不多3个月的时间，等到这次修改完成，已经是2015年12月了。有些出乎我的意料，今天早晨一开手机就看到杨志林老师发来的微信，说论文已经被接受了。在经历了那么多的艰辛和挫折后，说实话喜悦并没有想象中的那么强烈，只有一种如释重负的感觉。

这是我写的第一篇英文论文，从最初的设想到最终被接受，经历了差不多9年的时间。其间，**我已经从一个"小青椒"变成了一个"老青椒"，欣慰的是自己一直在坚持最初的目标，在甘苦自知的跋涉中，终于迈出了一小步**。在国际顶级期刊上发表论文都已经变得不稀奇的当今国内营销学界，这篇论文当然微不足道，但它对我而言却有着非常特殊的意义。或许对于众多在国际化这条路上跋涉的"小青椒"和"小土鳖"博士生来说，还有些"励志"的意义——**尽早为自己设立高远的目标，然后不忘初心、坚持不懈地努力，因为只有坚持不懈才能战胜自己、突破自己**。

2016年1月6日

作者简介： 张闯（zhangchuang@dufe.edu.cn），东北财经大学工商管理学院教授，2003—2007年在东北财经大学工商管理学院读博士学位，专业为企业管理，师承夏春玉教授。

周南感言： "人生在勤，不索何获？"（汉·张衡：《应闲》）光吃过苦不够，内心还要得到滋养才能成长。张闯的这篇论文，2013年投出，被拒五次，大改两次，刚被JBBM录用。消息在他的博士后导师庄贵军的"师门圈"微信群里发布后，反应热烈。贵军祝贺张闯，说："有耕耘才有收获。"他的师妹孙亚娟说："功夫不负有心人"，师弟林舒进说"师兄的毅力比发文章感人"。我建议张闯，趁着感觉还新鲜、记忆还在，写一篇感想与大家分享，起鼓励作用。想不到，一个小时后他就写好了。我顺势开始征集随笔，这才有了你手里现在拿着的这本书。张闯，谢了！

3-35 感恩丰盈于心

张广玲

在很长的一段时间里,忙完一天的工作之后,睡前的一件乐事便是在微信群里拜读同仁们或同学们写的精炼短文,或谈学术,或谈人生。每篇都是精耕细作、用心而成,细细品来,收获颇多。周南教授嘱我写上一篇,自己却总觉得乏善可陈,迟迟没敢动笔。

今晚独坐灯下,思绪瞬间涌起,感慨时如沙漏,转眼已过半百,可谓千帆过尽,值得欣慰的是一路有贵人相助,因此感恩之情丰盈于心。

王国维在《人间词话》里写道,古今之成大事业、大学问者,必经过三种之境界。我的求学与工作历程自然谈不上做大事业、大学问,可也能用这三个阶段来概括。

第一个阶段,"昨夜西风凋碧树,独上高楼,望尽天涯路"。2001—2005年读博期间,家务缠身、工作繁重,学术之门久叩不开。**最幸之事是拜入甘碧群教授门下**,她在我迷茫阶段给予耐心引导、指点与支持,视我如儿般包容、关心与鼓励。同时,甘老师业精于勤的精神和敏锐的学术嗅觉亦使我折服于心。

慢慢地,在甘老师的悉心栽培和尽心引领下,我逐渐步入第二个阶段,通过"衣带渐宽终不悔,为伊消得人憔悴"的努力,才顺利获得博士学位。可以说,甘老师不仅赋予了我学术生命,其善待学生的点点滴滴更是让我心生感动、永志难忘。我以为,**对老师最好的回报便是将这种精神和品质传承下去**,如园丁培养花朵般对待自己的每一个学生,用心施肥、浇灌,静待花开。多年以来,我一直在身体力行之。

第三个阶段便是"众里寻他千百度,蓦然回首,那人却在,灯火阑珊处"。虽说读博不易,但那毕竟还只是自己的事,付出多少可由自己决定,可培养学生却不能,**肩负学生成才之重任,由不得半点马虎与松懈**。所以,为了让每一个学生都能学有所成,当碰到自己不能指导他们解决的学术难题时,便会求助于同仁中的佼佼者。自己是何其有幸!

在我的博士生们前往香港城市大学学习时,那里的教授们给予了学生们极大的关爱。周南老师和苏晨汀老师尽心点拨与指导。甚至在学生们毕业之后,二位教授亦时时关注他们的每一步成长与进步。尤其要感谢的是杨志林老师。在英文论文合作期间,从论文的选题、写作到投稿、修改与接受,历时三年多,杨老师在每一个阶段都是倾囊相授、亲力亲为。还有,每每**有求于本系的同事时,他们对待我的学生就和对待自己的学生一样,总是知无不言、言无不尽**……正是得到这么多学术前辈和同仁们的帮助与支持,我的学生们才得以茁壮成长,此时此刻"蓦然回首",发现他们都已然迈向学术之路的"灯火阑珊处"。

抚卷静思,一路走来,给予我帮助的人太多,感激、感恩是此刻内心最真实的写照。

2016 年 3 月 8 日

作者简介:张广玲(glzhang@whu.edu.cn),武汉大学经济与管理学院教授,2001—2005 年在武汉大学经济与管理学院读博士学位,专业为市场营销,师承甘碧群教授。

周南感言:"仁者无不爱也,急亲贤为之务"(《孟子·尽心上》)。甘老师是武汉大学营销学科的开山鼻祖,培养了几代学子,见证了他们的成长,对我们每一位都"如儿般包容、关心与鼓励"。作为武汉大学市场营销系的一员,我和各位老师、同学一样,感恩于甘老师。张老师得到了甘老师的真传,也无微不至地如园丁培养花朵般对待每一个学生,所以她的学生们感恩于她。这本随笔集刚开始征稿,张老师已毕业的两个博士生——王辉与胡琴芳,便连夜写稿。王辉的文章说:"(我)飞奔到张老师身旁,告诉她论文发表了。张老师比我还开心,全然不顾周边有人,与我相拥而笑。"琴芳的文章标题是"师恩浩荡,笔拙纸穷"。一切尽在不言之中。

3-36　用心、耐心、信心

张剑渝

总结近十年培养博士生的体会，可用三个关键词"用心、耐心、信心"概括之。

用心。我的博士生来源大致分三类：高校教师、企业高管、应届硕士生，其中以高校教师为主。无论哪类学生，考博、读博都是他们人生重大的决策。在承受很高的机会成本的同时，他们往往经由长时间的准备和严格的考试，满怀希望和梦想步入博士学习的殿堂。学生中，大部分人处在家庭生命周期的满巢阶段，"上有老、下有小、中间自身还要保"，与此同时，他们往往也是所在学校或企业的骨干、中坚，边教学、边工作、边攻博，其生活、工作、学习的艰辛与压力可想而知。对那些应届硕士生来说，读博期间虽然"一人吃饱，全家不饿"，但父母、亲友对其经济上的接济、学业上的期待，让这类学生大都有强烈的"不学出个人样来，愧为人子"的念头，这既内化为他们学习的动力，也使他们在心理上形成了巨大的压力。

读博士学位的高成本、高预期、强动力、强压力让我深深感到导师责任的重大。勤勉尽职、竭尽所能，认真区别每个学生的学业基础、知识结构、能力兴趣和发展潜能，制订既符合团队研究方向又符合个人特点的、融统一性和差别性于一体的培养计划，认真落实培养计划各个环节的每项要求，努力保证培养计划的完成，是作为博士生导师必须用心之所在。

耐心。博士研究生在学业基础、知识结构和人生经历等方面的差异，往往导致学生在对现实的描述、问题的聚焦、文献的阅读和梳理、概念的提取、议题的确定、理论的选择、逻辑的推演、方法的匹配、意义的概括等学习和研究阶段，面临各不相同的任务和学习要求。在这样的情境之下，怎样面对和处理差异化的培养条件与相对一致的培养要求的问题？对此，我的体会是，导师或导师指导小组要按培养计划，在不同的培养阶段采用相宜的方法，通过定期的读书会、专题讨论会、学习报告会、学术报告会、相关学术会议，以及聘请国内外相关领域专家学者作针对性的指导等方式，营造学术氛围，激发研究兴趣，在高强度的学术活动与学术训练过程中对学生作润物细无声的启迪、引导，驱动学生在长期、反复的阅读、聆听、讨论、交流、互动、思考中，产生有如"龙场顿悟"似的认知升华而提升研究能力。无疑，**这是一个耗费时间的过程，是一个循序渐进的过程，是一个能量集聚的过程，也是一个科学人才培育的过程，在这个过程中，"心急吃不了热豆腐"，学生要对自身思辨能力的提升、学术研究能力的进步有耐心，导师更需要有耐心。**

信心。在多年指导博士研究生的过程中，时常观察到的现象是，学生在研究题目的选择上可能因举棋不定而困惑，在文献梳理上可能因文献太多或不足而茫然，在研究框架的构思上可能因理不出头绪而沮丧，在理论模型的构建上可能因推导不够缜密而苦恼，在研究方法的设计上可能因不够科学而有无力感，在收到投稿论文被拒通知时怀疑自己的能力，再加上学习、工作、生活三方面的不平衡导致时间、精力、成效等方面的冲突而对自己的研究效率产生焦虑感。读博过程中，处于不同学习和研究阶段的学生有各种挫折体验是常态，但若不加以积极地引导和化解，他们中的个别人可能因此而逐渐丧失做研究的勇气和信心。此种情形下，指导老师要做的是**积极敏锐地发现学生点滴的思想火花并及时肯定，找出些许的学术进步加以鼓励，用轻松、诙谐、阳光的情绪和友好、理解、点赞的态度，化学生的沮丧、困惑、苦恼、自责、怀疑于无形，让学生遇困难而绝不放弃，在学术与生活中永不失信心。**

2016 年 2 月 20 日

作者简介：张剑渝（xncdzjy@126.com），西南财经大学工商管理学院教授，1999—2003 年在西南财经大学工商管理学院读博士学位，专业为企业管理，师承蒋明新教授。

周南感言："一日为师，终身为父。"张老师不只是学生们的事业导师，还是他们的人生导师，将心比心，以心育人，因人施教，润物无声。他培养学生的模式可谓顶天立地：用心是地，耐心是人，信心是天。他说的"让学生遇困难而绝不放弃，在学术与生活中永不失信心"尤其感人。"学术"可代表"事"，"生活"可代表"人"。"生活"似乎在"学术"之外。但"学术"与"生活"互为表里，"生活"岂可在"学术"之外？

3-37 忙碌而快乐着

赵卫宏

漫步在 2016 年的春风里，回望时光闪烁的身影，恍然间我回到母校美丽的校园已有八年了。岁月匆匆，数尽窗外春色秋韵。**说不上有大作为，心中却也五味杂陈。**忙碌而快乐着，是我对自己生活的最好概括。

忙碌，是因为在这块小天地里，事业发展的压力却不小。愿景、标杆、指标、追赶，年复一年马蹄疾，奔跑得让人喘不过气来。角角落落都是中国速度，多了些浮躁却少了几分宁静。教学质量、科研考核、学科发展、福利提升、环境改善、人文优化，高校的这些事儿要统筹发展好并不简单。我为匆匆这些年伴随学院进位赶超的发展而欣慰，也由衷地感谢给予我支持的前辈与后生们！

快乐是一种心态、一种在浮躁中难得的情绪。而在忙碌中快乐着，则需要一种精神的驾驭。这八年间，去香港城市大学访问时，与周南老师和苏晨汀老师交流研究心得，是我最享受的时光。它让我逃离浮躁凡尘，静心于禅堂，回归于学术，享受着"闭关"的快乐。坐在舒适的方室中居高临下，鸟瞰校园里的人潮每天涌起于晨而又消退在静谧的深夜里，生生息息，绵延不绝。

最难忘而受益的时刻是和周南老师登山论道。晴天则户外登笔架山，雨天就在"又一城"商厦内爬楼梯。"又一城"是香港城市大学正门的必经之地，七层商厦名品荟萃，熙熙攘攘。笔架山则是香港城市大学的靠山，风水了得。出学校后门折身便是笔架山脚下。放眼远眺，山不高却增添了九龙的灵气。山路宽坦算不上崎岖，坡度倒也不小。沿路树木茂密、绿荫如盖，是城里人休闲运动的绝好去处。从山脚登上山顶大约一个小时，炎炎夏日里一步步往上攀登，不一会儿便大汗淋漓了。周老师的脚力着实令人叹服。我等青壮后生气喘之际，他却矫健轻盈、气息平稳。虽说面对的生存环境没有大的不同，但驾驭的境界却不一样。运动为越来越多的人所重视，但像周老师这样能持之以恒者确实不多。世间万事，能坚持者必为大智者！

每次登上笔架山，俯瞰着维多利亚港湾的婀娜多姿、寸土寸金的高楼林立，探问老子的大智大慧，学问犹如生于市井而论在云端。老子曰：天下万物生于有，有生于无；有之以为利，无之以为用，有无相生。这无中生有的内里乾坤，若能参悟一二则裨益良多。做人、做事、做学问，境界不同，结果也不相同。**虚怀若谷，因无而有，因有而无，人生大智慧也。**凡担责做事者，职责所在，用心做好，理所应当。想自己多了，人心就少了。心中无我，积极面对，则忙碌而快乐着。做学问当学"圣人抱一为天下式"的执念。心无旁骛，潜心修行，也是从无到有的过程。我的脑海中常常浮现书里书外那一批批在香港城市大学访学的年轻博士们。他们背着书包早出晚归，整天泡在图书馆中，扎在文献里，日复一日，于无声处，为伊消得人憔悴。终于，论文在顶级期刊上发表了，国家基金项目拿到了，所有都得之于静心学问、持之以恒。他们懂得跬步千里，用点滴成绩铺垫着未来。**如果把人生当作赛场，理想抛在脑后，道士下山急于功名，往往抑郁满满，终究是空空。**失去了该有的心境，忙碌而生浮躁，又岂能静心学问？见仁见智，我还是为潜心学问点赞。

2016年2月26日

作者简介：赵卫宏（zwh4005@sina.com），江西师范大学商学院教授，2004—2007年在韩国岭南大学商学院读博士学位，专业为市场营销，师承朴钟茂（Jongmoo Pak）教授。

周南感言：天行健，君子以自强不息。卫宏本科毕业于江西师范大学；担任商学院院长，辛勤付出，任劳任怨；不论节假日，几乎每天工作到午夜后。我心疼，常提醒他"日出而作，日入而息"，但好像不太奏效。难怪他，早些年我也这样。看了他这篇随笔，我放心了一点。身体是事业的本钱。学问论在云端，但人生行走于山水之间。

3-38 自信源于阶段性成功

周志民

博士毕业来深圳大学工作的第五个年头，我有幸晋升为教授。尽管如此，我对自己的水平有自知之明，期待机会继续提升。幸运的是，2009年11月至2010年10月，苏晨汀老师和周南老师为我提供了在香港城市大学做博士后研究的机会。苏老师给我定的目标是发表SSCI论文。虽说之前也在《南开管理评论》《中国工业经济》等国内较高级别的期刊上发表过论文，但要在SSCI国际期刊上发表论文，还从来不敢奢望。没想到，几年后，我也发表了4篇SSCI论文（3篇为第一作者，1篇为第二作者兼通讯作者）。这令我信心大增。

我着重谈谈发表在JCMC上的那篇论文。该文从创意到发表耗时长（5年左右），录用期刊档次高（全球76个SSCI传播学期刊中排名第二，IF值为3.117）。这篇文章讲述了陌生人如何在在线品牌社群中成为朋友的故事。当时苏老师对我模型中的在线友谊（Online Friendship）、社交呈现（Social Presence）、缘分感（Sense of Yuan）特别感兴趣，认为有发"A类期刊"的潜质，给了我莫大的鼓舞。网上交朋友确实是一个重要的现实和理论问题，这确保了选题价值；社交呈现在在线社群研究领域是一个热点概念，使研究显得比较主流；**缘分感这一中国文化元素很出彩，让模型变得有趣**。文章直接用英文写成，苏老师逐字逐句作了修改，然后找论文编辑润色。从2010年1月开始创意，到2012年4月修改定稿，中间还调整了一个构念的量表，重新收集了数据。一开始向JM投稿，不多时，直接被拒；改投《管理信息系统季刊》（MIS领域顶级期刊，影响因子4以上），被拒；后投《信息系统研究》（*Information Systems Research*，ISR）（MIS领域排名第二的期刊，也在UTD的24本期刊之列），被拒。尽管连续被拒3次，但我并不是非常难受：一来我没有发表顶级论文的紧迫性；二来这些期刊都在UTD的期刊清单之列，发不了也属正常；三来我觉得可能是内容和风格跟这些期刊不符，而非论文本身的质量问题。之后忙于行政事务，这篇论文差不多放了2年，最终我觉得还是得投出去。在所阅读的文献中，我发现JCMC期刊的档次不错，且该文的主题跟该期刊领域吻合。抱着试试看的态度，2014年4月，我向JCMC投了稿。该期刊一般3个月就会有第一轮的意见反馈，但我足足等了半年。那段时间，我经常上JCMC网站上去查看消息，就像一个父亲在产房外焦急等待婴儿的降生。不过，虽然等了很久，但心里隐约有成功的预感，觉得时间越长越有戏。2014年10月，终于迎来了第一轮评审意见——大修改。3位评委给的意见还不错，都提及该文"有趣"。我越发觉得有希望，花了近2个月修改并重投。2015年4月底，收到第二轮意见，这次是2个评委回的，都很满意，只是希望修改一下英文表达（我第一轮修改的那部分英文存在语法问题，惭愧）。2015年5月21日再发回，7月23日一早醒来，终于收到正式录用函。狂喜一番。

回顾这篇论文的发表历程，我觉得有几点很重要：**第一，专注于一个领域多年，可以做到心中有数**。我2003年来深圳大学的时候，就开始关注品牌社群领域的研究，对研究现状非常熟悉；**第二，选一个有趣的问题进行研究，中间的变量至少有2—3个是有趣的**；**第三，大胆增加中国元素**，这主要受卢泰宏老师和周南老师本土化研究取向的影响，同时，尽量找到与中国概念相应的国外文献，以方便国外学者理解；**第四，选择合适的合作者**，我很庆幸，苏老师和周老师对该文进行了倾心指导，特别是给了我信心；**第五，选择合适的期刊投稿**，之前的3个期刊都没有接受该文，我认为主要还是因为风格不符，而JCMC是我第一次投稿就命中的，主要还是因为内容契合。

我一直觉得，自己资质很一般（读博之前，我很自卑），研究也做得很一般，幸得老师们悉心指点，才使得近几年的研究有了一些长进。我始终认为，**一个人不能盲目自信，自信源于阶段性成功的积累和强化。因此，最重要的是做好眼前事**。

2016年1月9日

作者简介：周志民（mnizzm@szu.edu.cn），深圳大学管理学院教授，1998—2003年在中山大学管理学院直博读博士学位，专业为市场营销，师承卢泰宏教授。

周南感言："勤能补拙是良训，一份辛苦一份才。"志民说他"资质很一般"，但我与志民接触中，发现他的思路很广、反应很快，点子多而妙；他读博的同门都佩服他，说他特别勤奋，非常专注。卢老师是我在中国营销学界的一位大哥，是中国营销本土化研究的先行者，培养了一大批博士，个个都做与中国文化相关的研究。让我们一起向卢老师致敬。前路漫漫，后生努力！

请参阅：Zhimin Zhou, Chenting Su, Nan Zhou, and Ning Zhang（2016），"Becoming Friends in Online Brand Communities: Evidence from China", *Journal of Computer-Mediated Communication*，21（1）：69—86.

3-39 学术性还是思想性？这是一个问题

庄贵军

好的研究应该既有思想性又具学术性。这是从苏晨汀教授的一个报告中借来的一句话。然谈何容易？并且，**在学术要求日趋严谨之时，有思想性的研究或见解，很容易因学术性上一些难以避免的瑕疵，而难见天日。**

从营销学的视角看，所谓学术性是用规范的学术方法来讨论营销问题，而思想性则是讨论重要的营销问题，逻辑自洽，有独到且深刻的见解。**思想性强的观点，常常越出既有理论的束缚，在逻辑上很难找到现成的理论做支撑，又很难做实证检验，在学术上常常表现得"不够严谨"。**

我的一篇中文论文，从理论上讨论营销渠道中的组织形式与治理方式之间的关系。2011年年底写成投出，修改了4次，处理了审稿人提出的各种问题。其中一个审稿人似乎很不情愿让这篇论文发表，坚持要我做实证检验。这是我很难接受的，因为这篇论文就是理论探讨。我很客气地在给编辑部的回复中，再次说明了不做实证检验的原因，但也向编辑部报怨：这个审稿人的要求不公平。我对编辑说，如果编辑部因此拒稿，除非以后不再让我审稿，否则我可能把所有的稿子都拒掉：理论讨论的文章，让做实证；实证检验的文章，让在理论上更深入地探讨，提高思想性。还好，最后编辑部发表了我的论文。后来，我又以这篇论文提出的理论框架为依据，写了一个国家自然科学基金面上项目的标书，并获得资助。到现在我都觉得，这篇论文有可能是自己对营销渠道管理研究的一个最重要的贡献。

然而，我却一直没敢把它写成英文。一是要花时间，我手头有许多更紧迫的事要做。二是即使花时间写出来，可能也很难达到不少英文名刊对严谨性的要求。

实际上，国际学术界对现在的审稿制度也是有所诟病的。**格伦·艾里森（Glen Ellison）教授2002年在《政治经济学学报》（*Journal of Politics Economy*，JPE）上发表了他开发的一个审稿函数，把学术评审分为两种质量：一是 q 质量，与观点的重要性和有趣性相关，主要看思想性；二是 r 质量，与论文写作相关，如文献联系、研究方法、严谨性等，主要看学术性。据他分析，随着时间的推移，评审人会越来越强调

r 质量，而对 q 质量的关注会下降。为什么呢？因为审稿人往往会高估自己所发表文章的 r 质量，并借此评价别人的研究。另外，有些审稿人常常有意无意地试图通过要求更多的修改，而给主编留下好印象。当然，q 质量常常见仁见智，而 r 质量则相对一致，更容易被作为问题提出。**这个"qr 理论"能够解释在学术期刊中，为什么会有那么多不重要但写得很漂亮的文章。**

想一想，在营销学中，什么是最重要的？什么是我们最应该投入精力去研究的？每每想到这个问题，就有一种沉重感。我甚至会很悲观地想：营销学的博士教育，是必需的吗？如果一个心理学或经济学毕业的博士，做营销学的研究更容易做得比我们好，那么营销学的博士教育还需要吗？

另外，一个更严重的、关系到我们饭碗的问题是，营销学研究是必要的吗？如果大量研究是在给别的学科（如心理学、经济学）作贡献，那么我们的研究对营销学的发展还有意义吗？或者，营销学是否根本就没有理论，因此也就不存在发展问题了呢？

下面是我微信里看到的一段话："无论古今，凡是没有一定的理论，或主张，而他的变化没有一定的线索可寻，且随时拿了各种各派的理论来做武器的人，都可以通称为流氓。"据说是鲁迅的话，但出于何处，我没有考证过。这句话，说出了我的想法。什么是我们营销学一以贯之的理论呢？这不是中国营销学界的问题，而是整个营销学界的问题。**思想越来越"骨感"的学术研究——不是研究营销学的重要问题，而是研究营销学的枝节问题，谋求给其他学科作贡献——我们还要做多久呢？**

对不起，给大家泼冷水了。不过，这只是我目前的想法。对于年轻学者，这个问题并不重要，重要的是发表写得漂亮的文章，因为只有这样才能活下来。

2016 年 2 月 1 日

作者简介：庄贵军（zhgj@mail.xjtu.edu.cn），西安交通大学管理学院教授，1997—2001 年在香港城市大学商学院读博士学位，专业为市场营销学，先后分别师承尼尔·C. 赫恩登教授和周南教授。

周南感言：青出于蓝而胜于蓝。贵军是我的博士生中第一个通过学位论文答辩的。他的论文答辩通过后，我对他说：由于我没搞懂你写的是什么，所以你能毕业。我常对博士生说：题目你选，研究你做，毕业论文你写，你如果比我懂得还少，只能说明你还不如我，那你凭什么毕业？按中国人的说法，我的大弟子的表现会影响我的名誉。今天（2016 年 2 月 5 日）早上，我看了一下贵军的"师门"微信群，共有 68 人。挺红火的！

请参阅：Ellison, G.（2002），"Evolving Standards for Academic Publishing: A qr Theory", *Journal of Political Economy*，110（5）：994—1034.

3-40　写到导师搞不懂，你就能毕业

周　南

多年前，我的一位博士生毕业论文答辩通过后，我对他说：你写的东西我不懂，所以你能毕业。

导师没搞懂学生写什么，学生就能毕业？这样的话，乍一听，连我自己都"吓一跳"。可是，学生笑了，他懂得我的话中之意。"不懂"不是"全不懂"，是"不全懂"。禅宗有个说法，"见过于师，方堪传授"（《五灯会元·卷第三》），学生的见地超过老师，才算得上是"可造之材"。

学生和老师的不懂与懂，大致有三个阶段：

起初，学生不懂，导师懂。 多数学生选择某老师为论文导师，是因为导师是某领域的专家。这时，学生在相当程度上仍是该领域的"门外汉"。专家指导门外汉，绰绰有余。外行看热闹，内行看门道。作为外行的学生"外功"还没"练"好，"不得其门而入"，只是"看热闹"；导师作为内行，有"内功"，既"看"得到了"门"，还了解"门"里面的"世界"，抓得住"窍"，看得到"道"，对该领域进阶的大致方向有把握。

后来，学生不懂，导师也不懂。 慢慢地，"门外汉"入了"门"。博士论文研究必须有一定的"创新点"，或思想新，或理论新，或方法新，能顺利找到"道"不容易。有时学生想不清楚、讲不清楚，写的"东西"不清不楚，导师也是"一头雾水"。还有些导师，水平与学生只有"一步之遥"，差别以"量"计，无法从"质"的角度"棒喝"。结果，两人一起卡在"门洞"，只能"互相学习，共同进步"。更不用说有些学生将自己的研究题目选在导师完全陌生的领域，导师能"指"和"导"的就更少了。最糟糕的是，有些导师带学生"误入"一扇"错误"的门，共同走进"黎明前的黑暗"，同时"两眼一抹黑"。老师和学生"同病相怜"，一起"伤脑筋"，一起"望洋兴叹"，共同"摸着石头过河"。

最后，学生懂，导师不懂。 师傅领进门，修行靠个人。老师带学生进入"学术殿

堂"后，学生要自己读"天书"。到了毕业论文答辩时，学生终于迎来了黎明。此时，学生对这个具体课题的谙熟，可能已经超越老师。

三十多年前，我攻读博士学位时，有一次问我的老师罗伊·托马斯·肖（Roy Thomas Shaw）（1916—2000）教授，毕业论文要写到什么程度才达标？他说，你应该时刻思考，怎样才能比世界上任何人都更了解自己写的东西。我心头一震。后来肖老师成了我论文答辩小组的成员，我没敢再向他提起这个话题，怕给自己"制造麻烦"。但我没有忘记老师的话。在我也带博士生之后，我一有机会就"威胁"他们，说：题目你选，研究你做，毕业论文你写，如果你比我懂得还少，说明你还不如我，那你凭什么毕业"上岸"？值得欣慰的是，一个又一个学生毕业了，从"依门傍户"到"自立门户"，某种意义上，他们都已"见过于师"。

二十多年前，我在加拿大的阿卡迪亚大学（Acadia University）工作时，匈牙利裔邻居佐尔坦·保罗·狄恩斯（Zoltan Paul Dienes，1916—2014）是个著名的儿童数学教育家。我认识他时，他已七十多岁，早已退休，但还对儿童数学充满热忱，时常在家里带着住在附近的孩子们玩数学游戏。佐尔坦和他的妻子特莎（Tessa）将我的两个女儿当作孙女，而她们出入他家就像在自己家一样自在，玩耍嬉戏，总是"乐不思蜀"，不想回家。佐尔坦是个奇才，23岁就拿到了伦敦大学（University of London）的数学博士学位，当时，全英国找不到能评审他毕业论文的教授，只好从国外请看得懂他论文的教授来参加答辩。**佐尔坦一生被欧美五所大学授予名誉博士称号。**我敬佩他，至今怀念他，常常想起他在23岁时，就已"见过于师"，无人能及。

言归正传，说回博士生毕业的事。你写到导师搞不懂，就能毕业了！我想，**学生从不懂到比老师更懂，如果用"看山"作比喻，应该是经历了从"想看山"到"看见山"，到"想看更高的山"。学问自己做，人生路自己走。山是看出来的，天是想出来的，道是悟出来的。**

古人拜师学艺，今人寻师读博。师生缘分，难能可贵。学生优秀，是导师的幸运。**导师应该严格要求，但不可过分强求；学生应该满怀热情，但不可过分依赖导师，定要尽早学会自力更生。青出于蓝而胜于蓝，学生终将超越导师。而好的导师，"不自见，故明"**（《道德经·第二十二章》）。

2015年12月31日

作者简介：周南（nan.zhou@cityu.edu.hk），香港城市大学商学院教授，1984—1987年在美国犹他大学商学院读博士学位，专业为市场营销学，师承Richard J. Semenik教授和白乐寿（Russell W. Belk）教授。

3-41 和青年教师共同成长

周 南

帮助青年教师成长是老教师的天职。怎么帮呢?常有大学邀请我去做学术讲座,可他们却很少邀请刚毕业的青年教师。2015年秋季学期,我开始带青年教师一起去做讲座。

我找到了一个邀请方乐意同时邀请青年教师的"理由"。**无论研究型还是教学型大学的老师,都想了解在《管理世界》上发表研究成果的经验。**于是,在收到邀请时,我提议带着三位已经和我在《管理世界》上发表过论文的青年教师一起去做讲座。这三位青年教师是王新刚、童泽林和周玲。他们在武汉大学攻读博士学位时与我结缘,我指导过他们做研究;毕业以后,虽然到不同的大学任教,由于志同道合,一直和我共同致力于将中国文化应用于营销领域的"博士后(博士以后)"研究。我们至今已在《管理世界》上发表过三篇文章。这些研究既"拿得出去",又可以串成一个共同话题。邀请方都觉得这个想法很好。

几个月下来,我们从北到南访问了好几所大学,以"只有走自己的路,才能成为'自己'"为讲座主题,分享将中国文化应用于营销研究的心得。我回顾自己"一年土,二年洋,三年回头认爹娘"的学术道路(务虚),他们则以亲身体会讲在《管理世界》上发表论文的过程(务实)。新刚讲国人对品牌丑闻的反应,泽林比较消费者对企业家公德和私德行为的感受,周玲分析美国、印度两国消费者对中国产品的评论。

许多听众反映我们的讲座接地气、有新意。**大多数学术讲座都是一个老师讲,而我们却是一个团队讲。**每场讲座,听众"眼明",总能"发现"一些"漏洞",提出不少相当尖锐的问题,给我们惊讶之余又带来惊喜——新的研究角度和思路。我们感恩于邀请我们的学校,也感激听众。讲座结束后,我们总是及时自我检讨。三位青年教师比我"手快",往往当午或当夜就根据提问对演讲内容作出修改。下一场再讲时,明显比前一场更顺。他们的勤奋让我感动。**多场讲座下来,我觉得他们应对提问的能力提高了,视野拓宽了,人也成熟了不少,不仅增加了"曝光率",也结交了不少新同仁,开始"积攒"人脉,共同探讨中国营销学科研究的未来。**

老子说:"前后相随"(前和后互相接随)(《道德经·第二章》)。**带着青年教师去做学术讲座的结果是皆大欢喜,听众有收获,青年教师满意,我也向大家学到了不少东西,思考怎么将自己的研究做得更好,觉得自己也成长了。**

写到这里,我想谈一下对他们三个人的希望,也是对其他青年教师的希望,就是尽早确立一个"属于"自己的研究方向,发展相关的专长,争取做到精通,真正成为"自己"。

2015 年 12 月 25 日

特别感谢:王新刚,童泽林,周玲,何佳讯,贾利军,王雪华,费显政,青平,王应明,田志龙,常亚平,杨德锋,彭雷清,谢军,周志民,刘世雄,雷辉,杨智,程志宇,龚艳萍,张琴,黎建新,连漪

作者简介:周南(nan.zhou@cityu.edu.hk),香港城市大学商学院教授,1984—1987 年在美国犹他大学商学院读博士学位,专业为市场营销学,师承 Richard J. Semenik 教授和白乐寿(Russell W. Belk)教授。

请参阅:[1] 周南(2015):《佛光山的星巴克:道德经的启示》,北京大学出版社。

[2] 童泽林、黄静、张欣瑞、朱丽娅、周南(2015):"企业家公德和私德行为的消费者反应:差序格局的文化影响",《管理世界》,4:103—111。

[3] 汪涛、周玲、周南、牟宇鹏、谢志鹏(2012):"来源国形象是如何形成的?——基于美、印消费者评价和合理性理论视角的扎根研究",《管理世界》,3:113—126。

[4] 黄静、王新刚、张司飞、周南(2010):"企业家违情与违法行为对品牌形象的影响",《管理世界》,5:96—107。

3-42 武夷山水甲桂林?

周 南

桂林,我去过三次。

第一次是 1973 年 2 月。父亲在福建三明地区农科所工作,虽身体不太好,但仍坚持要去海南参加水稻育种方面的"南繁"工作(利用海南岛冬季温暖的气候条件进行育种材料的加代种植)。我被安排送他去三亚。当时去海南岛要从湛江过海,乘火车从衡阳去湛江途中,因为听说过"桂林山水甲天下",征得父亲同意,我们在桂林停留了几个小时。火车进入桂林地界时,天才蒙蒙亮,车窗外一座座峭拔奇特的峰峦拔地而起。下车后,我们漫步漓江边,登上七星岩。**美丽的风景,看得我目不暇接。**

第二次是 2009 年 7 月。到达桂林当天,我坐船夜游了两江四湖(漓江、桃花江,杉湖、榕湖、桂湖、木龙湖)。**城在景中,景在城中,**加上五彩缤纷的灯光,让人觉得**身在梦中。**

第三次是 2015 年 12 月。我去桂林理工大学等高校交流时,和学生王新刚参观了位于广西师范大学校园的靖江王城。它是明太祖朱元璋的重孙朱守谦为靖江王时的藩邸。府里的独秀峰是桂林的主峰。讲桂林的历史离不开靖江王城,看山水则不能不看独秀峰。从山顶鸟瞰四周群峰,心旷神怡。山脚下,据一块摩崖石刻旁的介绍所言,"桂林山水甲天下"的诗句最早就刻在这里。当时走马观花,没有多想。

回港的飞机上,不知怎的,我突然开始从"学术"的角度"审视"起"桂林山水甲天下"的含义:**桂林山水确实美,但凭什么说它"甲天下"呢?**

到家后,我在互联网上搜索才知道:"桂林山水甲天下,玉碧罗青意可参"源自王正功(1133—1203 年,南宋庆元六年(1200 年)任广南西路提点刑狱公事)赞美桂林风光的一首七律。一个叫张次良的人将这首诗完整地刻在了独秀峰南麓的读书岩上方。其后,"桂林山水甲天下"这一句诗便名扬天下。

我联想起一个说法:"桂林山水甲天下,阳朔山水甲桂林。"其意为"桂林山水是天下最美的，而阳朔山水又是桂林山水中最美的"，或是"桂林山水是天下最美的，而阳朔山水比桂林山水更美"。

桂林起码还有另一个"对手"。我是福建人，从小就知道"桂林山水甲天下，武夷山水甲桂林"。据说，这种说法引来武夷山、桂林究竟谁"甲天下"之"争"。**武夷山、桂林究竟孰美？我不敢多说。**一是担心人们说我不公正，偏袒家乡；二是说实在的，我没去过武夷山，没有发言权。但据我所知，去过武夷山的人皆赞不绝口。

诗人酒后即兴，游人闲情野趣，看山不是山，看水不是水。桂林有象鼻山和漓江，像诗歌；阳朔有月亮山和千年榕树，似神话；武夷山有玉女峰和九曲溪，如仙境。它们**姿色各异，各有千秋，互相之间，不可替代。孰优孰劣，任人评说。仁者见仁，智者见智。**

岁月无情，山水有情，人多情？山水不争，人自争？

每个学者各有所长，成就如诗如歌，很多时候水平难分伯仲，也有些短期内的影响或不可替代。

老子说："天之道，利而不害，圣人之道，为而不争"（自然的规律是让万事万物得到好处而不伤害它们。圣人的行为准则是，努力做事但不跟人争夺）（《道德经·第八十一章》）。

桂林、阳朔与武夷山各有千秋，但都奉从"天之道"，"利"是以美丽的山水展示"不害"的本色。学者之间，可能各有独到之见，但都应遵行"人之道"。这几年，我受到的赞扬随年龄的增长而增加。但是，**"诗人""游人"或"美言"或"戏言"，言者有心，听者不能太"在意"，"在意"是"争"的表现。**即使在某些方面，由于年纪大些，比一些同事早涉猎，今天走在前面，明后天便可能落到后面。"为"是"**为学日益，为道日损**"（求学则知识愈来愈多，求道则成见愈来愈少）（《道德经·第四十八章》）。**学海无涯，要谦虚谨慎，求学到老，包括向年轻人学习。这才是"学"者，才能体现"不争"的境界。**

从对山水的"评论""上升"到对学术的"评价"和"追求"。我想多了？

2016年2月7日

特别感谢：王新刚，童泽林，周玲

作者简介：周南（nan.zhou@cityu.edu.hk），香港城市大学商学院教授，1984—1987年在美国犹他大学商学院读博士学位，专业为市场营销学，师承 Richard J. Semenik 教授和白乐寿（Russell W. Belk）教授。

3-43 史蒂文·斯梅尔无所畏惧的好奇心

周 南

85岁的数学家史蒂文·斯梅尔（Steven Smale，1930—）教授很快要离开香港回美国了。十几年前，我们曾在香港城市大学职员宿舍做邻居。

斯梅尔老师36岁获得菲尔兹奖（Fields Medal）。 这个奖被誉为数学界的"诺贝尔奖"，四年颁发一次，得主必须在40岁以下。看过电影《心灵捕手》（*Good Will Hunting*）的人应该都听说过菲尔兹奖。

前天（2016年1月15日）上午，我到他宿舍拜访他，提了预先准备好的几个问题。

第一个问题是："当年，你为什么念数学？"他笑着说，念本科时，专业是物理，后来因为考试不及格，才改读数学。如果你读过他的传记，就知道这是大实话。大学毕业后，他在密歇根大学念数学专业的研究生时，头几年的平均成绩都不好，只是C。系主任威胁说，如果不改变，要将他"kick out"（踢出去，"开除"的意思）。他从此发奋，于1957年获得数学博士学位。

我问他是如何培养学生的。他回答说：给学生们空间，让他们独立做研究，而自己只是偶尔给些指点。香港城市大学数学系的同事们都说，**斯梅尔从来不"手把手"地教学生**。他的学生们主要靠自己。他在香港城市大学招收的第一位博士生邝仲平教授也告诉我，斯梅尔"给学生很大的自由度"，**学生想做的研究，只要斯梅尔觉得方向合适，自己尽管做就是**，东西写出来，再由斯梅尔把关。邝老师说，斯梅尔的教学方法像工程师的培养模式，持续试验，不断改善。他还说，**斯梅尔很勤奋，好奇心很重，不只是指点学生做研究，自己也一直不停地学习本领域和其他领域的新知识，以拓展研究的边界。**

我几乎不记得在校园里看到过斯梅尔与谁一起走路、聊天。不论从宿舍到办公室，还是从办公室到宿舍，他总是低头独行，似乎总在不停地思考。我们都不敢打扰他。人们说，做学问要耐得住寂寞，心无旁骛，才能有所成就，斯梅尔大概就是这样吧。如果说斯梅尔偏静，他的妻子克拉拉（Clara）则恰好相反，喜欢聊天。两人阴阳平衡。

天才往往有些与众不同的个人特质。我问斯梅尔："你有哪些特别的爱好？"他的回答很简单："我登过提顿峰。我喜欢航海。"

1953 年，斯梅尔和几个朋友登过怀俄明州大提顿山公园（Grand Teton National Park）的主峰提顿峰。提顿峰高 4 199 米，极其陡峭险峻，想上去就要冒生命危险，是整个 20 世纪美国登山爱好者的主要挑战目标之一，就算是 21 世纪的今天也只有屈指可数的世界级攀登高手上去过。**斯梅尔成功登提顿峰的故事**被记载在《提顿峰传奇》(*Teton Classics*) 中，**至今仍是个传奇**。

1987 年，**斯梅尔驾船去了南太平洋的马克萨斯群岛**（The Marquesas Islands）。他雄心勃勃，花了几年时间筹备，特地买了条船，约了两个朋友同行。**途中险情丛生，船漏水，油耗尽，他的头被船杆击中出血**。同行的查尔斯·皮尤（Charles Pugh）将这次航行称为"一生只有一次的机会"，后来回忆这次旅行时说"这是一场大冒险"。

老子曰："**天地之间，其犹橐籥乎？虚而不屈，动而愈出**"（天地之间，岂不像风箱一样吗？看去空虚，但越"鼓动"风就越多）(《道德经·第五章》)。**斯梅尔就是一个喜欢不断在这个"风箱"里冒险的人。**

谈话近尾声时，斯梅尔老师说这几天正在收拾行李，下周搬家公司要来运走。我不好再打搅，起身告辞。这时，他的眼睛开始发亮，告诉我说，回美国后，很快他们一家八九口人要去加勒比海划两个星期的船，船已经租好了。按中国人的说法，是去享受天伦之乐。看得出，斯梅尔很期待，因为这又是一次亲近大自然的旅行。

北宋王安石说："世之奇伟瑰怪、非常之观，常在于险远，而人之所罕至焉，故非有志者不能至也。有志矣，不随以止也，然力不足者，亦不能至也。"山之巅峰，水之涯岸，既远且险，唯"有志""有力"者方能至。斯梅尔教授作为我们时代的一位大数学家，一直饱含敢想敢干、无所畏惧的好奇心。这种好奇心，令他登山观海、尽览奇观，也助他在学术上不断开疆拓土、所向披靡。他的故事可以鼓励我们，永远心存对生命和世界的探索与敬畏之心，不论天高海阔，奋勇前行。

2016 年 1 月 17 日

特别感谢：史蒂文·斯梅尔，景祥祜，邝仲平，周定轩，牟琨

作者简介：周南（nan.zhou@cityu.edu.hk），香港城市大学商学院教授，1984—1987 年在美国犹他大学商学院读博士学位，专业为市场营销学，师承 Richard J. Semenik 教授和白乐寿（Russell W. Belk）教授。

请参阅：史蒂夫·巴特森（2002）：《突破维数障碍》，邝仲平译，上海科技教育出版社。

作者人名索引

白璇　2-1
白寅　2-2
才凤艳　2-3
曾伏娥　3-33
曾仕龙　2-61
曾宪聚　2-62
曾小铧　2-63
陈安然　1-1
陈可　2-4
陈鑫　1-2
陈星宇　2-5
池韵佳　1-3
崔耕　3-1
崔楠　2-6
丁瑛　2-7
董婷嫣　2-8
董大海　3-2
董维维　2-9
董英杰　2-10
窦文宇　3-3
杜建刚　3-4
杜楠　2-11
杜鹏　2-12
费显政　3-5
冯文婷　1-4
冯小亮　2-13
付晓蓉　3-6
高华超　2-14
龚诗阳　2-15
郭锐　2-16
郭昱琅　1-5
韩巍　2-17
何佳讯　3-7

何雁群　2-18
贺和平　2-19
贺远琼　2-20
胡国栋　2-21
胡琴芳　2-22
黄静　3-8
黄莉　1-6
黄敏学　3-9
贾芳　2-23
贾利军　2-24
江岚　2-25
蒋青云　3-10
解尚明　1-20
景奉杰　3-11
柯丹　2-26
黎建新　3-12
李国鑫　3-13
李娟　3-14
李苗　1-7
李小玲　2-27
李永强　3-15
李元墩　3-16
连漪　3-17
廖俊云　1-8
林舒进　1-9
刘红阳　2-28
刘洪深　2-29
刘世雄　3-18
刘新燕　2-30
刘雁妮　2-31
柳娟　1-10
卢志森　2-32
罗佳　1-11

牟宇鹏 2-33
彭玲 2-34
彭璐珞 2-35
彭泗清 3-19
沈璐 1-12
寿志钢 3-20
苏晨汀 3-21
孙瑾 2-36
陶然 1-13
田鼎 2-37
田志龙 3-22
童泽林 2-38
万后芬 3-23
万炜 2-39
汪涛 3-24
王丹萍 2-40
王殿文 2-41
王峰 2-42
王凤玲 1-14
王辉 2-43
王江安 2-44
王进 1-15
王凯 2-45
王立磊 2-46
王璐 1-16
王新刚 2-47
王雪华 2-48
王伊礼 1-17
王毅 2-49
王永贵 3-25
韦夏 2-50
伍健 1-18
夏春玉 3-26
肖莉 2-51
肖振鑫 1-19
谢庆红 3-27
谢毅 2-52
谢志鹏 2-53
熊琪 1-21
熊小明 2-54
徐光 3-28
徐岚 3-29

许销冰 1-22
许志炜 2-55
闫泽斌 1-23
杨海滨 3-30
杨艳 2-56
杨志林 3-31
杨治 2-57
杨智 3-32
姚琦 2-58
于雪 1-24
余伊琦 1-25
余樱 2-59
袁兵 2-60
袁靖波 1-26
张闯 3-34
张广玲 3-35
张辉 2-64
张慧 2-65
张剑渝 3-36
张健 1-27
张磊楠 2-66
张宁 2-67
张琴 2-68
张涛 2-69
赵君 2-70
赵卫宏 3-37
郑冉冉 2-71
郑斯婧 1-28
郑煦 2-72
周玲 2-73
周南 3-40
周南 3-41
周南 3-42
周南 3-43
周茵 2-74
周元元 2-75
周志民 3-38
朱华伟 2-76
朱丽娅 2-77
朱文婷 1-29
庄贵军 3-39

后记：成为一个对社会有益的人

用了几个月的时间编这本书，工作量不算小。友人问："是什么动力驱使你做这件事？"其实我没有细想过，只是因为机遇，自然地做了。**能和这么多作者一起分享学术路上的感想，为人增益，是一件幸事。**

在编书的过程中，从头到尾，我都能清楚地感觉到，先父母在天上用赞许的眼光看着我。我们已分别多年，母亲在"文化大革命"中含冤离去，父亲在我大学毕业前一个多月离开。但我每天都能感受到他们，觉得他们一直在身边，从未离开过。年头越久，他俩的模样越清晰、呼唤越真切。

但，这些跟这本书有什么关系？

编书期间，4月中旬，我同父亲当年的同事詹石安先生通电话，谈到一件往事。

1972年年底，老詹与我几乎同时进入福建三明市农科所。农科所位于沙县，老詹是隔壁尤溪县人，从浙江省农科院调来，对他来说，算是终于调回家乡工作了。我从本县西霞公社际硋大队转到农科所插队，回到了父亲和妹妹身边。当时，父亲是所里的水稻育种组组长，老詹是组里的研究人员。我在他们身边，知道他们两人配合默契。在大家心目中，两人都是埋头苦干、忧公忘私的典型。父亲常说，老詹是最得力的帮手。老詹常说，我父亲和他之间的关系不像上下级，倒更像父子。

1973年冬，老詹去了海南，参加水稻育种"南繁"工作。到了春节，因为路途远，他回不来。除夕那天，农科所杀猪，每个职工都分到一份，可能是一斤，也可能是两斤，具体多少已记不清了。在这之前，父亲已叮咛我多次，老詹不在家过年，要帮他代领。那天上午，我拿到老詹的那份后，**立刻赶到县城汽车站，乘长途汽车把猪肉送往他家。**

老詹的父母、妻子和三个小孩住在尤溪县管前公社西溪口村。见到我，他们都很高兴。詹老先生说，没想到农科所会有人给他们送猪肉来。我告诉他，是老周让我送来的。詹老先生连声称谢，还说，上一年是老周帮他儿子办成了工作调动，但一直没见过面。我的任务完成了，向他们告别，说要回去过年。因为听詹老先生不停提起老周，出门时，我说了一句：老周是我父亲。这下，客气的老人家无论如何也不肯放我走了，他紧紧拽住我的手，一定要留我过夜，说老周一定不会介意。三个可爱的孩子一哄而上，抱着我的双腿，不让我抬脚。他们用最好的土特产和我带来的猪肉招待我，我吃的恐怕比我带来的多，还喝了他们家酿的米酒。那真是一个难忘的除夕，至今谈起，仍然十分亲切。

父亲去世后不久，曾与他亲密共事的老詹，因为成就突出，被任命为农科所所长，现已退休多年。

送猪肉一事虽小，但我却体会到了**父母给予我的最大"恩赐"——精神上的"人往高处走"，不是权势上的往高处走，而是人生境界上的往高处走**。他们在生活上助人为乐，在工作上严于律己，希望我和妹妹成为对社会有益的人。今天，我对自己、家人和学生们也怀着同样的希望和要求。

父母的一生比我"平凡"，但在精神上比我"伟大"。他们现在安息在福建沙县的一座小山上，但从未离开过我。无论何时，无论我在何处，都能感觉他们在我身边，笑着问我：你今天做了一件好事吗？

前后相随（《道德经·第二章》），我追不上他们，只是跟随。时光静静流逝，随着我年岁日长，与父母之间的心灵对话，越来越频繁。我相信，**编这本书，应该是受两位老人家的影响。我感恩、幸福、坦然**。

写这本书前言的日子，是母亲的忌日；而写后记的日子，是父亲的忌日。我特地挑的。这两个日子，对我来说，曾经十分沉重，但现在有特别的意义，相信其他作者和读者们都不会介意。

周　南
于香港骏景园
2016 年 6 月 7 日